中国共产党百年历程丛书

中国共产党
与生态文明建设

乔惠波◎著

清華大學出版社
北京

内 容 简 介

本书以中国共产党领导推动生态文明建设为视角，对中华人民共和国成立后生态文明建设的理论基础、发展历程、成功经验、面临挑战及发展路径等进行了深入分析，阐释了习近平生态文明思想的重大意义和主要内容，系统梳理了中国特色社会主义生态文明制度的建设进程，全面展现了中国共产党为推动生态文明建设所做的巨大努力和取得的伟大成就。本书可以作为研究中国生态文明建设的参考资料，也可以作为普通读者了解中国共产党领导生态文明建设的普及读物。

图书在版编目（CIP）数据

中国共产党与生态文明建设 / 乔惠波著. -- 北京：清华大学出版社，2025.8.
(中国共产党百年历程丛书). -- ISBN 978-7-302-68569-2

Ⅰ. D261；X321.2

中国国家版本馆CIP数据核字第20258U2P86号

责任编辑：严曼一　刘志彬
封面设计：李召霞
版式设计：方加青
责任校对：王凤芝
责任印制：杨　艳

出版发行：清华大学出版社
　　　　　网　　　址：https://www.tup.com.cn，https://www.wqxuetang.com
　　　　　地　　　址：北京清华大学学研大厦A座　　　邮　　编：100084
　　　　　社 总 机：010-83470000　　　　　　　　　邮　　购：010-62786544
　　　　　投稿与读者服务：010-62776969，c-service@tup.tsinghua.edu.cn
　　　　　质 量 反 馈：010-62772015，zhiliang@tup.tsinghua.edu.cn
印 装 者：三河市东方印刷有限公司
经　　销：全国新华书店
开　　本：148mm×210mm　　印　　张：8.5　　字　　数：191千字
版　　次：2025 年 9 月第 1 版　　印　　次：2025 年 9 月第 1 次印刷
定　　价：79.00元

产品编号：088915-01

序

2021 年是中国共产党成立一百周年，一百年来，中国共产党带领全国各族人民在革命、建设、改革的奋斗历程中取得了巨大成就，积累了宝贵经验。值此建党百年到来之际，在全党开展党史学习教育，是以习近平同志为核心的党中央立足党的百年历史新起点，统筹中华民族伟大复兴战略全局和世界百年未有之大变局、为动员全党全国满怀信心投身全面建设社会主义现代化国家而作出的重大决策，正当其时，意义重大。

建党百年之际在全党范围内广泛开展党史学习教育，是牢记初心使命、推进中华民族伟大复兴历史伟业的必然要求。自成立之日起，中国共产党人就将为中国人民谋幸福、为中华民族谋复兴作为初心和使命。百年来，中国共产党团结带领中国人民取得了新民主主义革命的伟大胜利，完成社会主义革命，进行社会主义建设，开启改革开放新的伟大革命，推动中国特色社会主义进入新时代，中华民族迎来从站起来、富起来到强起来的伟大飞跃。当前，全面建成小康社会取得伟大历史成果，中华民族伟大复兴向前迈出了新的一大步，在此背景下开展党史学习教育，能够引导广大党员干部站在中华民族伟大复兴百年进程中，深刻认识党的性质宗旨，牢记初心使命，在新时代新阶段将党和人民事业推向新的历史高度。

建党百年之际在全党范围内广泛开展党史学习教育，是坚定信仰信念、在新时代坚持和发展中国特色社会主义的必然要求。百年来，我们党之所以能够历经艰难困苦不断创造新的辉煌，很重要的一个原因就是始终重视思想建党、理论强党，坚持用科学理论武装广大党员、干部的头脑，使全党始终保持统一的思想、坚定的意志、强大的战斗力。党的十八大以来，以习近平同志为核心的党中央从理论和实践结合上系统回答了新时代坚持和发展什么样的中国特色社会主义、怎样坚持和发展中国特色社会主义，建设什么样的社会主义现代化强国、怎样建设社会主义现代化强国，建设什么样的长期执政的马克思主义政党、怎样建设长期执政的马克思主义政党等重大时代课题，创立了习近平新时代中国特色社会主义思想。开展党史学习教育，有利于引导广大党员干部站在马克思主义中国化百年历史进程中，深刻学习领会新时代党的创新理论，深化对共产党执政规律、社会主义建设规律、人类社会发展规律的认识。

建党百年之际在全党范围内广泛开展党史学习教育，是推进党的自我革命、永葆党的生机活力的必然要求。回顾百年历史，中国共产党总是在推动社会革命的同时，勇于推动自我革命，始终坚持真理、修正错误，敢于正视问题、克服缺点，勇于刮骨疗毒、去腐生肌。也正是因为中国共产党在这一问题上始终如一，才能够在危难之际绝处逢生、失误之后拨乱反正，成为永远打不倒、压不垮的马克思主义政党。在党的百年历史新起点开展党史学习教育，有利于引导广大党员干部回顾党的自我革命历程，在功成名就时做到居安思危、保持创业初期那种励精图治的精神状态，在执掌政权后做到节俭内敛、敬终如始，在承平时期严以治吏、防腐戒奢，在重大变革关头顺乎潮流、顺应民心。

中国共产党的百年历史风起云涌、荡气回肠，书写着无数革命先烈的英雄事迹，记录下共产党人改天换地的人间奇迹。在建党百年之际回顾学习党的历史，就是要汲取其中蕴含的宝贵经验和精神力量，用被实践证明的科学真理武装头脑，为新时代展开新的伟大斗争提供科学指引。

科学把握马克思主义中国化的思想主线。一部百年党史，就是一部不断推进马克思主义中国化的历史，就是一部不断推进理论创新、进行理论创造的历史。新时代学习党的百年历史，必须深刻认识马克思主义中国化这条思想主线，从党的非凡历程中领会马克思主义是如何深刻改变中国、改变世界的，感悟马克思主义的真理力量和实践力量，深化对中国化马克思主义既一脉相承又与时俱进的理论品质的认识，特别是要深刻领悟习近平新时代中国特色社会主义思想的时代价值与理论贡献，坚持不懈用党的创新理论最新成果武装头脑、指导实践、推动工作。

深刻认识中国共产党人的精神谱系。在党的百年历史上，一代又一代中国共产党人顽强拼搏、不懈奋斗，一大批视死如归的革命烈士用自己的宝贵生命换来了革命的伟大胜利、换来了祖国的山河无恙；一大批顽强奋斗的英雄人物用自己的青春和热血换来了社会的安定和谐、国家的繁荣进步；一大批忘我奉献的先进模范扎根祖国和人民最需要的地方，在最艰苦、最平凡的工作岗位上书写下对党和人民的无限忠诚。这些闪耀在革命、建设、改革各个历史时期的伟大精神，构筑起中国共产党人璀璨的精神谱系，为我们立党兴党强党提供了丰厚滋养。新时代学习党的百年历史，必须深刻认识这一延续百年的精神图谱，教育引导全党大力发扬红色传统、传承红色基因，赓续共产党人精神血脉，始终保持革命者的大无畏奋斗精神，鼓起迈进新征程、奋进新时代的精气神。

系统总结党在不同历史时期成功应对风险挑战的丰富经验。前进道路从来不会是一片坦途，在实现民族复兴的征程上，必然会面临各种重大挑战、重大风险、重大阻力、重大矛盾，必须进行具有许多新的历史特点的伟大斗争。善于总结历史经验是党的优良传统。回顾历史，中国共产党在与各种风险挑战的斗争中不断总结经验、提高本领，不断提高应对风险、迎接挑战、化险为夷的能力水平，积累了丰富的斗争经验。新时代学习党的百年历史，必须从历史规律中获得启迪，从历史经验中提炼出克敌制胜的法宝，通过总结历史经验教训，更好应对前进道路上各种可以预见和难以预见的风险挑战。

"明镜所以照形，古事所以知今。"在全党开展党史学习教育，是党的政治生活中的一件大事。为了更好地总结与回顾百年来中国共产党带领人民探索中国道路的历史与经验，清华大学马克思主义学院组织编写了这套"中国共产党百年历程"丛书。丛书将兼顾学术性与通俗性，在讲好中国共产党百年历史的基础上，为百年纪念献礼。

丛书始终坚持以习近平总书记关于党史的系列重要论述为指导，坚持正确党史观。一段时间以来，一些别有用心的势力妄图通过捏造事实、割裂联系、否定革命领袖和英雄人物等手段篡改和丑化党的历史，传播唯心主义的历史观。丛书关于党的百年历史的多角度论述，坚持实事求是的原则，坚持以我们党关于历史问题的三个决议和党中央有关精神为依据，准确把握党的历史发展的主题主线、主流本质，正确认识和科学评价党史上的重大事件、重要会议、重要人物，旗帜鲜明地反对打着所谓"解构""戏说""揭秘"等旗号的历史虚无主义，积极通过各种手段和途径加强思想引导和理论辨析，以更好地正本清源、固本培元，引导广大党员干部树立正确的党史观。

丛书以专题化的形式，从不同侧面展现了中国共产党百年来带领人民不断奋进的光辉历史，涉及政治、经济、文化、社会建设、生态文明建设和党的建设等多个领域。既有从总体上展现中国共产党与马克思主义中国化、中国共产党与中国道路的宏观叙述，又有聚焦于抗日战争、新中国成立、改革开放等不同历史阶段的学术专论，使党的历史得到多维度的立体呈现。丛书的专题化论述与《中国共产党历史》《中国共产党的一百年》《中国共产党简史》等按照时间顺序叙述的权威党史著作相配合，使得读者能够在了解党史展开时间脉络的基础上，从不同角度扩展对党史认知的视野，对进一步学好党史具有重要参考价值。

丛书立足中国特色社会主义新时代的基本国情和工作重点，从理论上研究和探讨了党的历史的重大问题，加深了对党史理解的深度和厚度。历史叙述和理论研究相辅相成、相互补充，同为理解百年征程的必要条件。脱离历史叙述的理论思辨往往如同隔靴搔痒，难以切中历史演进的真实情况；脱离理论探讨的历史叙述往往缺乏深度，难以揭示历史演进的内在动因。丛书在深入分析百年党史内在规律的基础上，针对党史上的重大问题和专门领域展开了较为深入的理论分析，使得读者在了解党史基本历程的基础上，能更加明确地把握其中的理论逻辑。

"中国共产党百年历程"丛书编委会

回顾中华人民共和国 70 余年生态文明建设历程，中国共产党始终是环境保护和生态文明建设事业的领导力量。中国共产党顺应时代发展的潮流，回应时代的呼声，不断更新生态文明理念，积极主动进行生态文明理论创新，推动我国生态文明建设不断走向新的阶段。2021 年是中国共产党成立一百周年，值此重要的历史节点，全面总结中国共产党领导生态文明建设的理论观点和实践历程，具有十分重要的意义。

本书展现了中国共产党领导生态文明建设的历史进程，总结了中国共产党领导生态文明建设的成功经验，对今后我国生态文明建设的实施路径进行了探讨。全书由五章构成。第一章阐述了中国共产党进行生态文明建设的思想文化基础，提出中国共产党在开展生态文明建设的过程中应该继承和发展马克思主义生态文明思想，吸收借鉴中华优秀传统文化当中的生态文明智慧。第二章概括了中国共产党领导生态文明建设的历史进程。全面展现了中华人民共和国成立以来中国共产党进行生态文明建设的经验、理念和实践过程。第三章阐述了习近平生态文明思想。习近平生态文明思想是新时代生态文明建设的方向指引和理论遵循。第四章阐述了中国共产党推进生态文明制度建设的进展情况。第五章阐述了中国共产党推进生态文明建设的成就、面临的挑战及推进生态文明建设的路径。

本书在写作过程中参阅了众多学者的研究成果和各种文献资

料，并尽可能地在脚注和参考文献中列出，但不可避免会出现遗漏，在此表示歉意。由于时间和水平所限，书中观点难免存在疏漏、错误之处，恳请专家、读者批评指正。

乔惠波

2024 年 2 月 20 日

目　录

绪　　论

———

　　文明是人类在改造世界的过程中所取得的物质和精神成果的总和，是文化的积极方面，是人类社会进步的标志。人类在漫长的发展过程中，经历了渔猎采集文明、农耕文明、工业文明和正在经历着的生态文明等几个不同的文明类型。在不同的文明类型中形成了不同的人与自然的关系。

　　在原始社会，刚刚脱离自然母体的人类，在自然界面前显得十分弱小，只能选择服从大自然，生产生活完全依赖大自然的馈赠，人类基本的实践形式是采集和渔猎活动。因此人类崇拜自然、畏惧自然、神化自然，进而形成了图腾文化。此时在人与自然的关系中，自然界处于主导地位，人类处于被统治和服从的地位。正如马克思所说："自然界起初是作为一种完全异己的、有无限威力的和不可制服的力量与人们对立的，人们同自然界的关系完全像动物同自然界的关系一样，人们就像牲畜一样慑服于自然界，因而，这是对自然界的一种纯粹动物式的意识（自然宗教）。"①在农业社会，科学技术有了一定的发展，人类已经发明了一些农耕工具，逐渐从被动地依赖自然到开始主动地改造自然。由于人类的生产力水平相对较低，人类活动对自然界的影响较小，而且

---

① 中共中央马克思恩格斯列宁斯大林著作编译局. 马克思恩格斯选集：第一卷
[M]. 北京：人民出版社，2012：161.

由于农业收成依赖土地和气候条件，人类十分注意与自然的协调。这一时期人与自然的关系是顺从关系，人以一种谦恭的姿态面对大自然。在这一时期，虽然也出现过对大自然的局部破坏，但总体而言，人类生活在人与自然和谐相处所创造的优美环境之中。

到了工业时代，随着近代科学技术的迅猛发展，人类改造自然的能力得到空前提高，生产力迅速发展，大自然不再成为人类的崇拜对象，人与自然的关系发生逆转，人们不再尊重和敬畏自然，认为人是"万物之灵"，应该主宰自然、征服自然、奴役自然。人类中心主义开始出现，人类中心主义认为只有人才是主体，自然是客体，人的一切活动都是以人类的利益为出发点和归宿，把人类的生存和发展作为最高目标。依靠科学技术的支持，人类取得了改造自然的巨大胜利。但是，人类的欲望是无止境的，人类对自然的无休止的掠夺造成人类与自然的矛盾日益尖锐，当环境的污染程度超过了环境的自净能力，生态危机开始出现。人类开始反思，人类是否能够真正地超脱自然，做自然的主人。人类逐渐认识到人与自然和谐相处的重要性，开始注意协调两者的关系，生态文明应运而生。

早在 19 世纪中叶，就已经出现了生态学、植物生态学、动物生态学等学科，主要研究生物及其与自然环境的关系。1866 年德国科学家海克尔在《生物体普通形态学》中首次提出"生态"的概念。1935 年，英国学者坦斯利提出"生态系统"这一概念，为人类认识自然生态提供了更加宏观的视角。20 世纪 60 年代以后，人类开始关注由于工业革命造成的资源短缺、环境污染和生态破坏等问题，由此展开对生态文明的思考和追求。

1962 年美国学者蕾切尔·卡逊的《寂静的春天》一书出版，揭开了人类对日益严重的生态环境问题反思的序幕。这部著作提出化学农药的使用对生态环境的破坏问题，唤起了人类对生态环境问题的关注。20 世纪 70 年代，人们开始从人类整体发展的角度思考人类与生态环境的关系。1968 年成立的罗马俱乐部旨在探讨人类面临的共同问题，在 1972 年发布的研究报告《增长的极限》中，他们提出，地球的支撑力将会由于人口增长、粮食短缺、资源消耗和环境污染等因素在某个时期达到极限，使经济发生不可控制的衰退；为了避免超越地球资源极限而导致的世界崩溃，最好的方法是限制增长。研究报告引起了激烈的争论，但是报告对人类前途的忧虑促使人们密切关注人口、资源和环境问题。罗马俱乐部研究报告《增长的极限》的发布推动了联合国第一次人类环境会议的召开。1972 年联合国在瑞典斯德哥尔摩召开了第一次人类环境会议，会议发布了《联合国人类环境会议宣言》，呼吁各国政府和人民要更加审慎地考虑他们的行动对环境产生的后果。1987 年，联合国世界环境与发展委员会在《我们共同的未来》报告中提出了可持续发展理念。1992 年，在巴西里约热内卢召开的联合国环境与发展大会通过了《21 世纪议程》，这一文件旨在实现可持续发展的转变，为采取措施保障人类共同的未来提供了一个全球性框架。世界走上了共同应对生态问题的生态文明之路。

生态文明是对工业文明的超越。随着人类社会的不断发展，工业文明无法突破环境与资源的瓶颈，导致发展动力趋弱、发展代价增大，文明的发展必须寻找新的方向。生态文明的形成成为必然。生态文明是对人类传统文明形态特别是工业文明进行深刻反思的结果，是人类文明发展到一定阶段的产物。

生态文明在发展理念、道路和模式等方面都发生了重大改变，是文明形态的巨大进步。生态文明的核心和最高价值追求是实现人与自然的和谐共生。生态文明强调在把握自然规律的基础上积极地、能动地尊重自然、顺应自然、保护自然，进而利用自然、改造自然，使之更好地为人类服务。生态文明要求人类对自然要怀有敬畏之心，绝不要凌驾于自然之上，予取予夺、恣意妄为，否则将受到自然的惩罚。

建设生态文明是中华民族永续发展的千年大计。我国已经进入生态文明建设的新时代，要求我们把生态文明建设放在突出位置，与经济建设、政治建设、文化建设、社会建设等形成"五位一体"总体布局。这也是实现社会主义现代化强国和中华民族伟大复兴总任务的根本要求。生态文明建设涉及生产方式和生活方式等方面的根本性变革。要把生态文明的理念、原则、目标等融入中国特色社会主义事业的各方面和现代化建设的全过程，推动形成人与自然和谐发展的现代化建设新格局。

21世纪是一个生态文明的时代。在当今时代，生态文明的兴起成为一场改变人类生产方式、生活方式和价值观念的革命，成为不可逆转的世界潮流。当今时代地球生态环境日益恶化的趋势并没有得到有效遏制，自然资源枯竭，大气、土地、淡水和海洋污染，全球气候变暖，灾害性天气频发等生态问题仍在困扰着人类。如果人类再不携起手来共同应对，地球这一共同的人类家园将会抛弃人类。生态文明建设仍然任重而道远，全球仍需为克服生态问题、解决生态危机携手努力。

一

生态文明是人类文明发展的价值追求和目标，也是中国共产党人追求的价值目标之一。中国共产党作为世界上最大的政党，带领中国人民为全球生态治理作出了巨大的贡献，可以说是当今世界各国生态环境治理的典范，彰显了中国共产党的担当精神。"全球真正作为执政党和国家，旗帜鲜明地提出并推进生态文明建设，并以此作为执政理念和国家战略的，唯有中国共产党和中国政府。可以说，中国在引领全球生态文明建设新潮流。"① 中国共产党始终坚持以人民为中心，立足中国实际，深刻把握社会主义现代化建设规律，持续探索人与自然的关系，不断推进环境保护和生态文明建设。中国的生态环境保护事业取得了显著成绩。

中国共产党的生态文明建设思想，建立在对工业文明经验教训认真汲取的基础上，也是对马克思人与自然辩证关系思想的具体应用，反映了中国共产党对生态文明建设规律的科学把握，体现出中国共产党人对人类文明史的理性审视以及处理人与自然关系的高度自觉。从新中国成立之初的"综合平衡"到改革开放后的"可持续发展"理念，从"全面协调可持续"的科学发展观，到十八大提出的"人与自然和谐共生"的生态文明观，中国共产党生态文明建设思想不断进化，中国特色社会主义生态文明理论不断完善。

中国共产党对生态文明建设进行了不懈的艰辛探索，为美丽的社会主义现代化强国的最终实现打下了坚实基础。新中国成立之初，生态环境问题虽不严重，但毛泽东等党的领导人高瞻远瞩，采取了兴修水利、消除水患、植树造林、节约资源等生态环保措施。随着工业化的大规模展开，环境污染问题开始出现，党密切注意到环境保护的问题，提出在工业生产过程中要采取综合利用、预防为主的思路。为解决环境污染问题，中国共产党在 1973 年召

---

① 姜春云 . 理论创新的丰硕成果：读十八大生态文明论述有感 [N]. 人民日报，2013-01-29（16）.

开了第一次全国环境保护大会，会议取得了明显的成效。改革开放以后，随着我国经济的快速发展，生态问题逐步显露出来，我国面临着资源约束趋紧、环境污染严重、生态系统退化的严峻形势。生态环境问题受到人们的广泛关注。1983 年 12 月召开的第二次全国环境保护会议提出："环境保护是我们国家的一项基本国策"①，党的十三大提出："人口控制、环境保护和生态平衡是关系经济和社会发展全局的重要问题"②。此后党的历届大会报告都对环境保护从关系全局的战略角度加以强调。党的十六大更是进一步提出要走"生态良好的文明发展道路"③，党的十七大首次提出"建设生态文明"④，这一切都充分显示出中国共产党对生态文明建设规律认识的与时俱进。党的十八大报告对生态文明建设提出许多新的概括和认识，提出："建设生态文明，是关系人民福祉、关乎民族未来的长远大计。"⑤ 这是中国共产党在深刻认识人类文明发展规律、社会主义建设规律和生态文明建设规律的基础上作出的重大判断。党的十九大报告提出，建设生态文明是中华民族永续发展的千年大计。要坚定走生产发展、生活富裕、生态良好的文明发展道路，建设美丽中国，为人民创造良好生产生活环境，为全球生态安全作出贡献。坚持人与自然和谐共生成为坚持和发展中国特色社会主义的基本方略，中国共产

① 国家环境保护总局，中共中央文献研究室.新时期环境保护重要文献选编[M].北京：中央文献出版社，中国环境科学出版社，2001：43.
② 中共中央文献研究室.十三大以来重要文献选编（上）[M].北京：人民出版社，1991：24.
③ 中共中央文献研究室.十六大以来重要文献选编（上）[M].北京：中央文献出版社，2005：15.
④ 中共中央文献研究室.十七大以来重要文献选编（上）[M].北京：中央文献出版社，2009：16.
⑤ 中共中央文献研究室.十八大以来重要文献选编（上）[M].北京：中央文献出版社，2014：30.

党对生态文明建设重要性的认识达到一个全新的高度。

目前，我国生态文明建设已经进入关键期、窗口期、攻坚期。为适应这一发展实际，2018 年 5 月召开了全国生态环境保护大会。这次大会是我国生态文明建设发展历程中具有里程碑意义的重要会议，会议的重要成果是正式确立了习近平生态文明思想。习近平生态文明思想在科学总结我国生态文明建设尤其是党的十八大以来生态文明建设成就和经验的基础上，深刻回答了为什么建设生态文明、建设什么样的生态文明、怎样建设生态文明等重大理论和实践问题，提出了新时代推进生态文明建设的原则、要求、路径等，是我们今后开展生态文明建设的基本遵循。

党的十九届四中全会对生态文明制度体系进行了全新建构，提出了四大类基础性生态文明制度体系，这四个方面的制度在逻辑上相互贯通，体系上相互支撑，共同构成系统严密的生态文明制度体系。这是对生态文明建设领域的基础性制度体系全面系统的呈现，是对生态文明制度体系的总体性设计。系统总结我国生态文明制度建设中的经验做法，构建系统完备、科学合理的生态文明制度体系，是满足人民对优美生态环境需要的制度保障，也是推动生态文明建设，加快建设人与自然和谐共生的中国特色社会主义现代化的必由之路。

三

本书全面梳理中华人民共和国成立以来中国共产党在生态文明建设方面的发展历程，总结了建设过程中取得的重大成就和经验教训，并就如何继续开展生态文明建设提出了可行的路径。目

前以生态文明为研究主题的著作众多，但从中国共产党领导生态
文明建设的角度进行深入阐释的著作较少。我国的生态文明建设
离不开中国共产党的领导，现今生态文明建设取得的巨大成就，
与中国共产党的领导有着密切的关系。本书以中国共产党与生态
文明建设为研究主题，从中国共产党领导中国人民进行生态文明
建设的伟大实践入手，全面梳理了中国共产党在中华人民共和国
成立之后长达 70 多年的发展历程中领导开展生态文明建设的发展
脉络，对党关于环境、资源、污染治理等的方针政策以及法律法
规进行深入细致的剖析，在总结生态文明建设经验成就的基础上，
对面临的挑战和困难进行了反思，为今后继续开展生态文明建设，
建成美丽中国的宏伟目标提供了可行的具体路径。

　　推进生态文明建设是一项长期、宏大和复杂的系统工程。坚
定不移地推进生态文明建设，是实现"美丽中国"中国梦和社会
主义现代化强国的根本要求。中国人民在中国共产党的带领下，
取得了伟大的经济建设成就，也取得了令世人瞩目的生态文明建
设成就。虽然我国生态文明建设还存在许多问题，面临许多严峻
的挑战，但只要我们站在中国特色社会主义全面发展和中华民族
永续发展的高度，坚持习近平生态文明思想，坚持人与自然和谐
发展的理念，以"美丽中国"为建设目标，增强生态危机意识，
全面加强生态文明建设，就一定能够战胜困难，取得生态文明建
设的巨大成功，早日实现中华民族伟大复兴。

第一章

中国共产党生态文明
建设的思想文化基础

中国共产党在领导生态文明建设的过程中，不断进行经验总结和理论凝练，逐步形成了中国特色社会主义生态文明理论。这一理论不仅是中国共产党在深刻把握中国国情的基础上对中国生态文明建设经验的科学总结，也是对各种生态文明思想去芜存菁的结果。中国共产党在开展生态文明建设的过程中，积极吸收借鉴各种优秀生态文明思想，体现了中国特色社会主义生态文明理论的开放性、包容性和创新性。中国特色社会主义生态文明理论首先来自对马克思主义生态文明思想的继承和发展；其次，吸收和借鉴了中华优秀传统文化当中所包含的丰富的生态文明理念，传承了中华民族的生态文明智慧；最后，西方生态文明建设过程中形成的思想观点对于我国生态文明建设也具有一定的启示作用。

一、继承和发展马克思主义生态文明思想

马克思和恩格斯没有直接提出"生态文明"这一概念，但其著作中蕴含着丰富的生态文明思想。马克思和恩格斯在探讨人类文明发展历程的过程中，批判地吸收西方生态文化，以辩证唯物主义为理论基础，对人与自然的关系进行了详细的论述，揭示了人与自然之间不可分割、相互依赖的有机统一的关系。马克思和

恩格斯在研究资本主义生产方式的过程中，指出以人与自然矛盾为表象的生态问题实质是人与人之间的矛盾，资本主义生产方式是造成这种矛盾的根源。在对资本主义生产方式进行批判的同时，马克思和恩格斯提出了人类摆脱这种生产方式的束缚走向人与自然和谐相处的路径，以实现人与自然的和解，进而实现人与人、人与社会关系的和解，最终达到理想社会。马克思主义生态文明思想内容丰富、论述精辟，是中国共产党生态文明建设思想的主要来源。

①. 人与自然的关系

人与自然的关系是马克思主义生态文明思想的基本内容。马克思和恩格斯的生态文明思想是从对人与自然关系的认识中展开的。

在《1844年经济学哲学手稿》中，马克思对人与自然的关系进行了全面深入的论证。马克思认为，自然是人生存发展的基础，早在人类出现之前，自然界已有亿万年的演化史。人是自然存在物，是自然界长期发展的产物。马克思认为："没有自然界，没有感性的外部世界，工人什么也不能创造……自然界一方面在这样的意义上给劳动提供生活资料，即没有劳动加工的对象，劳动就不能存在，另一方面，也在更狭隘的意义上提供生活资料，即维持工人本身的肉体生存的手段。"[①] "人靠自然界生活。这就是说，自然界是人为了不致死亡而必须与之处于持续不断的交互作用过程的、人的身体。所谓人的肉体生活和精神生活同自然界相联系，不外是说自然界同自身相联系，因为人是自然界的一部

---

① 中共中央马克思恩格斯列宁斯大林著作编译局. 马克思恩格斯文集：第一卷[M]. 北京：人民出版社，2009：158.

分。"① 马克思继续论述道："无论是在人那里还是在动物那里，类生活从肉体方面来说就在于人（和动物一样）靠无机界生活，而人和动物相比越有普遍性，人赖以生活的无机界的范围就越广阔。"②

自然界不仅是"人的无机的身体"，自然界还是"人的精神的无机界"③，"从理论领域说来，植物、动物、石头、空气、光等等，一方面作为自然科学的对象，一方面作为艺术的对象，都是人的意识的一部分，是人的精神的无机界，是人必须事先进行加工以便享用和消化的精神食粮；同样，从实践领域说来，这些东西也是人的生活和人的活动的一部分"④。这就是说，离开自然界，人的意识也不复存在。自然科学的研究对象和文学艺术的加工对象都源于自然界，没有它们，人的科学创造和文学艺术便是无源之水。自然界是人类永远赖以生存的物质资料和精神食粮的来源。

人不仅是自然的产物，而且在长期的社会实践中同自然相互作用，形成了"自然的人化"与"人的自然化"。马克思在《1844年经济学哲学手稿》中指出："一方面，随着对象性的现实在社会中对人来说到处成为人的本质力量的现实，成为人的现实，因而成为人自己的本质力量的现实，一切对象对他来说也就成为他自身的对象化，成为确证和实现他的个性的对象，成为他的对象，

---

① 中共中央马克思恩格斯列宁斯大林著作编译局. 马克思恩格斯文集：第一卷[M]. 北京：人民出版社，2009：161.
② 中共中央马克思恩格斯列宁斯大林著作编译局. 马克思恩格斯文集：第一卷[M]. 北京：人民出版社，2009：161.
③ 中共中央马克思恩格斯列宁斯大林著作编译局. 马克思恩格斯文集：第一卷[M]. 北京：人民出版社，2009：161.
④ 中共中央马克思恩格斯列宁斯大林著作编译局. 马克思恩格斯文集：第一卷[M]. 北京：人民出版社，2009：161.

这就是说，对象成为他自身。"① 这就是"自然的人化"，就是人类按照自己的意愿对自然进行改造，使自然在实践中不断变为"人化"了的自然。"人的自然化"是指"自然的本质和规律内化为人的知识和智力等本质力量，实现人的自我素质，是人的本质日益丰富和完善，使自己的认识和行动更加合乎客观规律"②。马克思认为："人在生产中只能像自然本身那样发挥作用，就是说，只能改变物质的形态。不仅如此，他在这种改变形态的劳动本身中还要经常依靠自然力的帮助。"③ 这就是说人在实践中必须按照自然规律进行活动，必须像自然那样发挥作用，而且还需要依靠自然力的帮助。可以看出，人的自然化就是通过掌握自然规律，在认识、改造自然的过程中人类把自然规律转化为人类所能掌握的知识和能力。自然规律是客观存在的，人类不能试图将其改变，但却能认识自然规律，并能遵循自然规律生活、生产。

马克思和恩格斯认为："自然的人化"和"人的自然化"统一于人类实践活动中。人为了生存和发展把自然界当作自己的活动对象并通过实践活动不断加以改造，使自然界不断地被人化。自然又通过人的实践活动反作用于人与社会，使人自然化。在《资本论》中，马克思将这种关系做了明确阐发："劳动首先是人和自然之间的过程，是人以自身的活动来中介、调整和控制人和自然之间的物质变换的过程。"④ 马克思从历史唯物主义出发，认

---

① 中共中央马克思恩格斯列宁斯大林著作编译局.马克思恩格斯文集：第一卷[M].北京：人民出版社，2009：190-191.

② 高光.自然的人化和人化的自然[M].北京：中共中央党校出版社，1989：15.

③ 中共中央马克思恩格斯列宁斯大林著作编译局.马克思恩格斯文集：第五卷[M].北京：人民出版社，2009：56.

④ 中共中央马克思恩格斯列宁斯大林著作编译局.马克思恩格斯选集：第二卷[M].北京：人民出版社，2012：169.

为人类实践是实现人化自然的基础，自然的"人化"过程，实际上就是通过人的劳动实践而引起的自然界与人自身发生深刻变化的过程。

马克思进一步指出："人作为自然存在物，而且作为有生命的自然存在物，一方面具有自然力、生命力，是能动的自然存在物；这些力量作为天赋和才能、作为欲望存在于人身上；另一方面，人作为自然的、肉体的、感性的、对象性的存在物，同动植物一样，是受动的、受制约的和受限制的存在物，就是说，他的欲望的对象是作为不依赖于他的对象而存在于他之外的。"① 也就是说，人不能离开自然而单独存在，在此基础上，开始展开人和自然之间的互动关系：人既是能动的自然存在物，可以对自然进行改造；人又是被动的自然存在物，受制于自然的约束，人的能动性并不能超越自然规律。因此，人类如果想免遭自然的报复，就应该敬畏自然、按照自然规律办事。

在人类历史的发展过程中，人类对人与自然的关系认识并不深刻。在资本主义工业文明大发展的时期，人与自然的矛盾不断加深，人类从征服自然的活动中获取了大量的生活资源，形成了人类中心主义的思维模式。人类在自然面前容易滋长骄傲情绪，过分强调人的主观能动性，造成对自然无限制地攫取，认为自然作为受动的一方，对于人类的索取不会有任何反应。而事实上，人类不能凌驾于自然之上，人对自然的征服是建立在对自然规律的把握基础上，无节制地向自然索取带来的必然是来自自然的疯狂的报复。恩格斯清醒地看到了这种结果。他指出："但是我们不要过分陶醉于我们对自然界的胜利。对于每一次这样的胜利，自

① 中共中央马克思恩格斯列宁斯大林著作编译局. 马克思恩格斯文集：第一卷[M]. 北京：人民出版社，2009：209.

然界都报复了我们。每一次胜利，在第一步都确实取得了我们预期的结果，但是在第二步和第三步却有了完全不同的、出乎预料的影响，常常把第一个结果又取消了。……因此我们必须时时记住：我们统治自然界，绝不像征服者统治异民族一样，决不象站在自然界以外的人一样，——相反地，我们连同我们的肉、血和头脑都是属于自然界，存在于自然界的。"① 恩格斯还详细地列举了人们在生产实践中破坏了森林之后自食恶果，对森林的破坏不仅摧毁了他们畜牧业的基础，而且造成水资源枯竭和雨季洪水肆虐交替。恩格斯因而告诫，我们是自然界的一部分，"我们对自然界的整个统治，是在于我们比其他一切动物强，能够认识和正确运用自然规律"②。

②. 自然生产力理论

马克思和恩格斯在论述人与自然关系的基础上展开对经济社会发展的观察，发现人类的生产活动不仅受到人的劳动条件的影响，而且也受到自然力的影响。自然条件和经济发展有着密切的关系。自然生产力和社会生产力一起构成了劳动生产的合力。

马克思直接指出："劳动不是一切财富的源泉。自然界同劳动一样也是使用价值（而物质财富就是由使用价值构成的！）的源泉，劳动本身不过是一种自然力即人的劳动力的表现。"③ 人与自然的关系还体现在自然条件对经济发展的影响。自然条件对

---

① 中共中央马克思恩格斯列宁斯大林著作编译局．马克思恩格斯全集：第二十卷 [M]．北京：人民出版社，1971：519.
② 中共中央马克思恩格斯列宁斯大林著作编译局．马克思恩格斯全集：第二十卷 [M]．北京：人民出版社，1971：519.
③ 中共中央马克思恩格斯列宁斯大林著作编译局．马克思恩格斯选集：第三卷 [M]．北京：人民出版社，2012：357.

经济发展的影响是通过劳动这一中介发挥作用的。首先自然条件可以决定劳动生产率。马克思曾指出："撇开社会生产的形态的发展程度不说，劳动生产率是同自然条件相联系的。这些自然条件都可以归结为人本身的自然（如人种等等）和人的周围的自然。外界自然条件在经济上可以分为两大类：生活资料的自然富源，例如土壤的肥力，渔产丰富的水域等等；劳动资料的自然富源，如奔腾的瀑布、可以航行的河流、森林、金属、煤炭等等。在文化初期，第一类自然富源具有决定性的意义；在较高的发展阶段，第二类自然富源具有决定性的意义。"[1]人类通过对自然力如奔腾的瀑布的使用，可以引起"劳动生产力的单纯的提高"[2]。人类可以通过对自然力的合理使用，提供劳动生产力，这即是自然条件对经济发展的影响。在分析剩余价值的生产和分配的过程中，马克思强调了自然界的环境要素对一些产业的重大影响。在《资本论》第二卷第十三章《生产时间》中他指出，由于受所生产产品的性质和制造产品的方式的影响，如酿酒业、陶器业、漂白业等，它们的生产要"受时间长短不一的自然过程的支配，要经历物理的、化学的、生理的变化"[3]。马克思特别指出，自然界的环境要素对农业生产的影响尤为显著，"劳动的自然生产力，即劳动在无机界中具有的生产力，和劳动的社会生产力一样，表现为资本的生产力。"[4]可以看出，马克思对自然条件和经济发展之间

---

[1] 中共中央马克思恩格斯列宁斯大林著作编译局 . 马克思恩格斯选集：第二卷 [M]. 北京：人民出版社，2012：239.

[2] 中共中央马克思恩格斯列宁斯大林著作编译局 . 马克思恩格斯选集：第二卷 [M]. 北京：人民出版社，2012：621.

[3] 中共中央马克思恩格斯列宁斯大林著作编译局 . 马克思恩格斯选集：第二卷 [M]. 北京：人民出版社，2012：363.

[4] 中共中央马克思恩格斯列宁斯大林著作编译局 . 马克思恩格斯全集：第三十五卷 [M]. 北京：人民出版社，2013：122.

的关系的认识是非常深刻的。马克思非常重视自然要素、自然力对人类的生产活动、经济活动的影响。

恩格斯在《自然辩证法》一书中也指出："政治经济学家说：劳动是一切财富的源泉。其实，劳动和自然界在一起才是一切财富的源泉，自然界为劳动提供材料，劳动把材料转变为财富。"①这里恩格斯强调了自然界是劳动的基础，而劳动是自然界和经济发展之间的中介，自然资源和经济发展紧密相关。

到此，马克思的自然生产力理论基本成型。马克思依据生产力要素的不同，将生产力分为自然生产力与社会生产力两类。自然生产力是指客观存在于自然界的各种自然力量的总和，包括自然界的自然力，主要是指阳光、空气、水、风等，也包括人自身自然所具有的生产力。社会生产力是指在自然生产力的基础上，人通过劳动把自然改造成为适应人类需要的物质资料的一种力量，这种力量既包括物质生产力，也包括精神生产力。自然生产力和社会生产力一起构成了劳动生产的合力。马克思自然生产力理论中强调自然生产力的重要作用，指出了自然生产力和社会生产力的辩证关系，反映了其尊重自然规律的生态思想。马克思自然生产力思想对于中国生态文明建设具有重要的启示作用。自然生产力思想可以引申为环境生产力理论，说明经济发展和生态文明建设并不矛盾，相反，生态环境是经济发展的前提，处理好生态环境问题，可以带来经济的快速发展。

马克思生态思想中包含有关循环经济的思想。资本主义工业化大生产对人类自然力和土地自然力的破坏，造成人和自然之间物质变换的失衡现象。为了解决这一问题，马克思提出废物再利

---

① 中共中央马克思恩格斯列宁斯大林著作编译局. 马克思恩格斯选集：第三卷 [M]. 北京：人民出版社，2012：988.

用的循环经济思想。马克思在《资本论》第三卷第一篇第五章中提出："由于大规模社会劳动所产生的废料数量很大，这些废料本身才重新成为贸易的对象，从而成为新的生产要素。"① 马克思认为随着社会生产规模的不断扩大，数量众多的生产废料可以重新进入生产过程，从而达到节约资源、保护环境的目的。

③. **对资本主义生态危机的批判**

资本主义生产方式是造成生态危机的根源。马克思和恩格斯在对资本主义生产方式的批判过程中论述了资本主义制度对生态环境的危害。而要解决这一问题的根本途径是消灭资本主义制度。

在 18 世纪下半叶到 19 世纪上半叶，资本主义经济发展迎来了自己的黄金期，资本主义生产力得到快速发展。伴随着资本主义经济的巨大发展，资本主义生产方式也对生态环境造成了巨大的破坏。在资本主义制度下，充斥着由于资本主义生产导致的自然惨遭破坏的现实情景。"关于这种惊人的经济变化必然带来的一些现象，……不过所有已经或者正在经历这种过程的国家，或多或少都有这样的情况。地力耗损——如在美国；森林消失——如在英国和法国，目前在德国和美国也是如此；气候改变、江河干涸在俄国大概比其他任何地方都厉害。"② 马克思告诫人们："由于砍伐树木等等，最后会使土地荒芜。"③

为此，马克思开始思考资本主义生态问题发生的根源。马克

---

① 中共中央马克思恩格斯列宁斯大林著作编译局 . 马克思恩格斯选集：第二卷 [M]. 北京：人民出版社，2012：451.

② 中共中央马克思恩格斯列宁斯大林著作编译局 . 马克思恩格斯选集：第四卷 [M]. 北京：人民出版社，2012：628.

③ 中共中央马克思恩格斯列宁斯大林著作编译局 . 马克思恩格斯选集：第四卷 [M]. 北京：人民出版社，2012：471.

思在《1844 年经济学哲学手稿》中指出："社会是人同自然界的完成了的本质的统一。"① 社会形态是人与自然辩证关系的载体。对于生态问题必须从社会形态的主要生产方式进行分析。马克思认为，资本主义生产方式是资本主义生态危机产生的根源。资本主义生产方式最显著的特征是生产资料私人占有、生产社会化、以追求剩余价值为生产目的。在资本主义制度下，由于资本家贪婪的本性以及资本主义生产的不断扩张，导致资本主义出现严重的生态危机。

在《1844 年经济学哲学手稿》中，马克思从分析劳动异化出发，对资本主义社会中劳动者的劳动同其劳动产品相异化的社会现实进行了批判，在此基础上分析资本主义社会中人与自然的关系。他认为："在私有财产和金钱的统治下形成的自然观，是对自然界的真正的蔑视和实际的贬低。"② 人与自然异化的直接结果是，人按照社会制度的意愿来占有、支配自然界而忽视自然界存在的客观规律，造成人与自然的矛盾。在《德意志意识形态》中，马克思、恩格斯从"现实的人"的"感性活动"出发，揭示出强制分工是人的异化的根源，人类扬弃异化的根本途径是发展生产力。他们认为："只要人们还处在自然形成的社会中，就是说，只要特殊利益和共同利益之间还有分裂，也就是说，只要分工还不是出于自愿，而是自然形成的，那么人本身的活动对人来说就成为一种异己的、同他对立的力量，这种力量压迫着人，而不是人驾驭着这种力量。"③

---

① 中共中央马克思恩格斯列宁斯大林著作编译局. 马克思恩格斯文集：第一卷[M]. 北京：人民出版社，2009：187.
② 中共中央马克思恩格斯列宁斯大林著作编译局. 马克思恩格斯文集：第一卷[M]. 北京：人民出版社，2009：52.
③ 中共中央马克思恩格斯列宁斯大林著作编译局. 马克思恩格斯文集：第一卷[M]. 北京：人民出版社，2009：537.

马克思从揭露当时恶劣的生活、工作环境使工人备受折磨与摧残入手，发现资本主义的财产私有制是造成人与自然关系恶化的根本原因。在《资本论》里，马克思多次直接描绘资本主义早期空气污染、森林破坏、水资源污染、土地荒芜以及生态环境恶化对工人阶级生存、生活上的直接危害。马克思对资本主义工业生产方式对工人身心的摧残和对环境的破坏进行了批判，提出资本主义生产方式是造成一切问题的根源。恩格斯在《乌培河谷的来信》中对生态环境恶化的情况也进行了描绘，认识到正是由于资本主义制度下对资源的过度开发导致了空气污染、水污染和土地荒漠化。在《英国工人阶级状况》中，恩格斯详细描述了当时英国工人阶级的社会状况，具体分析了英国工业化导致的环境污染的过程、状况和危害，指出环境污染问题是资本主义国家工业化进程的产物。

"新陈代谢断裂"理论是马克思对资本主义制度进行生态批判的重要观点。这一观点集中体现在马克思对资本主义"掠夺""剥削"土地的系统批判。马克思在《资本论》第一卷关于资本主义农业批判的论述中提到，资本主义生产"破坏着人和土地之间的物质变换，也就是使人以衣食形式消费掉的土地的组成部分不能回归土地，从而破坏土地持久肥力的永恒的自然条件"①。在《资本论》第三卷关于"资本主义地租的产生"的结尾处的分析中提出："大土地所有制使农业人口减少到一个不断下降的最低限量，而同他们相对应，又造成一个不断增长的拥挤在大城市中的工业人口。由此产生了各种条件，这些条件在社会的以及由生活的自然规律所决定的物质变换的联系中造成了一个无法弥补

---

① 中共中央马克思恩格斯列宁斯大林著作编译局. 马克思恩格斯文集：第五卷 [M]. 北京：人民出版社，2009：579.

的裂缝。"①"新陈代谢断裂"理论不仅体现在土壤养分的循环和城乡对立关系的分析上，而且在诸如森林砍伐导致土壤沙化、气候变化和环境污染等其他方面也存在代谢断裂的情形。总之正是因为资本主义制度下大规模工业和大规模农业的发展使土壤和工人都陷入了赤贫。北美生态学马克思主义者福斯特对于马克思的"新陈代谢断裂"理论给予了高度评价，认为它使马克思对资本主义的研究深入到了人与自然相互关系的领域，深化了对环境恶化的批判，从而"预示着许多当今的生态学思想"②。

资本主义生产方式的本质是扩大再生产，资本主义生产的唯一目的是追求更多的剩余价值。资产阶级扩大再生产不仅需要资本的不断积累，而且需要增加对自然资源的利用，加剧了资本主义与自然的冲突。资产阶级为了获取更多的利润，往往会更加关注眼前的经济利益，而不考虑社会发展的长远利益，从而疯狂地掠夺自然资源。这是"资本的逻辑"的必然结果。在生产资料私人占有制下，为了追求更多的剩余价值，实现利益最大化，资产阶级会无节制地扩大生产规模，肆意掠夺自然资源，从而造成严重的生态危机，导致资本主义社会成为一个反生态的异化社会。资本主义社会的实质是人与生态对立的社会。

生产的社会化程度不断加深和资本主义私人占有制相矛盾，资本主义这一根本矛盾决定了它既是充满危机的，同时又是依赖危机的。这一矛盾难以消除，必将贯穿资本主义社会的始终。所以说，资本主义制度固有的矛盾决定了资本主义生态危机的发生。更进一步讲，生态危机即是经济危机，是经济危机的延伸，是更

① 中共中央马克思恩格斯列宁斯大林著作编译局. 马克思恩格斯文集：第七卷 [M]. 北京：人民出版社，2009：918-919.

② 约翰·贝拉米·福斯特. 马克思的生态学：唯物主义与自然 [M]. 刘仁胜，等译. 北京：高等教育出版社，2006：158.

深层意义上的经济危机。对于 21 世纪的人类来讲，这一观点并不过时，如今资本主义经济危机以及衍生出来的生态危机，更为迫切和致命。

④ **资本主义生态危机的解决**

马克思不仅对资本主义制度造成的生态危机进行了批判，而且揭示了如何解决人与自然之间的矛盾。马克思发现资本主义生态危机的根源在于人与社会制度的对立，要从根本上解决生态问题，就要抛弃资本主义社会制度，建立一种真正实现人与自然之间和谐共生的社会，这一社会即马克思所预测的共产主义社会。马克思指出，共产主义是通过对私有财产的积极扬弃，从而实现人的解放。在共产主义社会中不仅实现了"人与人的和解"，也实现了"人与自然的和解"。

对于如何解决资本主义社会内在矛盾导致的生态危机，在《1844 年经济学哲学手稿》一书中，马克思提出要用异化劳动的扬弃来恢复异化劳动所导致的人与自然、人与社会关系的矛盾和异化，异化劳动的扬弃只有在实现生产资料共有的共产主义才能实现。共产主义消除了人与人的异化，也消除了人与自然的对立。只有到了共产主义社会，"自然界对人来说才是人与人联系的纽带，才是他为别人的存在和别人为他的存在。只有在社会中，自然界才是人自己的合乎人性的存在的基础，才是人的现实的生活要素。"① 马克思认为："这种共产主义，作为完成了的自然主义，等于人道主义，而作为完成了的人道主义，等于自然主义，它是

---

① 中共中央马克思恩格斯列宁斯大林著作编译局 . 马克思恩格斯文集：第一卷 [M]. 北京：人民出版社，2009：187.

人和自然界之间、人和人之间的矛盾的真正解决。"①19 世纪 40
年代中后期，随着唯物史观的创立，马克思对资本主义社会人与
自然严重对立的分析更加透彻，认识到只有揭露和消灭资本主义
生产关系的内在矛盾，即"建立在个人全面发展和他们共同的、
社会的生产能力成为从属于他们的社会财富这一基础上的自由个
性"②时，才能真正解决资本主义的生态问题。只有在未来的共
产主义社会中，才能推翻人和自然关系严重对立赖以存在的基础。
在这一社会状态下，"社会化的人，联合起来的生产者，将合理
地调节他们和自然之间的物质变换，把它置于他们的共同控制之
下，而不让它作为一种盲目的力量来统治自己；靠消耗最小的力
量，在最无愧于和最适合于他们的人类本性的条件下来进行这种
物质变换"③，才能真正实现人和自然的和谐相处。马克思为解
决资本主义的生态问题提出了一个根本的科学的解决方案。

恩格斯也明确提出只有进行消灭私有制的社会革命，才能使
人类自身生产和物质资料生产相适应。他认为："人类数量增多
到必须为其增长规定一个限度的这种抽象可能性当然是存在的。
但是，如果说共产主义社会在将来某个时候不得不像已经对物的
生产进行调整那样，同时也对人的生产进行调节，那么正是这个
社会，而且只有这个社会才能无困难地做到这点。"④在制度层面，
恩格斯和马克思的观点是不谋而合的，他们都认识到人与自然之

① 中共中央马克思恩格斯列宁斯大林著作编译局 . 马克思恩格斯文集：第一卷
[M]. 北京：人民出版社，2009：185.
② 中共中央马克思恩格斯列宁斯大林著作编译局 . 马克思恩格斯文集：第八卷
[M]. 北京：人民出版社，2009：52.
③ 中共中央马克思恩格斯列宁斯大林著作编译局 . 马克思恩格斯文集：第七卷
[M]. 北京：人民出版社，2009：928-929.
④ 中共中央马克思恩格斯列宁斯大林著作编译局 . 马克思恩格斯文集：第十卷
[M]. 北京：人民出版社，2009：455.

间的矛盾根源在于资本主义生产方式。为了变革这种不合理的人
与自然的关系，实现人与自然的和谐发展就需要完全改造整个社
会制度以及现成的生产方式。

综上所述，马克思主义为我们理解当代生态问题提供了哲学
基础："在生态危机的问题上，马克思主义谱系中的理论要比自
由主义以及其他类型的主流经济思想更有发言的机会。"① 不仅
如此，马克思主义更是直面资本主义生态问题，对资本主义制度
所导致的生态危机进行了深入的批判，为当今中国所进行的生态
文明建设提供了理论指南。

二、吸收借鉴中华优秀传统文化中的生态文明思想

中华优秀传统文化是我们文化自信的重要依据。中国共产党
在运用马克思主义指导中国建设的过程中，充分汲取传统文化中
的精华，不断提升领导建设社会主义现代化的能力和水平。习近平
总书记非常重视优秀传统文化对治国理政的重要作用，他认为：
"中国优秀传统文化的丰富哲学思想、人文精神、教化思想、道
德理念等，可以为人们认识和改造世界提供有益启迪，可以为治
国理政提供有益启示。"②

中华传统文化中未曾明确表述过"生态文明"这一概念，但
却蕴含着丰富的生态文明智慧，是中国共产党生态文明建设思想
的渊源之一。习近平生态文明思想对中华优秀传统文化中的生态

① 詹姆斯·奥康纳.自然的理由：生态学马克思主义研究 [M].唐正东，臧佩洪，
译.南京：南京大学出版社，2003：298.
② 中共中央文献编辑委员会.习近平著作选读：第一卷 [M].北京：人民出版社，
2023：276-283.

文明思想进行了继承和发展。2013 年 5 月 24 日，习近平总书记在十八届中央政治局第六次集体学习时指出："我们中华文明传承五千多年，积淀了丰富的生态智慧。'天人合一'、'道法自然'的哲理思想，'劝君莫打三春鸟，儿在巢中望母归'的经典诗句，'一粥一饭，当思来处不易；半丝半缕，恒念物力维艰'的治家格言，这些质朴睿智的自然观，至今仍给人以深刻警示和启迪。"① 2015 年 11 月 30 日，习近平总书记在气候变化巴黎大会开幕式上强调指出："'万物各得其和以生，各得其养以成。'中华文明历来强调天人合一、尊重自然。"② 可以看出，习近平总书记深受中国传统文化中所蕴含的生态文明思想的影响，倡导在社会主义生态文明建设中继承与弘扬这些传统生态文明理念，丰富了习近平生态文明思想。

①. "天人合一、万物一体"的生态整体观

中国共产党生态文明建设思想首先植根于中国传统文化中的"天人合一、万物一体"思想。古代先贤们提出的"天人合一"蕴含着丰富的生态智慧。古人所讲的"天"跟现代社会理解的天的内涵存在明显差异，但"天人合一"思想中包含的朴素的追求人与自然和谐统一的思想对当今生态文明建设有着重要的启示作用。"天人合一"的生态整体观追求的是人与自然的和谐统一，倡导整体宇宙观和有机思维，强调"天"和"人"是一个完整系统，只有天人实现共生共融，人类社会才能和谐统一。不仅如此，"天人合一"的生态整体观还强调人要顺应自然、尊重自然规律的生态思想。

---

① 中共中央文献研究室 . 习近平关于社会主义生态文明建设论述摘编 [M]. 北京：中央文献出版社，2017：6.
② 习近平 . 习近平谈治国理政：第二卷 [M]. 北京：外文出版社，2017：530.

　　儒家学说主张"天人合一"的自然观，认为人与自然是一个有机的整体，人是自然界生生不息的产物，是自然有机整体中的一部分，即不能把自然看作人的对立面，不主张片面征服自然，这样才能处理好人与自然的关系，实现人与自然的和谐相处。

　　《易传·文言》有云："夫大人者，与天地合其德，与日月合其明，与四时合其序，与鬼神合其吉凶。先天而天弗违，后天而奉天时。"意思是说人若能顺应自然，与天地和谐相处，就达到了最高境界，就是圣人。《易传·系辞上》讲："与天地相似，故不违。知周乎万物而道济天下，故不过。旁行而不流，乐天知命，故不忧。"是说人要了解天下万物兴衰变化的道理，从而达到人与天道的统一。《论语·述而》提出"天生德于予"，认为自己的品德是上天赋予的，天和人之间通过品德得以相通。《孟子·尽心上》说："尽其心者，知其性也；知其性，则知天矣。"孟子讲求人和天是相通的。荀况是儒家学者中具有唯物主义自然观的学者。荀况在《荀子·天论》中指出，"万物各得其和以生，各得其养以成，不见其事而见其功，夫是之谓神。皆知其所以成，莫知其无形，夫是之谓天"，意思是自然万物各自得到阴阳形成的和气而产生，各自得到相应的滋养而成长，看不见阴阳二气化生成万物的过程而只看到它化生的成果，这就是神妙。都知道阴阳二气化生成万物，却无从知道它无形无踪的生成过程，这就叫作天成。荀子认为日月星辰运行，四季晨昏轮回，阴阳造化万物，风雨普施人间等万事万物统一构成了天。天是客观存在的，不因人们的感受不同而有所改变。《中庸》提出："唯天下至诚，为能尽其性。能尽其性，则能尽人之性。能尽人之性，则能尽物之性。能尽物之性，则可以赞天地之化育。可以赞天地之化育，则可以与天地参矣。"意思是只有天下最为诚心的人，才能够完全发挥自己的本性；能够完全发挥自己的本性，就能够完全发扬别人的本性；能够完全发扬别人的本性，就能够完全发扬事物的本性；就可以帮助天地的演化和养育万物；可以帮助天地的演化和养育万物，如此就是天人合一，生生不息。在《中庸》里，儒家思想家不仅认为天人可以合一，而且提出了天与人合一的具体修养方法。

董仲舒是正式提出"天人合一"思想的儒学家，他在《春秋繁露》中提到："天人之际，合而为一。"董仲舒所说的"天"是人格化的天，能够发挥主宰万物的作用。董仲舒的天即物质的天，也是有意识的天。他说："以类合之，天人一也。"（《春秋繁露·阴阳义》）意思是天和人是同类的，人有什么，天也就有什么。人也可以说是天的副本。在董仲舒看来，人是宇宙的缩影，是一个小宇宙。[1]宋代张载在《正蒙·乾称》中明确提出了"天人合一"的概念。张载认为"儒者则因明至诚，因诚至明，故天人合一"，强调通过认识客观世界的规律而实现人与自然的内外统一。

"天人合一、万物一体"思想不仅认为人和自然是和谐统一的，更重要的是告诫人们要遵守客观规律。中国古代的思想家们认为，自然界的万事万物都有其内在规律，不以人的意志为转移，要应时而动，使天地合气，万物和生。所以，在社会发展中，需要顺天守时，严格遵循客观规律办事，自觉协调人与自然的关系，才能达到"与天地合其德，与日月合其明，与四时合其序"的人与自然和谐的最高目标。《论语·阳货》指出："天何言哉？四时行焉，百物生焉，天何言哉！"意思是说自然万物自有其规律性，人要通过尊重、顺应来理解自然，与自然互济相应，和睦相处。

---

[1] 冯友兰.中国哲学史新编（中）[M].北京：人民出版社，1998：64.

荀况在《荀子·天论》中提出："天行有常，不为尧存，不为桀亡。应之以治则吉，应之以乱则凶。强本而节用，则天不能贫。"说明了自然规律永恒不变，人要顺应自然，才能安定吉祥。强固根本而不随意浪费，即使是天也不能使其减少。"故明于天人之分，则可谓至人矣。"在《荀子·天论》中，荀子说："不为而成，不求而得，夫是之谓天职。如是者，虽深，其人不加虑焉；虽大，不加能焉；虽精，不加察焉，夫是之谓不与天争职。天有其时，地有其财，人有其治，夫是之谓能参。"在荀子看来，自然界变化有其自身的规律，人不可将自己的主观意志和愿望强加于自然界。但是，人可以按照自然规律行事，这就是能参，也就是天地人三者各行其职，和谐共处。

道家思想中也包含着深刻的人与自然统一的思想。道家认为宇宙万物的本源是道，宇宙是一个有秩序的有机生态系统，道规定了宇宙万物的发展秩序和趋势。道演化宇宙万物的基本存在方式是"无为而无不为"。道家告诫人们要尊重自然、顺应自然、效法自然。最终达到天人合一的境界。老子认为"道"是宇宙万物的本原。在《老子·第五十一章》中提到，"有物混成，先天地生。寂兮廖兮，独立不改，周行而不殆，可以为天下母。吾不知名，字之曰道。"老子认为宇宙万物都源于道，复归于道，人与万物在道的基础上得到统一。道家主张人类应当效法自然、顺应自然。老子提出："故道大，天大，地大，人亦大。域中有四大，而人居其一焉。人法地，地法天，天法道，道法自然。"（《老子·第二十五章》）老子不仅强调人的地位并不比天和地大，而且认为人类必须顺其自然，按自然规律办事，不干预自然界的客观进程，不违反客观规律，才能真正做到人与自然和谐相处。

庄子提出"天地有大美而不言，四时有明法而不议，万物有成理而不说。圣人者，原天地之美而达万物之理。是故至人无为，大圣不作，观于天地之谓也。"（《庄子·知北游》）意思是说，万物都在天道的养育中而不自知，天地万物都各有功德与秩序，但是它们都不会言说，圣人明白了天道的伟大，所以效法天地而无为。在《庄子·齐物论》中庄子也说，"天地与我并生，而万物与我为一"。庄子在讲到"天""人"关系时，已经放弃了宗教所说的有意志的主宰之天，具有科学和唯物主义哲学的倾向。庄子认为："有人，天也；有天，亦天也。人之不能有天，性也。圣人晏然体逝而终矣。"（《庄子·山木》）这就是说，只能天影响人，不能人影响天；人只能顺从和顺应自然界的变化。①

佛家思想中也有着丰富的"天人合一"的理念。佛家在人与自然关系的认识上主张"天地同根、万物一体"，佛家提出，"佛性"为万物之本原。宇宙万物的千差万别，都是"佛性"的不同表现形式，其本质仍是佛性的统一。而佛性的统一，就意味着众生平等，万物皆有生存的权利。②佛家提出了"依正不二"的思想，"依"指生存环境，"正"指生命主体，即是说生命主体和生存环境是合二为一，密不可分的。

在"天人合一"系统生态观的影响下，古代社会在农业生产实践活动中形成了"三才论"生态系统思想。"三才论"生态系统思想最早在《吕氏春秋》中被完整地提出："夫稼，为之者人也，生之者地也，养之者天也。"③这一思想主张农业生产要顺天时、循地利、重人力，作物的栽培因时、因地、因物制宜。要广泛开

① 冯友兰.中国哲学史新编（上）[M].北京：人民出版社，1998：426.
② 刘振清.新中国成立以来中国共产党生态文明建设思想及其演进概观 [J].理论导刊，2014（12）：62.
③ 张双棣等.吕氏春秋译注（修订本）[M].北京：北京大学出版社，2011：794.

展间作套种、合理轮作、合理密植等以提高作物产量，并利用害虫的天敌进行生物防虫治虫，① 体现了古人尊重自然、顺应自然、保护自然的生态理念。现在我国提倡发展生态循环农业，"加快推进农作物秸秆和畜禽养殖废弃物全量资源化利用"②，即对传统农业生态智慧的现代化应用。

总之，古代中国传统的"天人合一、万物一体"的世界观，注重从整体系统来看待人与世界的关系，并在此基础上提出人应该顺应自然、尊重客观规律。这种从整体系统的角度来看待世界的观点与马克思主义的整体观是基本一致的。据此中国共产党人提出人与自然和谐共生的生态理念，认为要从整体上思考人与自然的关系，不能割裂两者的关系，不要过分强调人的主观能动性。在具体的生态治理实践当中，要遵循"天人合一、万物一体"的生态理念，全面系统地解决生态环境问题。正是在这个意义上，习近平总书记提出"要用系统论的思想方法看问题，生态系统是一个有机生命躯体，应该统筹治水和治山、治水和治林、治水和治田、治山和治林等"③。要跳出生态治理"头痛医头脚痛医脚"的怪圈，从整体上解决生态环境问题。

② "以时禁发、取之有度"的生态保护观

中国古代先贤们在论述"天人合一"思想的基础上，提出要顺应自然、尊重自然，对于人与自然之间的关系提出了明确的解

---

① 张乾元，冯红伟．中国生态文明制度体系建设的历史赓续与现实发展：基于历史、现实与目标的三维视角 [J]．重庆社会科学，2020（1）：12．
② 中共中央文献研究室．习近平关于社会主义生态文明建设论述摘编 [M]．北京：中央文献出版社，2017：76-77．
③ 中共中央文献研究室．习近平关于社会主义生态文明建设论述摘编 [M]．北京：中央文献出版社，2017：56．

决方法。从上文可以看出，天人合一的整体哲学观，体现了古人朴素的生态意识。古人在对自然环境整体性规律认识的基础上，对社会生活领域进行了自觉调整。

中国古代思想家们认为，人类活动要与自然节律协调，从而达到天人和谐、相得益彰。为此，他们提出要"以时禁发""取之有度"，提倡"取物不尽物""取物以顺时"的思想。要按照自然规律来利用自然，不能无限制向自然进行索取。具体来讲，要反对滥捕滥杀，禁止砍伐幼苗、捕获幼崽，只有这样，才能实现资源的永续利用。《易经·象传·无妄卦》说："天下雷行，物与无妄。先王以茂对时，育万物。"意思是要根据天时以养育万物，使各得其所。在《左传》《国语》中有大量的论述强调在处理人与自然的关系时，一定要"察时""守时""不逆时""不反对"。《国语·越语下》中记载范蠡论国家之事有三，其中一为"节事"，即"节事者与地，唯地能包万物以为一，其事不失。生万物，容畜禽兽，然后受其名而兼其利。美恶皆成，以养其生。时不至，不可强生；事不究，不可强成。"意思是万物生长各有时，时不至，不可强生。《论语》提出"子钓而不纲，弋不射宿"，意思是不用大网打鱼，不射夜宿之鸟。因为大网所捞必多，对于鱼类、对于自然会造成伤害；飞鸟归巢，它们也需要栖息繁殖。深刻阐释了古人对自然要取之以时、取之有度的思想。

《管子》一书中也蕴含了丰富的"以时禁发"的生态保护思想。认为人不能自绝于自然，应当合理利用自然，改造自然。《管子·八观》提出，"山林虽近，草木虽美，宫室必有度，禁发必有时，是何也？曰：大木不可独伐也，大木不可独举也，大木不可独运也，大木不可加之薄墙之上。故曰：山林虽广，草木虽美，禁发必有时；国虽充盈，金玉虽多，宫室必有度。江海虽广，池泽虽博，鱼鳖虽多，罔罟必有正。"《管子》认为对自然资源的开发和索取要在恰当的时间进行。《管子·轻重甲》提出："山林、菹泽、草莱者，薪蒸之所出，牺牲之所起也。故使民求之，使民藉之，因以给之。"又云："为人君而不能谨守其山林、菹泽、草莱，不可以立为天下王。"《管子》认为，人应该去保护和调控自然，遵循自然规律，顺应四时之变，从自然中获取最合理的馈赠。

孟子对人类与生存环境之间的关系作过类似的评价："不违农时，谷不可胜食也；数罟不入洿池，鱼鳖不可胜食也；斧斤以时入山林，材木不可胜用也。谷与鱼鳖不可胜食，材木不可胜用，是使民养生丧死无憾也。"（《孟子·梁惠王上》）人民的生产生活实践要以保证生态系统的良性循环为前提，只有这样，才能从自然中获得源源不断的资源。

荀子说："圣王之制也，草木荣华滋硕之时则斧斤不入山林，不夭其生，不绝其长也；鼋鼍、鱼鳖、鳅鳝孕别之时，罔罟、毒药不入泽，不夭其生，不绝其长也。春耕、夏耘、秋收、冬藏，四者不失时，故五谷不绝而百姓有余食也；污池渊沼川泽，谨其时禁，故鱼鳖优多而百姓有余用也；斩伐养长不失其时，故山林不童而百姓有余材也。"（《荀子·王制》）意思是说在草木开花生长之时，不能进山林砍伐，不能砍伐幼苗，不能断绝它们的生长。鼋（大鳖）、鼍（扬子鳄）、鱼、鳖、泥鳅、鳝鱼等怀孕产卵之时，不能将渔网或毒药投入水中，不能捕杀幼鱼、幼鳖，不能断绝它们的生长。只有因时制宜，才能使万物繁盛，只有"取之有时用之有节"，才能保证资源永不匮乏。表达的同样是避免过度捕杀动物和滥砍滥伐树木的思想。要想使大自然能有源源不断的资源，就必须要对其进行养护、做到取用有度，按自然规律进行砍伐、捕猎。《荀子·王制》提出："王者之法，等赋，政事，财万物，所以养万民也。田野什一，关市几而不征，山林泽梁，以时禁发而不税。"意思是说对于山林湖堤按时封闭开放而不征税，即税收政事及制裁万物皆为养民，不同的情况有不同的税收政策，表明古人已经通过经济手段来调整过度滥用自然资源的行为。

《中庸》说："中也者，天下之大本也；和也者，天下之达道也。致中和，天地位焉，万物育焉。"意思是说只有达到中和的境地，天地就各居其位了，万物也就生长了。体现了古人过犹不及的生态保护观念。《大戴礼记·卫将军文子》记载孔子说："开蛰不杀，则天道也，方长不折则恕也，恕则仁也。"《礼记·祭义》也有记述："曾子曰：'树木以时伐焉，禽兽以时杀焉。'夫子曰：'断一树，杀一兽，不以其时，非孝也。'"意思是要按照自然界的时令来开展生产生活。春夏之际，就不应该破坏鸟兽的巢穴，也不可杀取或伤害鸟卵、兽胎、雏鸟、幼兽，体现了古人对自然生态的尊重与维护。《吕氏春秋》中说："竭泽而渔，岂不获得，而明年无鱼；焚薮而田，岂不获得，而明年无兽。"也表达了同样的环保理念。

在朴素的"以时禁发、取之有度"的生态保护观的影响下，古代思想家们提出俭以养德的道德观念。这是古人在生活方式上践行生态理念的升华。古人提倡节约消费，反对奢靡浪费，并把这种观念作为一个人进行道德修养的原则，进而上升到一个国家兴盛的高度来认识节俭的重要性。孔子曾说："奢则不孙，俭则固。与其不孙也，宁固。"（《论语·述而》）意思是过于奢侈与过于节俭都是不值得提倡的，但相对于奢侈，节俭更是一种良好的品德。《淮南子》提出"俭则民不怨矣"，认为统治者要节俭治国，才能得到老百姓的拥护。对于个人而言，"恭俭尊让者，礼之为也"。认为每个人都应养成节俭消费的生活习惯。《颜氏家训》

认为："'欲不可纵，志不可满。'宇宙可臻其极，情性不知其穷，唯在少欲知足，为立涯限尔。"意思是不可纵欲，不可志满，应该减少欲望，修身立德才是为人之本。在宋朝司马光编撰的《资治通鉴》中提到，"取之有度，用之有节，则常足。"大意是说，对于自然界的物产资源，要有限度地索取、有节制地使用，这样才能常保富足。宋代王应麟提出，"国家之兴衰，视其俭侈而已"①。认为国家兴衰与节俭奢靡密切相关。清代魏源也认为，"禁奢崇俭，美政也"②。国家应该禁止奢侈，崇尚节俭。可以看出，古人认为节俭不仅是个人修身养性的要求，也是国家兴盛的保障。勤俭节约成为中华民族优秀的文化传统，应该一直被我们继承和发扬下去。在建设社会主义生态文明的过程中，应该大力弘扬中华民族勤俭节约的优良传统。道家思想中也存在类似的观点，认为人应该用"知足、知止"来规范自己的行为。老子说："罪莫大于可欲，祸莫大于不知足，咎莫大于欲得。故知足之足，恒足矣。"（《道德经》四十六章）他进一步指出："知足者，富也。"（《道德经》三十三章）"故知足不辱，知止不殆，可以长久。"（《道德经》四十四章）老子警告我们不要放纵自己的各种欲望，要懂得适可而止，不能肆意妄为。庄子也说："知止其所不知，至矣。"（《庄子·齐物论》）告诫人们要知止知足。

　　勤俭节约的生态理念也是习近平生态文明思想的重要内容。2014年6月13日，习近平总书记在中央财经领导小组第六次会议上的讲话中指出："唐代诗人白居易说过：'天育物有时，地生财有限，而人之欲无极。以有时有限奉无极之欲，而法制不生

---

① 王应麟.困学纪闻 [M].翁元圻，等注.田松青，等校点.上海：上海古籍出版社，2008：846.
② 魏源.魏源集（上）[M].北京：中华书局，2009：73.

其间，则必物暴殄而财乏用矣。'要在全社会牢固树立勤俭节约的消费观，树立节能就是增加资源、减少污染、造福人类的理念，努力形成勤俭节约的良好风尚。"① 习近平总书记深刻认识到人类追求生存和发展的无限需求与地球资源的有限供给存在不可避免的矛盾，解决这一矛盾就需要树立正确的生态文明理念，合理向自然"索取"，合理利用和保护自然资源。对于个人来讲，就是要养成勤俭节约的消费观。

③ "尊重生命、仁爱万物"的生态伦理观

中国古代思想家在对自然万物观察思索的基础上，提出了"尊重生命、仁爱万物"的生态伦理观。儒家生态伦理观的核心思想是"仁"。在《周易》中已经出现了"仁"。《周易·系辞下》说："天地之大德曰生，圣人之大宝曰位。何以守位？曰仁。"古人认为，仁即天地生生不已的生机，充满生机的"仁"将人与天地万物相统一。儒家思想的核心是仁爱，不仅"仁者爱人"，而且推广至爱护和善待天地万物，将"仁"的范围由"仁民"扩大到"鸟兽昆虫"，充分体现了"仁爱"思想广泛的精神内涵。荀子、董仲舒以及后来的宋明儒家在继承孔孟仁爱思想的基础上，把道德关爱从人的领域扩展到整个自然界和一切生命的宽广领域，把道德看作人际道德和生态道德的统一，彰显了普遍的生命关怀和宏大的博爱关怀，进一步将人类对生态环境的珍惜和爱护上升到道德要求的最高层次。②

《论语·学而》提到，"孝弟也者，其为仁之本与。"孔子

---

① 中共中央文献研究室. 习近平关于社会主义生态文明建设论述摘编 [M]. 北京：中央文献出版社，2017：118.

② 王金磊，吕瑶. 习近平新时代生态文明思想的逻辑理路 [J]. 湖南社会科学，2018（4）：51.

认为"仁"来源于人与人之间的共通的情感基础，讲求"仁者爱人"。《孟子·尽心上》说："君子之于物也，爱之而弗仁；于民也，仁之而弗亲。亲亲而仁民，仁民而爱物。"讲求对于万物的仁爱因亲疏远近而有所不同。从亲近亲人而仁爱民众，由仁爱民众而爱惜万物。董仲舒在《春秋繁露·仁义法》中写道："质于爱民，以下至于鸟兽昆虫莫不爱。不爱，奚足为仁？"意为诚信地对自己的子民进行爱护，对鸟兽昆虫也应该加以爱护，否则就难以配得上"仁"。可以看出儒家学说的"仁"是以人为中心次第展开的体系，其对象首先指向人，进而从对人之爱扩展到一切生命体，也就是说在人的层面由父母兄弟夫妇朋友逐渐扩展；在人之外，则由动物、植物到瓦石山川逐渐拓宽。仁者"爱人"，又不止于"爱人"，仁爱之心"需要提升到宇宙本体层面以涵括无限的天地万物，并经由提升至本体的仁之大化流行中去体贴自然与万物生生不息"①。

宋代理学家继承孔子"仁者爱人"的思想，以"爱"说"仁"，认为"仁者，以天地万物为一体"②，提出了在仁的基础上实现"天人合一"，或者说将伦理情感的仁爱提升到本体的层面。在此境界下，物与我便可不分彼此，天地万物圆融无碍。张载在《正蒙·乾称》中写道："乾称父，坤称母。予兹藐焉，乃混然中处。故天地之塞，吾其体；天地之帅，吾其性。民吾同胞，物吾与也。"意思是要把所有的人都当作同胞来看待，把万物都当作人类的朋友。人与人的关系是同胞关系，而人与物的关系是伙伴关系。这就把人与自然的道德关系推向了一个至高的境界，是

---

① 洪晓丽，蒋颖荣."仁"之生生以成物：论儒家之"仁"对现代生态文明的价值意义 [J]. 道德与文明，2017（4）：84.
② 程颢，程颐. 遗书（卷二上）[M]// 二程集. 北京：中华书局，1981：17.

对人与自然亲缘关系与和谐相处状态最深切的表达。①《朱子语类·卷九十五》中记载理学家朱熹的观点："盖谓仁者，天地生物之心，而人物所得以为心，则是天地人物莫不同有是心，而心德未尝不贯通也。虽其为天地、为人物，各有不同，然其实则有一条脉络相贯。"意思是天、地、人本质上是相通的，人之心即为天之心，既然如此，爱天地万物，也即爱人。正如陈来所讲的那样，理学家"把人生看成与万物一体，在与万物共生中获得伦理意义，也在生命的继承和延续中获得生命的意义"②。明代王阳明在宋代理学思想的基础上进一步阐发，提出"于民必仁，于物必爱"，主张凡有生命的事物，凡劳动成果和天生之物，都要尽力加以爱护。

可以看出，在儒家这里，"天地之心是生物，人之心是仁爱，而从生生到仁爱的转接，自北宋以来，就被看作天人合一，不证自明的"③。天地万物与人类能够彼此感应，相互依存，是"仁"能够存在的基础，通过"仁"这一概念，可以将天地万物统一起来。"仁"不仅是人的本质，也是天地万物的本质。天地万物可以跨越种属统一于"仁"。这对于现代生态理念有重要的启示意义，保护生态环境，开展生态文明建设，不仅是为了人类社会的发展，也是为了整个自然界的发展。现代社会不仅要保护人类所生存的环境，更要保护动物，特别是野生动物，从生存意义上讲，人与野生动物是平等的。

道家思想也讲求尊重生命。道家思想认为万物都是平等的。人并不比其他自然存在物拥有更高的地位。庄子认为"万物皆种也，以不同形相禅，始卒若环，莫得其伦，是谓天均。天均者，

① 余正荣.中国传统生态思想的理论特质 [J].孔子研究，2001（5）：19.
② 陈来.仁学本体论 [M].北京：生活·读书·新知三联书店，2014：46.
③ 陈来.仁学本体论 [M].北京：生活·读书·新知三联书店，2014：42.

天倪也"（《庄子·寓言》）。意思是万物都有共同的始源，以不同的种类形态互相更替，这是天然的平等。庄子进一步指出，"以道观之，物无贵贱"（《庄子·秋水》），"万物一齐，孰短孰长"（《庄子·秋水》）。人与自然万物是没有高低贵贱之分的，万事万物都有自身的内在价值，都是平等的。因为它们都源于"道"这一本源，也都需要按照"道"的规则行事。道家推崇万物平等，进而形成贵生、爱物的思想观点。老子认为，"上善若水，水善利万物而不争，处众人之所恶，故几于道"（《道德经》第八章），"是以圣人常善救人，故无弃人；常善救物，故无弃物"（《道德经》第二十七章》）。老子认为最高的道德应该具有包容万物的胸襟，并且常常善于救人济物，体现了道家"贵生爱物"的情怀。老子认为"圣人常无心，以百姓心为心"（《道德经》第四十九章）。体现了道家贵生爱物、慈善为怀的救世之心。庄子认为，"爱人利物之谓仁"（《庄子·天地》），提出把"爱人"和"利物"统一起来，不把自然看作人类索取和控制的对象。

著名的生态伦理学家阿尔伯特·史怀泽对我国古人的"尊重生命、仁爱万物"的思想十分认同，他说："我们乐于承认，与我们相比，在中国和印度思想中，人和动物的问题早就具有重要地位；而且，中国和印度的伦理学原则上确定了人对动物的义务和责任。"①古人"尊重生命、仁爱万物"的生态伦理观对于我们现代社会具有非常重要的借鉴意义。现代社会人们大肆捕猎野生动物，导致多种野生动物濒危，动物多样性减少。人类应该禁食野生动物，实现人与自然的和谐相处，使生态系统重新恢复平衡。

---

① 史怀泽.敬畏生命[M].陈泽环，译.上海社会科学院出版社，1992：75.

④ "顺天应时，建章立制" 的生态制度观

在我国古代，不仅有丰富的生态环保意识和思想，而且认识到制度对生态保护和生态修复的重要性，形成了"顺天应时，建章立制"的生态制度观。古人关于生态制度建设的成就主要体现在以下三个方面。

（1）设立专职管理环境保护的机构。我国古代，虽然环境污染问题基本不存在，但是如何合理保护利用自然环境仍是封建统治者必须考虑的问题，为此古人把关于自然生态的观念上升为国家管理制度，设立了专门掌管山林川泽的机构加以管理，这就是虞衡制度。虞衡是在夏朝设立的专门用来管理自然环境的环保机构。《周礼》记载，设立"山虞掌山林之政令，物为之厉而为之守禁"，"林衡掌巡林麓之禁令，而平其守"。在西周时期设立"山虞""泽虞"等掌管山林川泽的机构，在之后的朝代虞衡不断发展变化。秦汉时期，分为林官、湖官、陂官、苑官、畴官等。唐代掌管生态环境的机构有工部、屯田、虞部和水部四个部门。宋代将虞部划归工部，成为其下设机构，掌山泽苑围场治之事。明清两代均在工部下设虞衡清吏司、都水清吏司和屯田清吏司。① 古代环保机构的一个特点是各朝都将环保部门与相关部门统属于某一上级部门，如在周朝时期虞直属于大司徒，秦汉之际归属少府，隋唐以后由工部统辖，这些上级部门不仅负责环保事务，而且还负责其他如农林渔业、手工业、各项工程、屯田、水利、交通等事务，这样设置便于协调各部门的冲突，有利于各部门相

---

① 张乾元，冯红伟. 中国生态文明制度体系建设的历史赓续与现实发展：基于历史、现实与目标的三维视角 [J]. 重庆社会科学，2020（1）：6.

互配合以充分利用生态系统的规律。①体现了古人的生态整体观，对我国生态环境机构改革有重要的启示作用。

（2）环境保护法律制度的不断发展。中国古代的统治者不仅有深刻的环保思想，而且通过制定法律的方式，确保环境保护落到实处。特别是对于"取之有时，用之有度"的环保思想给予了极大的重视，制定了较为完善的法律制度。夏商时期已经有了相应的保护自然资源的法律条文。据记载，当时已经规定："春三月山林不登斧，以成草木之长；夏三月川泽不入网罟，以成鱼鳖之长。"②提出按照一定的时令对山林川泽进行保护。春秋时期的《管子·地数》提出："有动封山者，罪死而不赦。有犯令者，左足入，左足断，右足入，右足断。"随着社会的不断发展，开始出现了专门的环保法令。如周文王颁布的《伐崇令》、秦汉的《田律》中均包含有环保法令。周文王颁布的《伐崇令》规定："毋坏室，毋填井，毋伐树木，毋动六畜。有不如令者，死无赦。"《田律》载："春二月，毋敢伐材木山林及雍堤水。不夏月，毋敢夜草为灰、取生荔麛卵鷇，毋□□□□□□毒鱼鳖、置穽罔，到七月而纵之。"《田律》有一部分专讲环境保护，范围几乎包括生物资源保护的所有方面，如山丘、陆地、水泽以及园池、草木、禽兽、鱼鳖等。汉律有关野生动物保护的条文有："其令三辅毋得以春夏摘巢探卵，弹射飞鸟。"我国最早的保护鸟的法令是《汉书·宣帝纪》中关于鸟的相关保护规定。宋太祖建隆二年（公元 961 年）颁布了《禁采捕诏》，规定春天二月，一切捕鸟兽鱼虫的工具皆不得携出城外，不得伤害兽胎鸟卵，不得采捕虫鱼，弹射飞鸟。宋太

① 王少波.中国古代环保机构的作用及其现实意义 [J].淮阴师范学院学报（哲学社会科学版），2007（3）：319.

② 黄怀信，等.逸周书汇校集注（修订本）[M].上海：上海古籍出版社，2007：406.

宗太平兴国三年（公元 978 年）颁布了《二月至九月禁捕诏》，禁止捕杀犀牛、青蛙等国家保护动物作菜肴，禁止以鸟羽、龟甲、兽皮作服饰。这是较早提出的对野生动物的保护。明太祖将植树列为百姓的一项法定义务。清代基本上延续了明代环境保护的相关规定。

（3）以农业为中心的生态制度建设。封建时期是以农业生产为主的社会，对农业生产进行制度规范是封建统治者的一项重要任务。西周时期已经建立了规范化的肥田与休耕制度，目的是保护土壤的肥力而使其能够更好地生养农作物。这一制度被后来的各朝各代很好地继承下来。古人非常重视水资源的保护，制定了一系列保护水资源的制度。如形成于秦朝的关于水利工程管理和维修的岁修制度；首创于汉武帝时期的灌溉用水制度；形成于战国时期，完善于宋代，并被元明清继承发展的汛情和灾情奏报制度。在水利法律制度建设方面，封建时期取得了很大的成就。汉元帝时制定了《均水约束》；唐代的《水部式》是中央政府正式颁布的我国第一部系统的水利法典；宋代在王安石主持下制定的《农田水利约束》，又称《农田利害条约》，是我国第一部比较完整的农田水利法；金代的《河防令》是一项专门的防洪法规；明代制定了严格的用水管理制度并以《水规》的形式呈现。[1] 可以看出，为了确保农业生产的顺利开展，封建统治者制定了大量的法律制度，确保整个农业生态体系不被破坏的同时，能够促进农业生产的快速发展。从我国农业生产力不断增长的历史可以看出，古代的农业环保制度建设取得了很大的成就。

---

[1] 张乾元，冯红伟. 中国生态文明制度体系建设的历史赓续与现实发展：基于历史、现实与目标的三维视角 [J]. 重庆社会科学，2010（1）：6.

三、西方生态思想对我国生态文明建设的启示

生态问题是一个具有普遍性的世界性问题，是东西方民族共同关注的经济、政治和文化议题。西方社会在保护生态环境的过程中，深度思考了人类社会和生态环境之间的关系，出现了推动生态环境保护的绿色运动，形成了形形色色的生态思想。

西方生态思想对于西方国家的生态文明建设发挥了重要的理论指导作用。其理论体系中的部分内容可以为我们构建符合中国国情的生态理论提供启示。应该以辩证批判的态度对西方生态思潮进行研究，在分析它们的价值取向和历史局限性的基础上，剥离其不合理的成分，发现其对我国生态文明建设的启示作用。

西方生态思想流派众多，由于划分标准不统一，研究视角多元等原因使西方生态思想形成了不同的分类方法。从是否拓展人类道德义务的边界或扩大道德关怀的范围，西方生态思想可以分为人类中心主义和生态中心主义。除此之外，生态学马克思主义和生态社会主义在西方也有着相当大的影响力。

① 生态中心主义

生态中心主义也被称为生物中心主义，是由动物解放论、动物权利论等逐步演化而来。生态中心主义是在对人类中心主义价值观进行反思的基础上形成的，否定了人类中心主义的"人类沙文主义"，以生态取代人类的中心地位。生态中心主义认为整个生态圈是一个完整的生态系统，系统内各要素相互联系相互制约，动植物和生态系统其他要素具有独立于人的内在价值，人是生态

系统中的一部分，并不具有超越其他要素的地位，人类的活动以
维护生态系统的完整和平衡为原则，不能破坏整个生态系统的正
常运行，人类可以在尊重自然事物内在价值的前提下对自然事物
加以利用。生态中心主义理论基础是功利主义和康德道义论伦理
学，强调生态学科的整体性规律，强调所有生命是平等的，否认
人的中心地位。

　　生态中心主义代表人物奥尔多·利奥波德是美国著名的环境
主义者，曾于 1935 年创建了"荒野学会"，以保护面临被侵害
和被污染的荒野大地以及荒野上的自由生命，并逐渐形成了自己
的大地伦理学理论。利奥波德在 1935 年出版的《沙乡年鉴》中，
对大地伦理学进行了系统的论述。这一理论认为"将（土地）共
同体的界限扩大为包括土壤、水、植物和动物或者整个陆地集合
体……（它）改变了现代人类在土地共同体中的角色，人类从土
地征服者的角色变成这个共同体中的普通一员"[①]，"当一个事
物有助于维持生命共同体的和谐、稳定和美丽时，就是正确的，
当它走向反面时，就是错误的"[②]。奥尔多·利奥波德提出了"生
命共同体"概念，将人类视为共同体的一个成员，将维护"生命
共同体"的完整、稳定和美丽作为基本的道德原则。利奥波德认
为应该扩展享受道德关怀的共同体的界限，动物、植物以及生态
系统的存在物如土壤、水等都具有自身的内在价值，人类同其他
生命一样只是生命共同体中的一员，应该以生态系统的稳定和谐
作为最高要求，服从整个生命共同体的发展。或者说利奥波德赋
予了生命共同体最高的内在价值。

[①] 奥尔多·利奥波德. 沙乡年鉴 [M]. 侯文蕙，译. 长春：吉林人民出版社，
1997：194.

[②] 奥尔多·利奥波德. 沙乡年鉴 [M]. 侯文蕙，译. 长春：吉林人民出版社，
1997：213.

阿恩·奈斯也是生态中心主义的代表性理论家，他认为地球上人类和非人类生命的繁荣都存在内在价值。非人类生命形式的价值与人类狭隘目的的有用性无关。奈斯还提出了"以生命为中心的平等主义"原则，认为一切生命形式都有生存的权利。阿尔贝特·史怀泽是"敬畏生命"生物中心主义环境伦理思想的代表人物。他认为，宇宙中的任何生命都具备生命意志和生命价值，这种生命价值没有高低之分，人的生命意志虽然最强，但不能凌驾于其他生命价值之上。伦理的善的本质就是保持生命，促进生命，使生命达到最高的发展。[①] 这就要求人们要最大善意地对待所有生命，敬畏生命，克服盲目的利己主义，增强人的道德责任感。美国生物中心主义环境伦理学家泰勒在《尊重自然》一书中提出："采取尊重自然的态度，就是把地球自然生态系统中的野生动植物看作具有固有价值的东西。"[②] 泰勒认为，人和其他物种一样，都是地球共同体中具有内在目的性的一个物种，并不具有相比其他物种更高的地位。人类应该采取尊重自然的态度对待所有生命，任何动植物都有其内在价值。相对于其他生命而言，人并不具有优越性。

生态中心主义认为人类中心主义价值观是导致生态问题的原因。他们认为，人类中心主义忽视人类之外的存在物的需要和利益，使人类丧失了对自然的敬畏，应该把道德关怀的范围拓展到人类之外的动物、植物和所有存在物上，重新建立起以"自然价值论"和"自然权利论"为基础的生态文明理论。从以上关于生态中心主义的观点的阐述中可以看出，就对生态文明的推动来看，

---

① 阿尔贝特·史怀泽. 敬畏生命 [M]. 上海：上海社会科学出版社，1992：91.

② P. W. Taylor. Respect for Nature[M]. Princeton: Princeton University Press，1986：66.

生态中心主义无疑具有重要的意义和历史的进步性。但是生态中心主义认为传统人际伦理学把人类看作地球生态共同体中的普通一员，不具有高于其他物种的特殊价值，这实际上是以降低人类尊严的反人道主义的立场来建构生态文明理论。这一理论的另一局限性在于把生态危机的根源归结为单纯的生态价值观问题，忽视社会制度和生产方式对生态问题的重要影响，没有认识到资本主义工业化、现代化和全球化才是当代生态危机的真正根源。他们认为自然是"一种未被污染的、未被人类之手接触过的、远离都市的东西。……是与由城市化进程所带来的、人们对都市生活的厌倦以及渴望回归想象中的乡间田园生活的情感相联系在一起的"①。反映出他们带有明显的浪漫主义和乌托邦性质。生态中心主义者厌恶科学技术和社会精英，对工业生产、经济增长都抱有一种敌意的态度，主张无政府主义的社区生态自治，实际上并不切合实际，具有明显的"反人类"或者"超人类"的倾向。所以，生态中心主义对生态危机的发生进行了深入的反思，反对片面追求经济增长和破坏生态环境的工业发展模式，具有明显的社会进步性和合理性，但显然是矫枉过正了。

②. 人类中心主义

人类中心主义主张一切以人类的物质财富生产为中心，强调人类对自然的征服和利用，不顾及自然环境的承受极限。他们认为，只有人类具有内在价值，自然具有工具价值。人类是主体，自然只是客体。只有人类是道德公民，人类才具有以复杂的方式进行思考和交流的能力，其他的要素都是服务于人类的需要的。

---

① 詹姆斯·奥康纳.自然的理由：生态学马克思主义研究[M].唐正东，臧佩洪，译.南京：南京大学出版社，2003：35.

因此，大多数传统的伦理理论（也包括宗教）都属于人类中心主义的阵营，或者说传统伦理思想的价值基础是人类中心主义。

最近几十年，人类中心主义出现了分化，出现了弱人类中心主义与强人类中心主义之分，美国学者诺顿通过把人类中心主义分为"强式"和"弱式"两种类型，提出要否定和抛弃"强式"人类中心主义，采纳能够避免生态危机的"弱式"人类中心主义。所谓"强式"人类中心主义，就是把满足人类个体的任何感性偏好作为价值标准，而不论个体感性偏好的合理性与非合理性问题；所谓"弱式"人类中心主义，则是把人类个体的理性偏好的满足作为价值标准。这两者的区别在于是否将考量延伸到人之外的动物或者物体。"弱式"人类中心主义承认人类不仅应该关注经济等社会利益，而且也应该关注环境的福祉，对于动物应该像对待人类一样去对待它们，即使不把它们当作目的本身加以尊重。①所以，可以把"弱式"人类中心主义称之为现代人类中心主义，把"强式"人类中心主义称之为传统人类中心主义。在现代人类中心主义学者中，美国学者默迪认为人类的价值高于其他存在物的价值，人类对保护生态环境应该负起更大的责任。这是因为人类处于生物进化的顶点，比其他生物具有更大的创造潜力。澳大利亚学者帕斯莫尔提出了"开明的人类中心主义"观念。认为人类不仅要改造和支配自然，更应该克制在此过程中的不断膨胀的物质欲望。诺顿把人和自然之间的关系类比为"贵族和臣民之间的关系"，强调人类保护自然环境只是为了保护自己的利益，离开了人类，自然也就无所谓价值。②

① 杰里·A.麦克贝斯，珍妮弗·H.麦克贝斯.中国传统文化视野中的"生态文明"[J].袁方，于水，译.国外理论动态，2018（8）：76-77.
② 王雨辰.论西方绿色思潮的生态文明观[J].北京大学学报（哲学社会科学版），2016，53（4）：19-20.

现代人类中心主义实际包括了环境主义、生态现代化理论和可持续发展理论等多种理论。现代人类中心主义在继承人类中心主义价值观的同时，对传统人类中心主义价值观进行了修正。它们的局限性在于都是要求在不变革资本主义制度和生产方式的前提下，通过生态价值观的变革和技术革新、自然资源市场化和制定严格的环境政策等来解决生态危机。现代人类中心主义认为并不是人类中心主义价值观导致了人类的生态危机，而是人口过快增长、现代技术的内在缺陷和自然资源的无偿使用等原因导致了生态危机，正是"具有急剧影响的生产技术已经取代了那些毁灭性较小的技术。环境危机是这个逆生态模式不断增长的不可避免的结果"①。现代人类中心主义者认为，将自然资源看作上帝无偿的馈赠是导致生态危机发生的另一原因，人类将自然看作可以无限度无偿使用的，导致人们滥用自然、过度开发，从而导致生态危机。

现代人类中心主义同样认为资本主义制度和生产方式并不是造成生态危机的根源。它强调任何物种都是以自己的利益为目的和中心，而不会仅仅为了别的物种的福利而存在，维护人类的整体利益和长远利益是生态运动的内在动力和基础，所以其本质上还是人类中心主义。这一学派强调以人类的利益和需要为基础的人类中心主义价值观并没有错，只要抛弃近代人类中心主义价值观，否定把人类看作宇宙的中心、自然的主宰和唯一具有价值的存在物，就可以缓解人与自然的紧张关系。

在对近代人类中心主义进行改造的基础上，现代人类中心主义提出了自己的生态治理理论，认为要解决生态危机需要从几个

---

① 巴里·康芒纳. 封闭的循环：自然、人和技术 [M]. 侯文蕙，译. 长春：吉林人民出版社，1997：140.

方面着手。第一，要控制人口过快的增长。人口增长与生态危机的关系密切，要减少人口增长对环境的影响，实现人口增长与可供资源之间的平衡。第二，强调技术革新的重要作用。不能拒绝和排斥科学技术的作用。强调要开发更好的技术和实现技术创新是解决生态危机的重要途径。第三，推行自然资源的市场化，只有禁止对自然资源的免费使用，不再无原则地把自然资源当作满足人的需要的免费的工具，才能避免对生态资源的滥用。第四，认为工业文明和现代化并不是生态危机的根源，要解决生态危机必须继续推进现代化和实现超工业化。[①] 总之，现代生态中心主义学派希望在资本主义制度框架内通过对近代人类中心主义价值观的修正，推行技术革命以解决生态危机，实现资本主义的可持续发展。

③ **生态学马克思主义**

生态学马克思主义（The Ecological Marxism）作为西方资本主义国家生态运动中产生的一种思潮，产生于20世纪六七十年代，是当代西方马克思主义的一个重要分支。国内学术界对"The Ecological Marxism"一词有多种翻译，有的翻译成生态学马克思主义，有的翻译成生态马克思主义。本书采取第一种翻译，这是采用比较多的一种译名。生态学马克思主义是以马克思主义为理论基础的生态学，认为应当利用马克思主义的基本观念和方法来分析资本主义国家出现的生态问题，试图用生态学的相关理论对马克思主义进行重新建构。生态学马克思主义坚持以历史唯物主义的历史分析法和阶级分析法分析当今世界面临的生态危机，

---

① 王雨辰. 论西方绿色思潮的生态文明观 [J]. 北京大学学报（哲学社会科学版），2016，53（4）：20.

强调对资本主义生产方式的批评，认为资本主义生产方式和生态环境之间的矛盾导致生态危机的产生，认为生态中心主义和现代人类中心主义回避社会制度和生产方式抽象探讨生态问题是错误的，应当从对资本主义制度和生态价值观的变革中走出一条既能消除当代生态危机又能逐步从资本主义走向社会主义的道路。

（1）生态学马克思主义肯定马克思主义思想体系中包含着丰富的生态学思想。生态学马克思主义驳斥了西方一些学者认为马克思主义没有生态思想的观点，认为马克思主义中具有丰富的生态思想资源。英国牛津布鲁克斯大学地理系教授戴维·佩珀认为，马克思和恩格斯早在"生态学"一词的创造者海克尔之前就已拥有一种对社会与自然的生态理解，他们"有一个明确（尽管不是十分详细）的生态立场"。[①]美国俄勒冈大学社会学教授约翰·贝拉米·福斯特不满足于以往对马克思的传统解释，明确主张"可以用一种不同的方法，即把生态问题作为马克思的主要思想来解释马克思"。而作为其研究的最终结论，他认为"马克思的世界观是一种深刻的、真正系统的生态世界观"[②]。福斯特强调，马克思的唯物论实质上就是生态唯物论，生态理念是马克思、恩格斯理论体系的核心理念之一。他驳斥了某些西方学者歪曲马克思恩格斯理论体系缺乏生态理念的荒谬言论。福斯特通过分析马克思的新陈代谢理论，认为资本主义制度下的生产生活方式导致了"新陈代谢"过程出现了"断裂"，进而导致生态问题的产生，所以福斯特认为马克思主义理论体系中存在着丰富的生态意蕴。

（2）对资本主义社会主要矛盾的重新认识。生态学马克思主

---

① 戴维·佩珀.生态社会主义：从深生态学到社会正义[M].刘颖，译.济南：山东大学出版社，2005：92.

② 约翰·贝拉米·福斯特.马克思的生态学：唯物主义与自然[M].刘仁胜，肖峰，译.北京：高等教育出版社，2006：前言3.

义认为，资本主义生产与整个生态系统之间的矛盾已经成为资本主义社会新的主要矛盾，这一矛盾的主要方面就是资本主义追求生产的无限性与生态资源的有限性之间的矛盾。[①] 资本家的本性是追逐更多的利润，随着社会再生产的不断扩大，资本主义生产规模已经大大超过生态系统的承载能力，自然界过度负载的后果是资源能源枯竭和环境污染。生态问题已经成为资本主义社会不能回避的根本性问题，人类的生存面临着巨大的威胁。

生态学马克思主义从资本主义制度和生产方式入手寻找生态危机产生的根源。生态学马克思主义认为，生态危机是资本主义的主要危机，资本主义在生产过程中造成了大量的环境污染和生态破坏，使自然生态系统失去了平衡，导致生态危机的出现。生态学马克思主义深刻揭露了生态危机的实质及危害，认为资本主义制度、生产方式和资本所支配的全球权力关系才是生态危机的根源，资本主义制度在其本性上是反生态的。

总之，正如生态学马克思主义学者奥康纳所指出的那样，资本主义世界里存在着经济危机和生态危机双重的危机。由于当代资本主义用高生产、高消费的方式延缓了资本主义经济危机的发生，故而资本主义社会中不仅仍存在经济危机，而且由于生态问题的出现导致了生态危机，生态危机更加具有根本性、基础性。

（3）生态学马克思主义的政治解决方案。生态学马克思主义认为生态问题本质上仍然是政治问题，只有从根本上消灭资本主义制度，才能解决生态危机。生态学马克思主义试图把生态运动引向激进的阶级运动，使生态运动和社会主义运动融合在一起，通过破除资本主义制度和全球权力关系，用生态社会主义取代资本主义，从而真正解决生态危机。如奥康纳提出应该变革社会制

① 刘仁胜 . 马克思和恩格斯与生态学 [J]. 马克思主义与现实，2007（3）：90.

度，"建设一种没有剥削的、社会公正的、生态型的社会"①。
福斯特也指出，资本主义是造成生态环境恶化的社会力量，要阻
止这种发展，仅仅在生产过程和工艺技术等领域采取行动是不行
的，必须实行生态社会主义，变革资本主义制度。② 因此，生态
学马克思主义认为未来社会应该是人类文明发展史上的一场变
革，人们能够"有权决定自己的生态命运和社会命运"和"有权
探寻一种对环境和社会负责任的生活方式"。③

（4）生态学马克思主义在生态价值观上也存在着生态中心
论和人类中心论两种主张。认同生态中心论的一部分生态学马克
思主义学者认为，要按照生态的本性生活，必须遵循事物的内在
价值。但是又认为这一内在价值在资本主义制度下已经异化，应
该关注事物的使用价值，而不是交换价值，避免生态危机的发生。
认同人类中心论的生态学马克思主义学者认为人类中心主义是建
立在集体的整体和长远利益基础上的，用于满足大多数人的基本
生活需要，而实际上人类中心主义是西方中心主义，是一种绿色
资本主义理论，维护的是资本的利益。

生态学马克思主义和有机马克思主义也不同。有机马克思主
义是接近生态学马克思主义的另一个流派。它们的共同点是都肯
定马克思主义对解决生态危机的价值和意义，都强调变革资本主
义制度和生态价值观对于解决生态危机的重要性。它们之间也存
在着差别，生态学马克思主义认为，马克思主义在分析和解决生

---

① 詹姆斯·奥康纳.自然的理由：生态学马克思主义研究 [M].唐正东，臧佩洪，译.南京：南京大学出版社，2003：404.

② 约翰·贝拉米·福斯特.生态危机与资本主义 [M].上海：上海译文出版社，2006：61.

③ 丹尼尔·科尔曼.生态政治：建设一个绿色社会 [M].梅俊杰，译.上海：上海译文出版社，2006：114.

态问题上是具有优势的。而有机马克思主义认为现代性价值体系和资本主义制度是生态危机的根源，应该对马克思主义进行修正。有机马克思主义虽然理论存在一定的缺陷，但依然属于马克思主义理论阵营中的理论。

生态学马克思主义对资本主义生态危机的批判性反思，对于提高生态环境的责任意识、解决资本主义的生态危机等具有积极的作用。生态学马克思主义把解决生态危机的希望寄托于社会主义制度，促使人们反思传统的生活方式，积极倡导人与自然的和谐统一，倡导社会经济与生态环境的协调发展。① 这些理论观点为我们进一步推动生态文明建设提供了不同的视角，但其理论也存在明显的局限性。首先，过于强调资本主义社会中的生态危机的影响，甚至把生态危机看作经济危机的本质，希望用生态革命来取代社会革命以达到人与自然的和解和人自身的和解，无疑是偏离了马克思主义的理论核心，也是不切实际的空想。其次，生态学马克思主义对马克思主义只是有选择性地进行了阐发，在一些生态学马克思主义者看来，马克思主义的生态思想主要是通过研究者的阐发建构起来并加以系统化的。在生态学马克思主义那里，社会主义运动只是一种话语政治，其影响力无法转化为有效的社会行动。或者说马克思主义在社会实践方面的革命性被大大弱化了，在实践道路上还没有真正摆脱资本主义的权力体制。最后，生态学马克思主义阵营内部还存在许多基础性分歧没有消除，围绕"人类中心主义"的争论从生态学马克思主义形成以来就一直没有停止，从莱斯和阿格尔基于生态主义立场对于人类中心主义的批判，到英国的格伦德曼对人类中心主义的维护，都体现出

---

① 张荣华，王绍青. 生态马克思主义对我国生态文明建设的启示 [J]. 环境保护，2017，45（6）：52.

生态学马克思主义在一些基本问题上还没有达成共识。

④. 生态社会主义

生态社会主义（The Ecological Socialism）是西方资本主义国家生态运动中出现的一种思潮。生态社会主义主张用社会主义的某些理论解释现代资本主义的生态危机，寻求既能满足人类需求又符合生态要求的社会主义。给生态社会主义下一个明确而清晰的定义较难，因为其是由一些学者、理论工作者各自表述的观点，因其相近或类同而形成的思潮。[①] 有学者认为："生态社会主义是一种与生态自治主义相对应的生态政治理论流派与运动，指的是马克思恩格斯之后，特别是当代马克思主义者和社会主义理论家依据生态环境问题政治意义日渐突出的事实逐渐形成的、在社会主义视角下对生态环境问题的政治理论分析与实践应对。"[②] 该学者对于生态社会主义的定义受到较广泛的认同。该学者认为生态社会主义有广义和狭义的区分。广义的生态社会主义包括三个密切相关的组成部分：生态马克思主义、生态社会主义（狭义）和"红绿"政治运动理论。狭义的生态社会主义是指对现代生态环境难题进行的社会主义政治理论分析和一种未来绿色社会的制度设计及其实现。[③] 本书从狭义生态社会主义的角度进行阐释。

生态社会主义的产生与西方生态运动以及绿党政治的发展密切相关。20 世纪 70 年代以来，西方资本主义国家因为工业文明的高度发展导致生态环境问题日益凸显，生态危机成为影响经济

---

① 徐崇温. 当代西方社会的生态社会主义思潮评析 [J]. 马克思主义研究，2009（2）：115.
② 郇庆治. 西方生态社会主义研究述评 [J]. 马克思主义与现实，2005（4）：89.
③ 郇庆治. 西方生态社会主义研究述评 [J]. 马克思主义与现实，2005（4）：91.

社会发展的根本难题。人们在探讨全球性经济危机产生根源的过程中，开始把矛头指向资本主义制度，认为生态危机是资本主义生产方式的必然产物。西方资本主义发达国家在进入垄断资本主义阶段后，资产阶级无限追求扩大再生产和自然资源有限的矛盾日益突出，资本主义经济危机不断加深的同时，生态危机也日益加剧。所以，西方资本主义国家内部的固有矛盾成为生态社会主义产生的经济背景。从实践角度来看，生态社会主义产生与西方生态运动密切相关，是在西方生态运动浪潮中形成的生态理论派别，代表着生态运动中的左翼，或者说"是左翼（社会主义）观念与绿色（生态观念）的相加"①。进入 21 世纪以来，越来越多的生态社会主义者从经典马克思主义理论立场和观点分析生态问题，更加强调和马克思主义的融合。同时，面对全球愈加恶化的生态环境，看到资本主义体系在面对气候变化等全球性生态问题时的困境，生态社会主义更加重视生态社会实践，组织起来对资本主义体制展开斗争，推动生态社会主义运动不断向前发展。在全球左翼思潮和运动中，生态社会主义影响力逐渐增强，对资本主义的批判思想日益引起人们的关注，由其组织的反对资本主义的现实运动也成为世界社会主义复兴的重要力量。

生态社会主义的基本观点有以下几个方面。一是生态社会主义主张"新型的人类中心主义"价值观。从人与自然的关系来看，生态社会主义反对生态中心主义贬低人的主观价值的做法，承认人类的主体性地位。"人类不可能不是人类中心论的，人类只能从人类意识的视角去观察自然。"②生态社会主义者认为，推动

---

① 张剑. 西方主要发达国家生态社会主义思潮和运动概览 [J]. 毛泽东邓小平理论研究，2019（3）：107.

② 戴维·佩珀. 生态社会主义：从深生态学到社会正义 [M]. 刘颖，译. 济南：山东大学出版社，2005：41.

生态社会主义不是为了把人驱逐出自然界，而是为了实现人的全面而自由的发展。人类社会实践活动的出发点和归宿点都是为了人。二是生态社会主义认为生态高于一切。不同于传统社会主义，生态社会主义在关注社会革命的同时，更加重视保护环境，认为人类的生产生活应该充分尊重和遵循自然世界及其运行规律，坚决反对各种破坏生态环境的行为并与之进行斗争。三是认为资本主义制度是生态环境危机的根源。几乎所有的生态社会主义理论家都认为资本主义制度下的生产和消费方式是生态危机产生的原因。更重要的是，他们发现在资本主义制度下难以寻找出根本性的解决出路。如迪肯森认为，资本主义制度下人类社会难以实现真正可持续的增长，且国际社会在资本主义国际经济政治秩序下不可能真正解决全球性环境难题。① 四是对未来生态社会主义社会的探索。要解决生态危机，在资本主义制度下难以实现，为此需要对未来生态社会主义社会进行制度设计并探索实现这种社会经济变革的政治途径。生态社会主义者认为红绿政治联合是政治变革的动力。美国绿色左翼活动家戴维·兰塞姆强调，现在"已经到了社会主义者与环境主义者为了共同事业而一起奋斗的时候"②。兰塞姆认为不平等和环境破坏是联系在一起的，需要平等和生态学的支持者联合起来形成持久性变化的政治力量。事实上，绿色左翼政治的兴起就是这种联合的一种表现。

生态社会主义作为一种全新的社会主义思潮，对资本主义社会中的生态危机进行了充分的揭露和批判，从社会主义变革的高度去思考生态危机的解决方案，谋划建设一种超越资本主义工业

---

① 皮特·迪肯森. 规划绿色增长：一个社会主义者论环境可持续性 [EB/OL]. 工人国际委员会：社会主义世界. 2004-12-22. http://www.socialistworld.net/eng/2002/08/19environment. html.

② 戴维·兰塞姆. 生态社会主义已经成熟 [J]. 新国际主义杂志，1998（307）.

文明的新的生态文明形式。生态社会主义理论的成功之处不是它所提供的替代性社会主义制度及其变革途径的理性社会和民众说服力，而在于它对资本主义的社会政治批判。① 但是，生态社会主义仍然有着明显的不合理之处。生态社会主义把生态问题看得高于一切，从人与自然的角度来分析资本主义的弊端，可能导致用生态危机论取代经济危机的论调，导致无产阶级和资产阶级矛盾地位的降低，最终导致社会革命的消亡。虽然生态社会主义批判了资本主义生产方式，但是其期望用绿色思想来改造或者反叛传统社会主义，无疑表现了理论上的不彻底性。实际上，不彻底抛弃资本主义制度，就难以真正解决生态问题。生态社会主义在理论上的不彻底性导致了其在组织建设和实践运动中会遇到各种阻力，其未获得西方环境政治研究学者和以环境运动团体与绿党为代表的"绿色"政治理论与实践主体的充分理解与主动响应便是明证。而且生态社会主义的政策主张大多不切实际，提供的解决生态危机的方案并不具有可行性。所以生态社会主义仍然需要在理论和实践中更进一步同马克思主义相结合。

---

① 郇庆治．西方生态社会主义研究述评 [J]．马克思主义与现实，2005（4）：93.

第二章

中国共产党领导生态
文明建设的历史进程

新中国成立以来，中国共产党带领中国人民开启了社会主义现代化建设的历史进程。中国共产党立足中国实际，深刻把握社会主义现代化建设规律，持续探索人与自然的关系，不断推进环境保护和生态文明建设，中国的生态环境保护事业取得了显著成绩。中国共产党领导的生态文明建设经历了 70 多年的探索历程，大致可以分为三个阶段。第一阶段，从中华人民共和国成立后到改革开放前（1949—1978 年），这一时期是生态文明建设的初步探索阶段，毛泽东、周恩来等老一辈无产阶级革命家在进行工业化和社会主义建设的同时，兴修水利，植树造林，初步认识到资源综合集约利用、环境保护的重要性，并采取了积极有效的措施。1973 年，第一次全国环境保护会议在京召开，制定了我国环保史上第一个综合性的法规，拉开了我国环境保护的序幕。第二阶段是从改革开放到党的十八大召开之前（1978—2012 年），随着经济建设的大规模展开，这一时期生态环境问题日益突出，成为影响国民经济发展和人民群众生活水平提高的重要因素。中国共产党对生态问题倾注了大量的心血，取得了许多重大的理论和实践成果。以邓小平为核心的第二代中共领导集体时刻关注生态环境问题，将环境保护上升为我国一项基本国策，生态文明建设持续推进。以江泽民同志为核心的党中央，在统筹环境保护与经济发展的基础上把可持续发展确定为国家发展战略。以胡锦涛同志为总书记的党中央，将节约资源作为基本国策，以科学发展观统领环境保护，把建设生态文明确定为国家发展战略和全面建设小康社会的重要目标。第三阶段是从党的十八大到今天。这一时期，我国生态文明建设不断走向深入，生态文明建设过程中的经验不断系统化、理论化，形成了习近平生态文明思想。在这一思想的指导下，我国的生态文明建设得到快速推进。

回顾新中国 70 多年的生态文明建设进程，中国共产党始终是环境保护和生态文明建设事业的领导力量。中国共产党顺应时代发展的潮流，回应时代的呼唤，不断更新生态文明理念，主动进行生态文明理论创新，推动我国生态文明建设不断走向新的阶段。

一、新中国成立后对生态环境问题的早期探索（1949—1978 年）

中国共产党对环境问题的认识有一个过程，但并不是新中国成立之初没有生态文明观念的萌发。新中国成立后，以毛泽东同志为核心的党中央开启了对生态文明建设的最初探索。党和政府当时面临的首要问题是克服经济困难，快速恢复和发展国民经济，主要任务是要从落后的农业国变成先进的工业国，因此工业化是必须进行的首要工作。伴随着工业化的开展，环境污染开始出现，中国共产党人开始把环境保护和治理工作提上工作日程。

① 毛泽东对生态环境问题的探索

中国共产党在新中国成立初期，大力恢复和发展国民经济的同时，在生态建设领域，提出了一些合理化主张，重视对资源的合理使用和利用，对经济社会发展起到了重要的促进作用。毛泽东作为中国共产党的代表人物，高瞻远瞩，提出了一系列具有重要价值的生态环境建设观点，带领中国人民开启了生态环境建设的历史进程。

（1）兴修水利、治理水患。旧中国水患频发，是中国贫穷落后的原因之一。新中国成立后，治理水患、兴修水利成为党和政府的工作重心。毛泽东提出"水利是农业的命脉"①，在这一思想的指导下，中国共产党开始"有计划、有步骤地恢复并发展防洪、灌溉、排水、放淤、水力、疏浚河流、兴修运河等水利事业"②。1950年夏，淮北遭受严重水灾，河南、安徽共有1300多万人受灾，灾区损失惨重。面对灾情，毛泽东三次给周恩来发出批示，要求一定修好淮河。对于治理方针，毛泽东提出了"导淮"的主张，毛泽东作出批示："除目前防救外，须考虑根治办法，现在开始准备，秋起即组织大规模导淮工程，期以一年完成导淮，免去明年水患。"③根据毛泽东的批示，政务院确定了"蓄泄兼筹"的治淮方针。治淮工程从1950年开始，到1951年夏洪水到来之前完成了首期治淮工程，使当年的农业生产获得大丰收。到1957年，经过多年治理，淮河治理取得明显成效，共治理大小河道17条，修建水库9座，库容量达到316亿立方米，修建堤防4600余公里。④不仅治理了水患，而且使淮河发挥灌溉功能，扩大了农业灌溉面积，大大增加了粮食产量。

黄河自古多水灾，作为中国北方重要的水资源，黄河提供

① 中共中央文献研究室. 建国以来毛泽东文稿：第六册 [M]. 北京：中央文献出版社，1992：216.

② 中国社会科学院，中央档案馆. 1949—1952 中华人民共和国经济档案资料选编·农业卷 [M]. 北京：社会科学文献出版社，1991：444.

③ 毛泽东. 毛泽东文集：第六卷 [M]. 北京：人民出版社，1999：85.

④ 刘国新，宋华忠，高国卫. 美丽中国：中国生态文明建设政策解读 [M]. 天津：天津人民出版社，2014：2.

给人们源源不断的水资源的同时，也因为经常决口给沿岸百姓带来巨大灾难。毛泽东非常重视黄河的治理工作，1952 年 10 月，毛泽东对山东、河南、平原三省黄河沿岸进行考察，提出一定要把黄河的事情办好，要修好大堤大坝，千万不能出事，要把黄河故道治好，变害为利，改善人民的生活环境。在毛泽东合理利用水资源思想的指导下，"一五"计划提出，五年内对黄河的水力资源，将完成综合利用的总体规划，配合黄河治本第一期工程，开始三门峡的巨大的水力电站的建设。1955 年 7 月，一届全国人大二次会议正式通过《关于根治黄河水害和开发黄河水利的综合规划的报告》。在毛泽东的号召下，我国在黄土高原开展植树造林，提高森林覆盖率，减少水土流失；修建了许多大型水利枢纽工程，三门峡、刘家峡、龙羊峡等黄河水利枢纽工程先后建成并投入使用，大大减少了黄河水患灾害的发生。除此之外，党和政府还开展了对海河的根治运动，经过十几年的建设，海河流域形成了较为完整的防洪、排涝体系，海河治理获得成功。毛泽东非常重视长江水利建设，在综合考虑的基础上提出了兴修三峡工程的设想。1953 年，毛泽东会见时任长江水利委员会总工程师林一山，同其研究讨论了南水北调和长江的洪灾问题。他曾指示周恩来要把建设三峡工程的准备工作做好。1970 年，在毛泽东的指示和督促下，葛洲坝水利工程的选址工作顺利完成。从 1958 年开始，在其后的 8 年间，我国在水利方面的投资为 137.9 亿元，建成的大中型项目约 150 个，许多水利工程至今仍在发挥巨大作用。[①]

（2）植树造林、绿化祖国。中华人民共和国成立后，林业建设受到毛泽东等党和国家领导人的高度重视。毛泽东提出了一系

---

① 刘国新，宋华忠，高国卫. 美丽中国：中国生态文明建设政策解读 [M]. 天津：天津人民出版社，2014：5.

列至今仍有重要价值的林业思想。他指出："天上的空气，地上的森林，地下的宝藏，都是建设社会主义所需要的重要因素。"①说明已经认识到森林资源对于社会主义建设的重要性。1956 年 1 月，中共中央政治局发布的《一九五六年到一九六七年全国农业发展纲要（草案）》中指出，"从 1956 年开始，在 12 年内，绿化一切可能绿化的荒地荒山，在一切宅旁、村旁、路旁、水旁以及荒地上荒山上，只要是可能的，都要求有计划地种起树来。"②同年 3 月，毛泽东发出了"绿化祖国"的伟大号召，绿化工程在全国各地展开。1958 年 8 月，毛泽东在中央政治局扩大会议上指出，要使祖国的河山全部绿化起来。毛泽东特别强调林业的重要地位，认为"林业是很了不起的事业"，把林业放到整个人类社会发展的高度进行认识。毛泽东认为要处理好林业与农业、牧业的关系，认为"农、林、牧三者互相依赖，缺一不可，要把三者放在同等地位"，"农林牧，一个动物，一个植物，是人类少不了的"，"没有林，也不成其为世界"。③ 1966 年，在亲眼目睹了全国范围内的植树绿化所取得的成绩时，毛泽东继续表示："一切能够植树造林的地方都要努力植树造林，逐步绿化我们的国家，美化我国人民劳动、工作、学习和生活的环境。"④ 在毛泽东的领导下，我国的林业建设成绩卓然，不仅创造了巨大财富，而且极大改善了生态环境。

（3）综合利用、避免浪费。毛泽东非常强调对资源的综合利

---

① 中共中央文献研究室 . 毛泽东文集：第七卷 [M]. 北京：人民出版社，1999：34.

② 中共中央文献研究室 . 建国以来重要文献选编：第八册 [M]. 北京：中央文献出版社，1994：54.

③ 中共中央文献研究室，国家林业局 . 毛泽东论林业（新编本）[M]. 北京：中央文献出版社，2003：53，69.

④ 中共中央文献研究室，国家林业局 . 毛泽东论林业（新编本）[M]. 北京：中央文献出版社，2003：77.

用，避免过度浪费。在推动综合利用资源的过程中，毛泽东提出了工业生产中"上家不要，下家就要"思路，是最早的循环经济理念，对于我国现在环境保护仍有重要的指导意义。1960 年 4 月 13 日，毛泽东在一次谈话中指出："各部门都要搞多种经营，综合利用。要充分利用各种废物，如废水、废液、废气，实际都不废，好像打麻将，上家不要，下家就要。"① 这里隐含着保护环境、综合合理利用资源的生态文明理念，即应该加强对废物的综合利用，变"有害之物"为"有利之物"，做到物尽其用。同年在北京召开的省、市、区党委工业书记会议，专门讨论了关于大搞多种经营和资源综合利用的问题，要求各个企业都应该做好综合利用和多种经营，特别是要变废为宝，物尽其用。各地区、各部门、各企业都应该根据具体条件提出多种经营和综合利用的具体规则，以及实现规则的具体措施。②

毛泽东和党的其他领导人始终保持勤俭节约、艰苦朴素的优良革命传统，坚决反对浪费和破坏资源。早在 1948 年，毛泽东在晋绥干部会议上的讲话中就指出："必须注意尽一切努力最大限度地保存一切可用的生产资料和生活资料，采取办法坚决地反对任何人对于生产资料和生活资料的破坏和浪费。"③ 新中国成立初期，一些党政机关开始出现浪费现象。毛泽东对此指出："节约是一切工作机关都要注意的，经济和财政工作机关尤其要注意。"④ 1956 年 4 月，在《论十大关系》中，毛泽东指出"生产

① 中共中央文献研究室 . 毛泽东年谱（1949—1976）：第四卷 [M]. 北京：中央文献出版社，2013：373.
② 中共中央文献研究室 . 建国以来重要文献选编：第十六册 [M]. 北京：中央文献出版社，1996：363.
③ 毛泽东 . 毛泽东选集：第四卷 [M]. 北京：人民出版社，1991：1316.
④ 中共中央文献研究室 . 建国以来重要文献选编：第四册 [M]. 北京：中央文献出版社，1993：59-60.

费管理费都要力求节约"①。根据毛泽东的这一思想，1957 年中央通过《关于 1957 年开展增产节约运动的指示》，1959 年通过《关于开展增产节约运动的决议》，全国开始广泛地开展增产节约运动。增产节约运动的开展，不仅提高了经济建设水平，而且也在人民群众当中贯彻了环保理念。

在这一时期，党的其他领导人也非常关注生态环境问题。周恩来总理曾多次对森林资源问题作出指示。周恩来认为，基础太小，林政不修，森林采伐不按科学的方法，这都需要大力整顿。不科学的采伐，没有护林和育林，森林地带也会变成像西北那样的荒山秃岭。②"黄土高原是我们祖宗的摇篮地，是民族文化的发源地，但是这个地方的森林被破坏了。我们不仅要恢复森林面貌，而且要发展得更好。西北局要搞一个领导小组，管农垦、水土保持。农林互相支援有好处。植树造林是百年大计，总得坚持到二十一世纪。"③周恩来总理不仅指出了问题，还提出了环境保护的对策。他强调，必须加强国家的造林事业和森林工业，有计划有节制地采伐木材和使用木材，同时在全国有效地开展广泛的群众性的护林造林运动。④

②. **新中国成立之后环境污染问题的出现及治理**

新中国成立之后，工业化的顺利展开，经济落后的状况得到

---

① 中共中央文献研究室. 建国以来重要文献选编：第八册 [M]. 北京：中央文献出版社，1994：251.
② 中共中央编辑委员会. 周恩来选集（下）[M]. 北京：人民出版社，1984：25.
③ 中共中央编辑委员会. 周恩来选集（下）[M]. 北京：人民出版社，1984：447.
④ 中共中央编辑委员会. 周恩来选集（下）[M]. 北京：人民出版社，1984：138.

明显改善，但是由于对工业产生的污染问题重视不够，在全国各地都出现了不同程度的环境问题。1971 年冬季，北京官厅水库出现被污染的死鱼，这些死鱼被北京市民食用后出现了呕吐、腹泻症状。经过调查，问题的根源是官厅水库上游的一个农药厂将工业污水直接排入水库。1972 年国内接连出现了诸如大连湾污染、松花江水系污染等几起较大的污染事件。工业"三废"问题成为环境污染的首要问题。毛泽东、周恩来等党和国家领导人十分重视对于工业"三废"问题的解决，多次强调要用综合利用的方式加以解决。

周恩来早在 1970 年就对工业污染问题极为重视。他通过多种渠道了解世界其他国家出现的环境污染问题，认识到公害已成为世界性的大问题，废水、废气、废渣等工业污染对美国等发达国家的危害很大。在 1971 年 4 月 5 日，周恩来在接见全国交通工作会议代表时谈到环境保护问题，他提出："在经济建设中的废水、废气、废渣不解决，就会成为公害。发达的资本主义国家公害很严重，我们要认识到经济发展中会遇到这个问题，采取措施解决。"① 周恩来提出，一定要重视环境保护的问题，不能走西方发达国家的老路，建设一开始从产品、厂址、技术设备的选择，就注意环境保护。搞建设，一定要想到人民的利益，想到子孙后代，不要做对不起子孙后代的事情。② 周恩来在如何保护环境的问题上，非常注重"预防为主"的方针，即从消极防御变为积极应对，最大限度减少环境污染的损害。周恩来讲："毛主席讲'预防为主'，要包括空气和水；如果污水、污气解决了，人

① 中共中央文献研究室．周恩来年谱（1949—1976）（下卷）[M]．北京：中央文献出版社，1997：448．
② 中共中央文献研究室．周恩来年谱（1949—1976）（下卷）[M]．北京：中央文献出版社，1997：549．

民的身体健康了，就什么财富都可以创造，这是最大的财富。"①
周恩来也特别强调综合利用方针的运用。1971 年 2 月 15 日，
周恩来在接见全国计划会议部分代表时提出了解决"三废"问题
的基本思路：解决"三废"污染问题，要搞好综合利用。②

　　1972 年初，周恩来排除"四人帮"干扰，力主中国应该参加
即将举行的联合国人类环境会议，了解世界环境状况和各国环境
问题对经济社会发展的重大影响。6 月，中国派代表团出席了在
斯德哥尔摩召开的联合国人类环境会议。此次大会具有历史里程
碑意义，大会通过了《人类环境宣言》，形成了关于环境保护的
全球共识。在大会上，中国政府阐述了关于环境问题的原则立场，
提出工业发展虽然会引起环境污染，但不能因噎废食，工业发展
中带来的环境问题是可以解决的。这些观点体现了广大发展中国
家的利益，展示了中国人民能够解决环境问题的信心。通过参加
此次人类环境会议，中国了解了发达国家保护环境的措施与实效，
也清醒地认识到我国环境问题的严重性。因此，我国也开始筹备
召开环境保护工作会议，准备借鉴国际环境治理的经验，为解决
我国环境污染问题做好准备。

　　针对社会主义建设中产生的环境污染问题，1973 年 8 月 5 日，
国务院委托国家计委在北京召开第一次全国环境保护会议，这次
会议强调了治理环境污染的重要性，提出了具体的环境保护举措，
充分反映了党和国家对环境保护工作的重视，成为中国环保事业
的破茧之举。在会议期间，由时任国家计划委员会副主任、曾担
任出席人类环境会议中国代表团副团长的顾明做主题发言。他明

① 中共中央文献研究室. 周恩来年谱（1949—1976）（下卷）[M]. 北京：中央
　文献出版社，1997：305-306.
② 中共中央文献研究室. 周恩来年谱（1949—1976）（下卷）[M]. 北京：中央
　文献出版社，1997：436.

确指出："有人认为，公害是资本主义的产物，我们是社会主义国家，不会产生环境污染，可以不必注意这个问题。这种说法是不全面的。毫无疑义，我国的社会主义制度是优越的，它为防止和消除环境污染提供了可能性，但要把这种可能性变为现实，还要在正确路线的指导下，制定相应的方针、政策，采取切实有效的措施。没有这些，相反采取错误的路线和方针，放任自流，也会发生环境污染的。"① 这是中国政府高层官员首次在公开场合承认中国也存在环境污染。第一次全国环境保护会议明确了"全面规划，合理布局，综合利用，化害为利，依靠群众，大家动手，保护环境，造福人民"的环境保护 32 字工作方针。会议审议通过了中国首部环境保护规范性文件《关于保护和改善环境的若干规定（试行草案）》，制定了环境保护条例《关于加强全国环境监测工作意见》和《自然保护区暂行条例》。会议指出要从战略上看待环境问题，对自然环境的开发要考虑由此产生的影响，不能只看局部，不顾全局，只看眼前，不顾长远。

为加强对国家水土保持工作的领导，国务院于 1956 年设立专项委员会，对全国各地水土保持工作进行统一的领导和监管，在水土保持方面取得了较大的成绩。1974 年 10 月 25 日，经国务院批准正式成立了国务院环境保护领导小组，小组下设国务院环境保护领导小组办公室，这是中国的第一个环保机构。同时在省、市和县一级也相继建立起了环保机构。环境保护机构的设立保证了环境事务有专门化、专业机构处理，环境保护领导小组及其办公室设立后，开展了一些污染调查与环境治理工作，制定了一些环境保护的政策和规章，如《关于环境保护的十年规划意见》及附件《1976—1980 年对有关方面环境保护的要求》，有力地推动

---

① 岩流 . 中国的绿色文明 [M]. 北京：中国环境科学出版社，1999：34.

了我国生态文明建设的进程。

③. 改革开放前我国生态文明建设的总体评价

新中国成立后，中国共产党领导中国人民开始了建设社会主义的伟大征程。由于新中国成立之初，经济社会落后，提高经济发展水平、满足人民群众的物质文化需要，变农业国为工业国等是党和政府考虑的重心。在这样的背景下，对生态环境问题还没有系统的思考，从整体上看生态问题尚未得到重视，还没有生态文明的意识，这可以从历届党代会报告没有涉及生态环境问题中可以看出，各种生态实践活动只是对于经济建设当中出现的环境问题的一种被动应对。

我们在建设社会主义的过程中，也出现了违背自然规律、破坏自然环境的情况。特别是在"赶英超美"的"大跃进"期间，盲目地肯定人的主观能动性，按照唯意志论理解"向自然界开战"和"战天斗地"，带来了对环境的破坏和资源的极大浪费。1957年2月，为了推动社会主义建设事业的开展，毛泽东指出："团结全国各族人民进行一场新的战争——向自然界开战，发展我们的经济，发展我们的文化……建设我们的新国家。"①"征服自然""战天斗地"等口号的提出反映了中国人民迫切想要改变生活面貌的要求，但盲目主张向自然开战，致使在"大炼钢铁"运动期间砍伐大量木材用于炼钢，毁掉了大片森林，出现了大量的不达标的废弃钢铁，造成了极大的浪费。据中共中央办公厅调查组1962年在福建、广东、广西、湖南和江西5个省、自治区调查的结果，当时破坏最严重的是丘陵区和浅山区，有些地方的林木

---

① 中共中央文献研究室.建国以来重要文献选编：第十册 [M]. 北京：中央文献出版社，1994：74.

被砍光了。湖南省洞口县从进入山口到雪峰山主峰的路程为100里，1957年以前公路两旁的森林很多，到调查时已所剩无几。① 毛泽东在经过"大跃进"挫折后开始反思："如果对自然界没有认识，或者认识不清楚，就会碰钉子，自然界就会处罚我们，会抵抗。比如水坝，如修得不好，质量不好，就会被水冲垮，将房屋、土地都淹没，这不是处罚吗？"② 这表明毛泽东等党的领导人已经开始思考人类与大自然的关系，开始重视生态环境问题。

在社会主义建设初期出现的破坏自然资源、损害生态环境的现象从根源来讲还是没有充分认识到人与自然的辩证关系，将人与自然的关系简单地归结为斗争关系。征服自然，改造自然成为建国初期发展生产的基本思路。③ 从20世纪50年代开始，这一思想逐步占据主导地位，"大跃进"中出现了"人定胜天"的唯意志论思想，加剧了对自然环境的破坏。虽然工农业得到迅速发展，但是森林遭到大面积砍伐，草场遭到严重破坏，不仅使自然资源遭到巨大浪费，而且一些地方的生态环境开始恶化。

中国共产党虽然进行了生态环境建设的探索，但是系统科学的自然观和发展观当时还没有树立，生态环境问题还没有得到足够的重视。我国长期以来是一个以农业为主要经济形态的国家，工业发展缓慢，农业生产对环境的影响较小，当工业化迅速发展起来以后，工业所带来的"三废"问题日益突出，但普通大众包括一些党员干部对这个问题没有引起足够的重视，一些人甚至认为社会主义国家不存在环境污染问题，这一问题是资本主义国家

---

① 《当代中国》丛书编辑部. 当代中国的林业 [M]. 北京：中国社会科学出版社，1985：106.

② 毛泽东. 毛泽东文集：第八卷 [M]. 北京：人民出版社，1999：72.

③ 邵光学. 新中国成立70年中国共产党生态文明建设思想发展历程 [J]. 云南行政学院学报，2019，21（5）：138.

的专利。特别是一些人认为社会主义制度是不可能产生污染的，谁要说有污染、有公害，谁就是给社会主义抹黑。这种极端看法很有市场，给当时的环境保护带来了巨大的负面影响。1973年全国第一次环境工作会议之后，对于环境保护制定了一些政策措施，但是由于当时正处于"文化大革命"时期，这些政策措施并没有很好地贯彻执行。

另外，在生态环境建设的指导思想上，马克思、恩格斯的生态理念并没有受到重视，反而因为学习苏联模式的原因，使斯大林的自然观对我国政策产生了不良影响。斯大林的自然观具有片面性，轻视了自然是个整体，只看到改造自然带来的眼前的变化，忽视了人的活动给自然带来的长期影响。① 所以，苏联片面的发展观和自然观，给新中国成立初期的经济建设带来了不小的负面影响，是我国生态环境保护意识淡薄的原因之一。

总之，新中国成立后成功开展了治理水患、兴修水利、绿化祖国、综合利用资源等环保实践，我国的环境保护事业不断前行，反映出中国共产党人对生态环境问题已经有了初步的认识和思考，这为后来中国生态文明建设的实践提供了经验基础。但另一方面，虽然一些领导人对环境问题较为重视，但总体来看，环境保护意识较为淡薄。在生态环境建设方面走了一些弯路，全国不同程度地出现了破坏自然环境、过度消耗资源等违背客观规律的情况，给经济社会发展和人民生活带来了严重影响，这些教训为中国共产党继续探索生态文明建设提供了重要借鉴。

---

① 刘增惠.马克思主义生态思想及实践研究[M].北京：北京师范大学出版社，2010：121.

二、改革开放至党的十八大召开之前对生态文明建设的探索（1978—2012 年）

改革开放以后，我国进入了一个新的历史时期。中国共产党对生态环境问题的重视程度大幅提高。国际上，世界各国开始共同应对全球生态环境，国外的生态环境理念也开始影响国内。随着党的工作重心向经济工作的转移，我国经济建设快速发展起来，自然资源的需求量不断增加。经济建设快速发展的同时，一些经济发展带来的负面影响开始显露出来，如土地、水、能源等资源约束愈发趋紧，环境污染问题日益凸显，生态环境的承载力愈显脆弱。必须重新认识人类与大自然的关系，走人与自然、经济与生态和谐发展的道路。我国开始不断探索适合中国基本国情的生态文明建设道路。

① 改革开放初期对生态环境问题的探索

1978 年 12 月，党的十一届三中全会召开，党和国家的工作重心开始转移到经济建设上来。环境保护问题成为政府工作报告以及党和国家会议的重要议题，中国共产党开始重视生态环境问题，采取措施解决环境污染和环境保护问题，"使环境保护工作同经济建设和社会发展相协调"[①]，环境保护工作进入新的阶段。

（1）植树造林的持续推进。改革开放以后，林业建设是生态环境保护的重点工作，党和政府采取了一系列措施推动植树造林

[①] 国家环境保护总局，中共中央文献研究室. 新时期环境保护重要文献选编[M]. 北京：中央文献出版社，中国环境科学出版社，2001：138.

工作。1979年2月，第五届全国人大常委会第六次会议原则通过了《中华人民共和国森林法（试行）》，并将每年的3月12日定为国家的植树节。1981年12月，第五届全国人大四次会议审议通过《关于开展全民义务植树运动的决议》，规定植树造林是我国公民应尽的义务。邓小平也十分重视林业建设，1979年3月，邓小平在参加植树造林活动时对身边工作人员说："要让娃娃们从小养成种树、爱树的好习惯。"[①]1982年11月，邓小平为全军植树造林总结经验表彰先进大会题词："植树造林，绿化祖国，造福后代"。[②]同月，他在会见外国友人时说："我们准备坚持植树造林，坚持二十年、五十年。"[③]1983年3月，邓小平在北京参加义务植树时提出"植树造林，绿化祖国，是建设社会主义、造福子孙后代的伟大事业"的号召。邓小平等党和国家领导人带头植树，激起了全国人民参与绿化祖国的热情，在全社会形成了良好的植树护绿风气。为了防范风沙危害和水土流失现象，党和政府实施"三北"防护林体系建设工程。该工程始于1978年，建设范围主要是风沙危害和水土流失严重的西北、华北、东北地区，规划期限为73年，分8期工程进行。邓小平曾于1988年给该工程题词"绿色长城"，对该工程建设取得的成就给予了高度评价。

（2）重视资源综合利用。由于刚经过"文化大革命"的动乱，企业内部生产过程中的资源浪费现象十分严重，为此，党中央强调要减少对资源的浪费，重视资源的综合利用，从而实现资源利用与环境保护相协调、经济效益与环境效益相协调。1978年12月，

---

① 中共中央文献研究室. 邓小平年谱（1975—1997）（上）[M]. 北京：中央文献出版社，2004：492.

② 邓小平. 邓小平文选：第三卷 [M]. 北京：人民出版社，1993：21.

③ 中共中央文献研究室. 邓小平年谱（1975—1997）（下）[M]. 北京：中央文献出版社，2004：867.

国务院环境保护领导小组出台的《环境保护工作汇报要点》指出："工业'三废'，实质上是能源和资源的浪费。最大限度地把能源和资源综合利用起来，是消除污染、保护环境的根本途径。"①邓小平多次强调要节约资源和提高能源有效使用率，综合利用工业"三废"。他指出："开发煤炭，首先应当做也必须做的，是要提高洗煤比重……煤洗与不洗不一样，洗了以后可以提高热效能，节约运输，剩下的可以发电，搞蜂窝煤供应农村需要，煤渣可以搞水泥，增加建筑材料。"②

邓小平针对我国能源资源紧张的实际，提出转变能源消费观念，调整能源消费结构，发展多种能源的思路。1980 年 7 月，邓小平在四川省成都市双流县（今成都市双流区）考察时指出："沼气很好，是个方向问题，可以用来发电带动加工工业，也可以解决农民的燃料问题。"③1982 年 10 月，他在同国家计委负责同志谈话时说："要在水电上打主意。水电大项目上去了，能顶事。"④在邓小平的积极推动下，我国大型水电工程有了较快的发展。

改革开放新时期，针对越来越多的环境问题，邓小平强调对资源要用之有度，禁止盲目开荒与过量砍伐。为节约资源，生产上要"抓紧增产节约""反对浪费和严惩贪污"，生活上"提倡因陋就简，经济节约，艰苦奋斗"。针对过度开荒的问题，1978年邓小平同志在黑龙江考察工作时强调开荒要非常慎重。他认为，一些国家和地区在利用土地资源上有过深刻的教训，过度开垦荒

① 国家环境保护总局，中共中央文献研究室．新时期环境保护重要文献选编[M]. 北京：中共中央文献出版社，中国环境科学出版社，2001：11.
② 吴式瑜．中国选煤发展三十年 [J]. 煤炭加工与综合利用，2009（1）：3-4.
③ 中共中央文献研究室．邓小平年谱（1975—1997）（上）[M]. 北京：中央文献出版社，2004：653.
④ 邓小平．邓小平文选：第三卷 [M]. 北京：人民出版社，1993：17.

地，使得土地资源遭破坏，造成了黑风暴、风沙等灾害性天气，引起了生态环境的退化。所以对待开荒要高度谨慎，要根据实际情况，考虑要全面。针对洪涝灾害问题，邓小平指出洪灾问题往往与森林的过量采伐有关，要求要有进一步的解决办法。

邓小平主张重视科学技术在资源综合利用中的作用。认为科学技术的发展提高了人类的认识能力和实践能力，发展科学技术，不仅能够满足人的利益，而且能够解决环保问题。邓小平强调："将来农业问题的出路，最终要由生物工程来解决，要靠尖端技术。对科学技术的重要性要充分认识。"① 这一时期，我国开始积极引进国外的先进设备和技术，淘汰能耗高、污染严重的设备，有计划地关停并转生产工艺落后、污染严重的企业。1983 年 2 月，国务院在防治工业污染的相关规定中明确要求："对现有工业企业进行技术改造时，要把防治工业污染作为重要内容之一，通过采用先进的技术和设备，提高资源、能源的利用率，把污染物消除在生产过程之中。"②

（3）环境保护成为基本国策。第二次全国环境保护会议于 1983 年 12 月召开，大会要求各级领导干部高度重视环境保护问题，会议提出了"三同步"和"三统一"的环境与发展的战略方针，即"经济建设、城乡建设和环境建设同步规划、同步实施、同步发展""实现经济效益、社会效益、环境效益相统一"。大会根据当时的客观条件制定了"预防为主，防治结合""谁污染，谁治理"和"强化环境管理"三项环境保护工作的基本政策，对环境污染问题做了针对性布置。在这次会议上提出："环境保护是我们国家的一

---

① 邓小平 . 邓小平文选：第 3 卷 [M]. 北京：人民出版社，1993：275.
② 国家环保总局，中共中央文献研究室 . 新时期环境保护重要文献选编 [M]. 北京：中央文献出版社，中国环境科学出版社，2001：35.

项基本国策，是一件关系到子孙后代的大事。"① 环境保护被上升为基本国策，环境保护的重要地位得到确立。

1984 年 5 月，国务院通过了《关于环境保护工作的决定》，进一步明确提出"保护和改善生活环境和生态环境，防治污染和自然环境破坏，是我国社会主义现代化建设中的一项基本国策"②。并初步形成了一套适合中国国情的政策和措施。随着改革开放和现代化建设事业的不断展开，中国共产党对生态环境建设的重要地位和作用的认识进一步深化，生态环境保护工作得到迅速推进。1989 年 4 月，第三次全国环境保护会议召开。这次会议明确了我国环境保护工作的性质定位、战略目标、制度框架与具体措施，初步形成一套严明有力的环境保护政策体系，是中国共产党生态文明建设思想初步形成的重要标志。③ 会议通过了《1989—1992 年环境保护目标和任务》和《全国 2000 年环境保护规划纲要》，为我国规划了中长期环境保护的蓝图。会议的最大贡献，就是把第二次环境保护会议制定的大政方针，具体化为"三大政策"和"八项管理制度"，要求在具体环保工作中加强制度建设、深化环境监管，在治理整顿中建立环境保护工作的新秩序，会议提出了"向环境污染宣战"的口号，强调环境保护工作要开拓创新，走出一条"有中国特色的环境保护道路"。

（4）正确处理好人口、资源和环境的关系。我国的基本国情是人多地少，人均资源占有率低，不能为了发展经济而过度开发

---

① 国家环境保护总局，中共中央文献研究室. 新时期环境保护重要文献选编 [M]. 北京：中央文献出版社，中国环境科学出版社，2001：43.

② 国家环境保护总局，中共中央文献研究室. 新时期环境保护重要文献选编 [M]. 北京：中央文献出版社，中国环境科学出版社，2001：44.

③ 秦书生. 改革开放以来中国共产党生态文明建设思想的历史演进 [J]. 中共中央党校学报，2018，22（2）：33.

资源。要在发展经济的同时，加强对资源的节约利用和对环境的保护。对这一问题，在改革开放初期就已经有了较为全面的认识。

邓小平提出要正确处理好人口、经济、资源的关系。1979年3月30日，邓小平在党的理论工作务虚会上所作的《坚持四项基本原则》的讲话中指出："要使中国实现四个现代化，至少有两个重要特点是必须看到的：一个是底子薄。……第二条是人口多，耕地少。"[①] 人的素质是影响经济社会发展的决定因素。邓小平说："我们国家，国力的强弱，经济发展后劲的大小，越来越取决于劳动者的素质，取决于知识分子的数量和质量。"[②] 应该控制人口数量、提高人口素质、合理利用资源，从而在发展经济的同时保护好环境。在对这一关系认识的基础上，邓小平提出了计划生育的基本国策。

党的十二大报告中提出了保持生态平衡问题。同时指出，今后必须在坚决控制人口增长、坚决保护各种农业资源、保持生态平衡的同时，加强农业基本建设，改善农业生产条件，实行科学种田，在有限的耕地上生产出更多的粮食和经济作物，并且全面发展林、牧、副、渔各业，以满足工业发展和人民生活提高的需要。[③] 随着现代化建设的不断推进，中国共产党逐步认识到生态环境问题的严重性，在1987年10月召开的党的十三大报告中指出："靠消耗大量资源来发展经济，是没有出路的。"[④] 经济发展要从粗放经济为主逐步转到集约经济为主的轨道上来。党的十三大报告

---

① 邓小平.邓小平文选：第二卷 [M]. 北京：人民出版社，1994：163-164.

② 邓小平.邓小平文选：第三卷 [M]. 北京：人民出版社，1993：120.

③ 中共中央文献研究室.十二大以来重要文献选编（上）[M]. 北京：人民出版社，1986：14-15.

④ 中共中央文献研究室.十三大以来重要文献选编（上）[M]. 北京：人民出版社，1991：17.

指出，人口控制、环境保护和生态平衡是关系经济和社会发展全
局的重要问题。在推进经济建设的同时，要大力保护和合理利用
各种自然资源，努力开展对环境污染的综合治理，加强生态环境
的保护，把经济效益、社会效益和环境效益很好地结合起来。[①]
十三大报告对经济、资源和环境的关系进行了较为全面的梳理，
强调了生态环境和经济发展要协调统一起来。

（5）生态环境保护法制化。改革开放以后，社会主义法制建
设步入快车道，推动生态环境保护法制化成为改革开放之初环境
保护工作的亮点。以邓小平为核心的党的第二代中央领导集体高
度重视环境保护法制化工作。1978年3月5日五届人大一次会议
通过的《中华人民共和国宪法》增加了"国家保护环境和自然资源，
防治污染和其他公害"的条款，确认国家保护环境的职能，为进
一步构建我国环境保护法律体系奠定了宪法基础。1978年12月，
为了加强对环境的保护，邓小平提出要用法制的手段而不是政治
运动的方式解决问题。邓小平在中央工作会议上强调，必须加强
社会主义法制。他明确要求，要集中力量制定一批重要法律，这
其中包括森林法、草原法和环境保护法等林业、绿化和生态环
境保护的法律，[②] 对事关生态环境保护的立法工作逐步展开。在
邓小平的推动下，《中华人民共和国环境保护法（试行）》于
1979年9月13日颁布施行。为我国环境保护提供了法律支撑，
有力促进了环境保护工作的展开。1981年2月，国务院作出了《关
于在国民经济调整时期加强环境保护工作的决定》，主要解决经
济发展和环境保护二者关系问题。1982年《宪法》在原有环境保

---

① 中共中央文献研究室. 十三大以来重要文献选编（上）[M]. 北京：人民出版
　　社，1991：25.
② 邓小平. 邓小平文选：第二卷 [M]. 北京：人民出版社，1994：146.

护条款基础上，增加了国家改善生活环境和生态环境、保障自然资源合理利用、加强植树造林和保护林木等规定，为我国建立专业化的资源节约和环境保护体系奠定了法律依据。其后在以邓小平同志为核心的党的第二代中央领导集体的努力下，我国的环境保护立法工作得到较快发展，一批涉及环境保护的法律文件如《中华人民共和国海洋环境保护法》等在这一时期相继制定。1989年12月《中华人民共和国环境保护法》通过并施行，生态环境保护制度逐步健全，有力促进了生态环境保护工作的开展。

同时，为加强对生态环境保护工作的领导，我国成立了相应的环境保护机构，1982年5月，我国组建城乡建设环境保护部，内设环境保护局；1984年，正式成立国务院环境保护委员会，1984年12月，环境保护局改为国家环境保护局，成为国务院环境保护委员会的办事机构，统一负责全国环保的规划、协调、监督工作。1988年7月，环境保护局独立升格为国务院直属机构，明确为国务院综合管理环境保护的职能部门。环境保护部门地位的提升表明环境保护工作的重要性进一步受到党和政府的重视，环境保护管理工作由过去的一般性管理、定性管理向具体措施管理方向迈进，进一步推动了环境保护工作的科学化、专门化。

② 可持续发展战略的提出与实践

以江泽民同志为核心的党的第三代领导集体，提出了可持续发展战略。这一战略强调要正确处理经济发展同人口、资源、环境的关系。要在发展经济的同时保护环境、节约资源和控制人口，实现资源环境和经济发展的协调统一。中国共产党将可持续发展战略确定为我国现代化建设必须实施的重大战略，制定并实施了符合国情的环境保护政策措施，推动新世纪我国生态文明建设顺利开展。

（1）可持续发展战略的提出。从 1972 年在斯德哥尔摩召开的世界环境大会提出"可持续发展"问题以来，世界各国对这一问题的认识不断深化。1987 年 2 月，第八次世界环境与发展委员会通过了关于人类未来的报告《我们共同的未来》，提出了可持续发展思想，认为人类应该走一条资源环境保护与经济社会协调发展的可持续发展之路。在此以后，可持续发展道路成为全球共识，我国的可持续发展战略也逐步形成。20 世纪 90 年代以后，随着经济全球化的不断深入，世界经济取得了前所未有的成就，但是经济的快速发展带来的生态环境问题日益突出，成为需要人类共同面对的难题。世界各国普遍认识到，发展不能单纯追求经济发展速度，必须实施可持续发展，注重发展质量。1992 年 6 月在巴西里约热内卢召开的联合国环境与发展大会通过了《里约环境与发展宣言》《21 世纪议程》等重要文件，大会提出了人类社会可持续发展的理念，要求各国制定和组织实施相应的可持续发展战略，应对人类社会面临的共同挑战。在此次大会上，中国向世界承诺走可持续发展道路。中国于 1994 年制定通过了《中国 21 世纪议程——中国 21 世纪人口、环境与发展白皮书》，回应了国际社会的要求，强调中国在未来和下一世纪发展必须走可持续发展之路。

以江泽民同志为核心的党的第三代中央领导集体从战略高度审视环境保护问题、积极探索可持续发展道路。江泽民多次阐述了可持续发展的重要思想。他指出："可持续发展，就是既要考虑当前发展的需要，又要考虑未来发展的需要，不要以牺牲后代人的利益为代价来满足当代人的利益。"①

---

① 江泽民 . 江泽民文选：第一卷 [M]. 北京：人民出版社，2006：518.

1995 年 9 月在党的十四届五中全会上江泽民同志明确提出："在现代化建设中，必须把实现可持续发展作为一个重大战略。要把控制人口、节约资源、保护环境放到重要位置，使人口增长与社会生产力的发展相适应，使经济建设与资源、环境相协调，实现良性循环。"① 全会通过的《中共中央关于制定国民经济和社会发展"九五"计划和 2010 年远景目标的建议》，将"可持续发展"写入其中，提出"必须把社会全面发展放在重要战略地位，实现经济与社会相互协调和可持续发展"。首次把可持续发展战略纳入经济社会发展的长远规划，中国共产党的可持续发展理念正式得到确立。1997 年召开的党的十五大把"可持续发展战略"确定为我国现代化建设必须实施的重大战略。

（2）正确处理经济发展与环境保护的关系。江泽民很早就认识到要统筹考虑经济发展与人口、资源、环境问题。1996 年 7 月 16 日，江泽民在第四次全国环境保护会议上指出："经济的发展，必须与人口、环境、资源统筹考虑，不仅要安排好当前的发展，还要为子孙后代着想，为未来的发展创造更好的条件，绝不能走浪费资源和先污染后治理的路子，更不能吃祖宗饭、断子孙路。"② 特别是在资源开发和利用上，应按照有序有偿、供需平衡、结构优化、集约高效的要求进行，以增强资源对经济社会可持续发展的保障能力。这次会议进一步强调了落实环境保护基本国策、实施可持续发展战略的重要性，提出了我国环境保护未来五年和 2010 年远景目标和主要工作任务，我国环境保护事业进入了一个全新的发展时期。1997 年召开的党的十五大报告进一步强调："我

---

① 中共中央文献研究室. 江泽民论有中国特色社会主义（专题摘编）[M]. 北京：中央文献出版社，2002：279.

② 中共中央文献研究室，国家林业局. 新时期党和国家领导人论林业与生态建设 [M]. 北京：中央文献出版社，2001：56.

国是人口众多、资源相对不足的国家，在现代化建设中必须实施可持续发展战略。坚持计划生育和保护环境的基本国策，正确处理经济发展同人口、资源、环境的关系。"①

在对经济发展同人口、资源、环境的关系深入思考的基础上，江泽民提出了环境保护生产力论。江泽民在 1996 年第四次全国环境保护大会上第一次明确提出了"保护环境的实质就是保护生产力"的科学论断，为处理经济发展和环境保护关系确定了基本原则，并指出："如果在发展中不注意环境保护，等到生态环境破坏了以后再来治理和恢复，那就要付出更沉重的代价，甚至造成不可弥补的损失。"②2001 年 2 月江泽民在海南省考察工作时对这一论断进行了系统阐发："破坏资源环境就是破坏生产力，保护资源环境就是保护生产力，改善资源环境就是发展生产力。"江泽民的环境生产力论把环境工作提高到保护生产力的层面，指出我们不能走先污染后治理的路子，对当时的生态环境工作具有重要的推动作用。

在经济发展和环境保护的关系当中，江泽民对资源节约给予了更多关注，多次强调要把节约资源放到重要位置，做到资源利用和环境保护相协调，重视资源的开发和利用中的环境问题。我国资源形势极为严峻，人均资源占有率低，对能源的不合理开发和利用会带来严重的生态环境问题，严重制约我国的经济现代化建设。江泽民提出："要根据我国国情，选择有利于节约资源和保护环境的产业结构和消费方式。坚持资源开发和节约并举，克服各种浪费现象。综合利用资源，加强污染治理。"③ 在生产方

---

① 江泽民 . 江泽民文选：第二卷 [M]. 北京：人民出版社，2006：26.
② 江泽民 . 江泽民文选：第一卷 [M]. 北京：人民出版社，2006：532.
③ 江泽民 . 江泽民文选：第一卷 [M]. 北京：人民出版社，2006：464.

面实行开发和节约并举，"提高资源利用水平和效率，走出一条资源节约型的经济发展路子"①。生活方面的消费结构和消费方式不能脱离生产力发展水平、浪费资源，要有利于环境和资源保护。为此要树立全民节约资源与保护环境意识，"树立全民环保意识，搞好生态保护和建设"②。通过宣传与教育提高公众的环保意识，处理好资源节约和环境保护的关系。

（3）对西部地区生态环境的保护。1998 年长江流域发生了特大洪水，引发了对长江、黄河中上游地区水土流失的关注。江泽民认为，对西部尤其是长江黄河源头等重点地区的保护事关重大，必须引起高度重视。为此江泽民提出了"退耕还林、封山绿化"战略。通过植树造林解决长江、黄河上游植被稀少、水土流失产生的巨大水患。针对陕、甘等西部地区严重沙化、荒漠化的情况，江泽民提出要加大对沙漠化的治理力度，实现人进沙退而不是沙进人退，为此他向全党全国发出了"再造秀美山川"的号召。③ 在已有的"三北"防护林工程的基础上，我国开展了天然林资源保护工程、退耕还林工程、京津风沙源治理工程、长江中下游地区等重点防护林建设工程，范围覆盖全国 97％以上的县。其工程范围之广、规模之大，堪称世界生态工程建设之最。④

以江泽民同志为核心的党的第三代领导集体多次提出实施西部大开发战略。2000 年 1 月，国务院成立了西部地区开发领导小组，

① 国家环境保护总局，中共中央文献研究室．新时期环境保护重要文献选编
[M]．北京：中央文献出版社，中国环境科学出版社，2001：629．
② 中共中央文献研究室．十六大以来重要文献选编（上）[M]．北京：中央文献
出版社，2005：17．
③ 江泽民．江泽民文选：第一卷 [M]．北京：人民出版社，2006：660．
④ 黄承梁．中国共产党领导新中国 70 年生态文明建设历程 [J]．党的文献，
2019（5）：53．

西部大开发战略开始实施。西部大开发战略是个系统工程，不仅是指西部区域经济建设的大发展，也包括了对西部生态系统的改善和恢复等内容。西部大开发促进西部地区经济发展的同时也会间接促进生态环境的建设。江泽民认为："改善生态环境，是西部地区开发建设必须首先研究解决的一个重大课题。"[①] 为此，"要把水资源的开发和有效利用放在突出位置；大力植树种草，有计划、有步骤地退耕还林，搞好综合治理，加强生态环境建设"[②]。这样才能逐步恢复西部地区的生态，为西部地区经济的发展提供保障。

（4）重视科技在生态建设中的作用。邓小平提出科学技术是第一生产力后，我国开始实施"科教兴国"战略。江泽民在继续实施这一战略的过程中，提出科技手段是解决环境问题的必要途径。江泽民认为："在现代……全球面临的资源、环境、生态、人口等重大问题的解决，都离不开科学技术的进步。"[③] 要依靠科学技术的力量治理环境污染。我国工业生产中存在着"高消耗、高污染"的现象，必须依靠先进的科学技术的帮助才能加以解决。应该大力推动科技进步和科技创新，以发展高新技术产业为着眼点，发挥科学技术在生态环境建设中的支撑作用。江泽民指出，在经济发展过程中要"运用现代科学技术，特别是以电子学为基础的信息和自动化技术改造传统产业，使这些产业的发展实现由主要依靠外延到主要依靠内涵增加的转变，建立节耗、节能、节水、节地的节约型经济"[④]。通过建立包括清洁生产技术、信息技术、

---

① 江泽民.江泽民文选：第二卷 [M]. 北京：人民出版社，2006：343.

② 中共中央文献研究室.十五大以来重要文献选编（中）[M]. 北京：人民出版社，2000：1073.

③ 江泽民.论科学技术 [M]. 北京：中央文献出版社，2001：2.

④ 中共中央文献研究室.论有中国特色社会主义（专题摘编）[M]. 北京：中央文献出版社，2002：238.

新材料技术、能源综合利用技术、回收和再循环技术、环境监测技术及网络运输技术等构成的生态技术支撑体系，减少污染，保护生态环境。

（5）这一时期环境保护的法治化工作持续推进。江泽民多次强调环境保护法制化的重要性。党的十五大把依法治国确立为基本治国方略。1998年3月，江泽民在中央计划生育和环境保护工作会议上指出："要把环境保护工作纳入制度化、法制化的轨道。"① 2002年3月，在中央人口资源环境工作座谈会上，江泽民进一步强调："人口、资源、环境工作要切实纳入依法治理的轨道。这是依法治国的重要方面。"② 实践当中，有关环境保护的立法工作开始加速，特别是对破坏环境犯罪的打击力度加大，将"破坏环境资源保护罪"列入《刑法》，环境保护法律法规体系日益完善；加大对资源保护的环境执法监督力度，依法查处违法审批、处置和占用资源的行为。

3. 科学发展观与生态文明建设

进入21世纪之后，国际上，日益紧迫的全球性环境危机促使各个国家都更加重视生态环境问题。国内，经济发展当中积累的矛盾日益凸显，以牺牲资源环境为代价的粗放型经济发展方式成为导致生态环境恶化的重要原因。生态环境、自然资源和经济社会发展的矛盾日益突出。人民群众迫切要求尽快改善生态环境。党的十六大以来，胡锦涛进一步强调要加强环境保护工作，他指

---

① 国家环境保护总局，中共中央文献研究室．新时期环境保护重要文献选编[M]．北京：中央文献出版社，中国环境科学出版社，2001：492．
② 江泽民．江泽民文选：第三卷[M]．北京：人民出版社，2006：468．

出："保护自然就是保护人类，建设自然就是造福人类"。[①] "要
科学认识和正确运用自然规律，学会按照自然规律办事，更加科
学地利用自然为人们的生活和社会发展服务，坚决禁止各种掠夺
自然、破坏自然的做法。"[②] 要以解决危害群众健康和影响可持
续发展的环境问题为重点，加快建设资源节约型、环境友好型社
会。在总结生态环境建设经验的基础上，以胡锦涛为总书记的党
中央正式提出了生态文明建设思想。

（1）按照科学发展观要求解决生态环境问题。科学发展观
中蕴含着生态文明建设思想，科学发展观强调人与自然是一个
整体，是包括人与自然关系在内的整体发展观。2003 年 10 月，
胡锦涛在党的十六届三中全会通过的《中共中央关于完善社会主
义市场经济体制若干问题的决定》中完整提出了科学发展观的基
本内涵："坚持以人为本，树立全面、协调、可持续的发展观，
促进经济社会和人的全面发展。"[③] 同时也是第一次明确提出了"五
个统筹"的基本思想，强调要按照统筹城乡发展、统筹区域发展、
统筹经济社会发展、统筹人与自然和谐发展、统筹国内发展和对
外开放的要求，推进各项事业的改革和发展。党的十六届三中全
会以后，胡锦涛对于科学发展观的指导思想、理论依据、基本内容、
重大意义、实现路径做了多方面的展开和论述，丰富和发展了科
学发展观的内涵。2004 年 3 月，胡锦涛指出，"科学发展观总结
了二十多年来我国改革开放和现代化建设的成功经验，吸取了世

① 中共中央文献研究室. 十六大以来重要文献选编（上）[M]. 北京：中央文献
出版社，2005：853.

② 中共中央文献研究室. 十六大以来重要文献选编（中）[M]. 北京：中央文献
出版社，2006：716.

③ 中共中央文献研究室. 十六大以来重要文献选编（上）[M]. 北京：中央文献
出版社，2005：465.

界上其他国家在发展进程中的经验教训，概括了战胜非典疫情给我们的重要启示，揭示了经济社会发展的客观规律，反映了我们党对发展问题的新认识"。针对经济发展当中的单纯重视经济增长，忽视和牺牲环境的做法，胡锦涛提出，"要彻底改变以牺牲环境、破坏资源为代价的粗放型增长方式，不能以牺牲环境为代价去换取一时的经济增长，不能以眼前发展损害长远利益，不能用局部发展损害全局利益"①。

胡锦涛非常强调用科学发展观的理念去解决生态环境问题。2006 年，在与首都各界群众代表一起参加义务植树活动时，胡锦涛要求各级党委和政府从全面落实科学发展观的高度，"着力解决生态环境保护和建设方面存在的突出问题，切实为人民群众创造良好的生产生活环境。要通过全社会长期不懈的努力，使我们的祖国天更蓝、地更绿、水更清、空气更洁净，人与自然的关系更和谐"②。

党的十七大报告精辟概括了科学发展观的科学内涵和精神实质，指出："科学发展观，第一要义是发展，核心是以人为本，基本要求是全面协调可持续，根本方法是统筹兼顾。"③全面发展，就是要实现经济发展和社会全面进步；协调发展，就是要统筹城乡发展、统筹区域发展、统筹经济社会发展、统筹人与自然和谐发展、统筹国内发展和对外开放；可持续发展，就是要促进人与自然的和谐，实现经济发展和人口、资源、环境相协调，坚持走

① 中共中央文献研究室．十六大以来重要文献选编（上）[M]．北京：中央文献出版社，2005：853.

② 鞠鹏．胡锦涛在参加首都义务植树活动时强调 持之以恒抓好生态环境保护和建设工作切实为人民群众创造良好生产生活环境 [N]．人民日报，2006-04-02（1）.

③ 中共中央文献研究室．十七大以来重要文献选编（上）[M]．北京：中央文献出版社，2009：11-12.

生产发展、生活富裕、生态良好的文明发展道路，保证一代接一代地永续发展。科学发展观的核心是以人为本，做好生态环境工作是不断提高人民群众的生活质量、促进人的全面发展的必然要求，对改善生态环境、促进人与自然和谐发展具有重要意义。在生态环境工作中一定要把最广大人民的根本利益作为出发点和落脚点，切实为人民群众创造良好的生产生活环境，为中华民族的长远发展创造良好的条件。统筹人与自然和谐发展是科学发展观"五个统筹"的重要组成部分，要求我们从整体上把握人与自然的关系，树立科学的人与自然关系观。科学发展观不仅承继了可持续发展理念，而且提出要从人与自然和谐发展的高度来认识发展问题。

做好人口资源环境工作，是树立和落实科学发展观的必然要求和重要内容。保护生态环境，关系到最广大人民的根本利益，关系到中华民族发展的长远利益。"人口资源环境工作，都是涉及人民群众切身利益的工作，一定要把最广大人民的根本利益作为出发点和落脚点。"①要按照科学发展观的要求，要处理好人口、节约资源和保护环境的关系。胡锦涛在 2004 年的中央人口资源环境工作座谈会上要求全党同志"必须清醒地看到，我国人口多、资源人均占有量少的国情不会改变，非再生性资源储量和可用量不断减少的趋势不会改变，资源环境对经济增长制约作用越来越大，人民群众对生态环境质量的要求也必然越来越高。从长远看，经济发展和人口资源环境的矛盾会越来越突出，可持续发展的压力会越来越大"②。我国经济发展中长期存在着高投入、高消耗、

---

① 中共中央文献研究室.十六大以来重要文献选编（上）[M]. 北京：中央文献出版社，2005：852.
② 中共中央文献研究室.十六大以来重要文献选编（上）[M]. 北京：中央文献出版社，2005：855.

高污染、低产出的现象，能源资源紧张和环境压力过大的情况同时存在，过度消耗能源资源和破坏生态环境不仅直接影响当前的经济社会发展，也严重制约长期可持续发展。为此"按照树立和落实科学发展观的要求，始终把控制人口、节约资源、保护环境放在重要战略位置，把工作抓得紧而又紧、做得实而又实"①。

胡锦涛重视协调人口资源环境与经济社会发展的关系。"随着人口增多和人们生活水平的提高，经济社会发展与资源环境的矛盾还会更加突出。如果不能有效保护生态环境，不仅无法实现经济社会可持续发展，人民群众也无法喝上干净的水，呼吸上清洁的空气，吃上放心的食物。由此必然引发严重的社会问题。"②"要加强环境污染治理和生态建设，抓紧解决严重威胁人民群众健康安全的环境污染问题，保证人民群众在生态良性循环的环境中生产生活，促进经济发展与人口、资源、环境相协调。要增强全民族的环境保护意识，在全社会形成爱护环境、保护环境的良好风尚。"③必须充分认识保护生态环境的重要性、艰巨性、长期性，坚持保护环境的基本国策，加大保护生态环境的力度，逐步改善生态环境，为经济社会可持续发展创造良好条件。

从新中国成立之初的"综合平衡"到"可持续发展"，再到"全面协调可持续"的科学发展观，中国共产党关于生态环境建设的理念不断进化，正是在对生态环境建设的理论不断总结完善的基础上，生态文明的概念首次在党的十七大报告中提了出来。

---

① 中共中央文献研究室.十六大以来重要文献选编（上）[M].北京：中央文献出版社，2005：855.
② 中共中央文献研究室.十六大以来重要文献选编（中）[M].北京：中央文献出版社，2006：715-716.
③ 中共中央文献研究室.十六大以来重要文献选编（中）[M].北京：中央文献出版社，2006：716.

（2）建设资源节约型、环境友好型社会。进入新世纪，鉴于资源短缺对经济发展的限制越来越严重，胡锦涛提出构建"资源节约型、环境友好型社会"的目标，并推动将节约资源确定为我国的基本国策，强调全社会要牢固树立节约资源的观念，要"合理开发和节约使用各种自然资源"①，同时加强宣传教育，"培育人人节约资源的社会风尚"②。

虽然生态文明概念呼之欲出，生态环境建设仍是这一时期的关键词。围绕如何加强生态环境建设，中国共产党提出了一系列政策和措施。早在1997年9月，江泽民就在党的十五大报告中指出："资源开发和节约并举，把节约放在首位，提高资源利用效率。"③党的十六大之后，以胡锦涛同志为总书记的党中央进一步强调要节约利用资源，推动资源利用方式根本转变，从而建立资源节约型经济体系和资源节约型社会。2005年3月，胡锦涛在中央人口资源环境工作会议上提出建设资源节约型、环境友好型社会的战略目标。

2005年10月，胡锦涛在党的十六届五中全会第二次全体会议上指出："解决好能源资源不足的矛盾，是关系我国发展全局的一个重大问题。必须充分认识节约能源资源的极端重要性，把节约能源资源作为一项基本国策，坚持开发节约并重、节约优先，加快建立资源节约型社会。"④全会通过了《中共中央关于制定国民经济和社会发展第十一个五年规划的建议》，首次把建设资源节约型、环境友好型社会确定为国民经济与社会发展中长期规划

---

① 胡锦涛.胡锦涛文选：第二卷[M].北京：人民出版社，2016：326.

② 胡锦涛.胡锦涛文选：第二卷[M].北京：人民出版社，2016：170.

③ 江泽民.江泽民文选：第二卷[M].北京：人民出版社，2006：26.

④ 中共中央文献研究室.十六大以来重要文献选编（中）[M].北京：中央文献出版社，2006：1099.

的一项战略任务，提出要加快建设资源节约型、环境友好型社会，大力发展循环经济，加大环境保护力度，切实保护好自然生态。这一时期党中央高度重视资源节约和保护环境工作，制定了实现资源节约和环境保护的行动方案。2006年2月，中共中央政治局进行第二十九次集体学习，胡锦涛在主持学习时指出，要坚持节约资源和保护环境的基本国策，大力发展循环经济，加强资源综合利用，全面推进清洁生产，加大环境保护和生态建设的力度，促进建设资源节约型、环境友好型社会。2006年3月，在十届全国人大四次会议通的"十一五"规划纲要中进一步强调了这一战略任务。2006年10月，党的十六届六中全会强调："以解决危害群众健康和影响可持续发展的环境问题为重点，加快建设资源节约型、环境友好型社会。"①2006年12月，胡锦涛再次强调指出："建设资源节约型社会既是长期的战略任务，也是当前的紧迫工作，关键是要加强领导、抓好落实。"②2007年10月，胡锦涛在党的十七大报告上，进一步强调了"两型社会"的重要性，指出："必须把建设资源节约型、环境友好型社会放在工业化、现代化发展战略的突出位置，落实到每个单位、每个家庭。"③通过建设资源节约型、环境友好型社会，实现速度和结构质量效益相统一、经济发展与人口资源环境相协调，使人民在良好生态环境中生产生活，实现经济社会永续发展。同时，党的十七大把建设资源节约型、环境友好型社会写入党章。2011年3月，《中华人民共和国国民

①　中共中央文献研究室. 十六大以来重要文献选编（下）[M]. 北京：中央文献出版社，2008：709.
②　把节约能源资源放在更突出的战略位置　加快建设资源节约型、环境友好型社会 [N]. 北京：人民日报，2006-12-27（1）.
③　中共中央文献研究室. 十七大以来重要文献选编（上）[M]. 北京：中央文献出版社，2009：19.

经济和社会发展第十二个五年规划纲要》将"绿色发展，建设资源节约型、环境友好型社会"作为规划纲要的重要篇章，以"两型社会"建设统领整个生态文明的建设，提高生态文明水平。建设资源节约型、环境友好型社会，是我国经济社会发展的战略要求，也是我国环境保护和可持续发展实践经验的理论升华。"两型社会"建设思想是以胡锦涛同志为总书记的党中央对生态文明建设的重要探索，对中国特色社会主义生态文明理论做出了重要贡献。

（3）推动生态环境建设的具体举措。环境恶化、资源紧缺已经成为 21 世纪初影响我国经济社会发展的瓶颈。为了建设资源节约型、环境友好型社会，推动生态环境建设，解决严重威胁人民群众健康安全的环境污染问题，中国共产党采取了一系列具体的政策措施。2005 年 6 月发布的《国务院关于做好建设节约型社会近期重点工作的通知》，专门阐发了党中央对建设资源节约型社会的设想，文件指出，"加快建设节约型社会，在生产、建设、流通、消费各领域节约资源，提高资源利用率，减少损失浪费，以尽可能少的资源消耗，创造尽可能大的经济社会效益"①。同时"坚持资源开发与节约并重，把节约放在首位的方针，紧紧围绕实现经济增长方式的根本性转变，以提高资源利用效率为核心，以节能、节水、节材、节地、资源综合利用和发展循环经济为重点"②。

第一，发展循环经济。胡锦涛强调，"要大力推进循环经济，建立资源节约型、环境友好型社会"③。2005 年 7 月，国务院颁

---

① 中共中央文献研究室.十六大以来重要文献选编（中）[M].北京：中央文献出版社，2006：948.

② 中共中央文献研究室.十六大以来重要文献选编（中）[M].北京：中央文献出版社，2006：948-949.

③ 中共中央文献研究室.十六大以来重要文献选编（中）[M].北京：中央文献出版社，2006：823.

布了《关于加快发展循环经济的若干意见》(以下简称《意见》)。《意见》提出,要按照"减量化、再利用、资源化"原则,采取各种有效措施,以尽可能少的资源消耗和尽可能小的环境代价,取得最大的经济产出和最少的废物排放,实现经济、环境和社会效益相统一,建设资源节约型和环境友好型社会。要做好以下几个方面的工作:一是大力推进节约降耗;二是全面推行清洁生产;三是大力开展资源综合利用;四是大力发展环保产业。要加强对循环经济发展的宏观指导,把发展循环经济作为编制有关规划的重要指导原则;建立循环经济评价指标体系,逐步纳入国民经济和社会发展计划,并建立循环经济的统计核算制度;加快经济结构调整和优化区域布局,遏制盲目投资、低水平重复建设,限制高耗能、高耗水、高污染产业的发展。

第二,转变经济增长方式。节约发展的根本在于经济增长方式的转变,我国经济发展需要的资源能源消耗巨大,经济社会的持续发展,给现有的资源能源提出了严峻的挑战,经济发展越来越受制于资源能源的瓶颈。为此必须转变以前粗放型经济增长方式。胡锦涛指出:"彻底转变粗放型的经济增长方式,使经济增长建立在提高人口素质、高效利用资源、减少环境污染、注重质量效益的基础上。"①通过经济增长方式的转变,实现资源能源的节约、环境保护的实现。转变经济增长方式需要优化产业结构,探索新的发展道路。要从主要依靠增加生产要素投入,转变为主要依靠提高生产要素的使用效率,提高技术进步对经济增长的贡献率;从主要依靠规模的扩张,转变为主要依靠产业结构的优化升级,提高产品的技术含量和附加值;从主要依靠上新项目,转

---

① 中共中央文献研究室.十六大以来重要文献选编(中)[M].北京:中央文献出版社,2006:816.

变为重视企业的技术改造和产品更新换代。

第三，在全社会树立节约资源和环境保护的观念。胡锦涛多次强调要在全社会营造保护环境的良好风气，增强全民族的环境保护意识。他提出："要加强基本国情、基本国策和有关法律法规的宣传教育，增强全社会的人口意识、资源意识、节约意识、环保意识。"① 由于我国建设生态环境的时间较短，许多公民的环保意识不强，没有认识到个人行为对节约资源和保护环境的重要作用。实际上，每个人都是生态环境建设的参与者和受益者，只有人人参与，形成节约资源、保护环境的消费模式，才能切实加强生态环境建设。要加强生态文明宣传教育，提高广大人民的生态环保意识，在全社会形成保护生态环境的良好风尚。

第四，发展生态科技。建设资源节约型、环境友好型社会，必须摒弃浪费资源、破坏环境的传统技术，加快研发节约资源、保护环境的绿色技术。生态科技是解决环境污染的根本手段。中国共产党人一直非常重视科学技术对生态环境建设的重要作用。胡锦涛十分重视生态科技的发展，他指出："大力加强生态环境保护科学技术。……要注重源头治理，发展节能减排和循环利用关键技术，建立资源节约型、环境友好型技术体系和生产体系。"② 通过实施生态科学技术，可以最大限度实现无害生产和洁净生产，减少原材料消耗和废弃物的排放，有效提高资源的利用效率，实现资源和能源利用的最大化。科学技术在能源资源利用方面也发挥着重要作用。要开发和推广节约资源的先进技术，发展如核能、风能、太阳能等清洁能源和可再生能源，保护土地和水资源，建

---

① 中共中央文献研究室．十六大以来重要文献选编（中）[M]．北京：中央文献出版社，2006：826．

② 中共中央文献研究室．十七大以来重要文献选编（中）[M]．北京：中央文献出版社，2011：750-751．

设科学合理的能源资源利用体系。政府要采取措施鼓励新能源和新技术的开发，促进技术的进步和升级，把环保产业作为国民经济的支柱产业，为生态环境建设提供强有力的技术支撑。

（4）生态文明建设逐步纳入"五位一体"社会主义建设总布局。随着我国社会主义现代化的不断展开，中国共产党逐渐把生态环境建设作为整个社会发展体系中的重要一环加以考量。首先是人与自然和谐相处成为构建社会主义和谐社会的基本要求之一。2004 年 9 月，党的十六届四中全会通过了《中共中央关于加强党的执政能力建设的决定》，首次完整提出了"构建社会主义和谐社会"的概念。2005 年 2 月，胡锦涛在省部级主要领导干部提高构建社会主义和谐社会能力专题研讨班上提出，社会主义和谐社会的主要内容是"民主法治、公平正义、诚信友爱、充满活力、安定有序、人与自然和谐相处"，并指出，"人与自然和谐相处，就是生产发展，生活富裕，生态良好。"[①]党的十六届六中全会审议通过的《中共中央关于构建社会主义和谐社会若干重大问题的决定》指出，"人与自然和谐相处"是构建社会主义和谐社会五个基本要求之一。并指出"资源利用效率显著提高，生态环境明显好转"是构建社会主义和谐社会的目标和主要任务。[②]可以看出，人与自然和谐相处是社会和谐的重要基础，必须有一个稳定、平衡的生态环境，否则社会的政治、经济和文化都不能持续健康发展。

党的十六大首次提出全面建设小康社会的奋斗目标。十六大报告指出，小康社会的建设不仅要实现综合国力和国际竞争力明

[①]　胡锦涛．论构建社会主义和谐社会 [M]．北京：中央文献出版社，2013：52-53.

[②]　中共中央文献研究室．十六大以来重要文献选编（下）[M]．北京：中央文献出版社，2008：651.

显增强，社会主义民主更加完善，全民族的思想道德素质、科学文化素质和健康素质明显提高，更要实现"可持续发展能力不断增强，生态环境得到改善，资源利用效率显著提高，促进人与自然的和谐，推动整个社会走上生产发展、生活富裕、生态良好的文明发展道路"①。

　　生态文明首次出现在党的正式报告中是在党的十七大上。但实际上在 2005 年召开的中央人口资源环境工作座谈会上，胡锦涛已经使用了"生态文明"这一概念。他在强调当时环境工作重点时提出，要"完善促进生态建设的法律和政策体系，制定全国生态保护规划，在全社会大力进行生态文明教育"②。在 2005 年年底出台的《国务院关于落实科学发展观加强环境保护的决定》中也明确提出，环境工作应该"依靠科技进步，发展循环经济，倡导生态文明，强化环境法治，完善监管体制，建立长效机制"③。党的十七大第一次把建设生态文明作为一项战略任务明确提了出来，把其列为实现全面建设小康社会的奋斗目标，要求通过建设生态文明，基本形成节约能源资源和保护生态环境的产业结构、增长方式、消费模式，生态环境治理明显改善，生态文明观念在全社会牢固树立。党的十七大提出生态文明概念具有十分重要的历史意义。生态文明无疑比生态环境建设的内涵和外延都更宽泛。生态文明的提出表明中国共产党对于生态环境问题的认识更加深刻，已经把生态问题提升到整个人类社会发展的高度来进行认识。

---

① 中共中央文献研究室.十六大以来重要文献选编（上）[M].北京：中央文献出版社，2005：15.

② 中共中央文献研究室.十六大以来重要文献选编（中）[M].北京：中央文献出版社，2006：823.

③ 中共中央文献研究室.十六大以来重要文献选编（下）[M].北京：中央文献出版社，2008：86.

从党的十六大关于"生态良好的文明发展道路"到党的十七大首次提出"建设生态文明",标志着中国共产党实现了生态文明建设理论的飞跃。

党的十七大在界定中国特色社会主义道路时仍是以"建设社会主义市场经济、社会主义民主政治、社会主义先进文化、社会主义和谐社会,建设富强民主文明和谐的社会主义现代化国家"来涵盖中国特色社会主义事业的总体布局。2008年1月29日,胡锦涛在中共中央政治局第三次集体学习时明确提出:"贯彻落实实现全面建设小康社会奋斗目标的新要求,必须全面推进经济建设、政治建设、文化建设、社会建设以及生态文明建设,促进现代化建设各个环节、各个方面相协调,促进生产关系与生产力、上层建筑与经济基础相协调。"[①]中国共产党开始认识到生态文明建设应该和其他四个方面建设一起构成中国特色社会主义事业的总体布局。2008年9月19日,胡锦涛在全党深入学习实践科学发展观活动动员大会暨省部级主要领导干部专题研讨班上进一步强调:"我们必须走生产发展、生活富裕、生态良好的文明发展道路,全面推进社会主义经济建设、政治建设、文化建设、社会建设以及生态文明建设,努力实现以人为本、全面协调可持续的科学发展。"[②]此后党的十七届四中全会正式提出将生态文明建设单列为社会主义建设的基本方面,提出全面推进社会主义经济建设、政治建设、文化建设、社会建设以及生态文明建设。这为十八大明确提出"五位一体"的社会主义建设总布局打好了基础。

---

① 中共中央文献研究室. 十七大以来重要文献选编(上)[M]. 北京:中央文献出版社,2009:108.

② 中共中央文献研究室. 十七大以来重要文献选编(上)[M]. 北京:中央文献出版社,2009:570.

综上所述，中国共产党在领导中国特色社会主义建设过程中，对生态文明建设进行了艰辛探索，为我国社会主义现代化的最终实现打好了坚实基础。从改革开放起到党的十八大召开之前，对于生态文明建设，中国共产党在思想认识上不断成熟，在实践发展上不断开拓创新。1983 年 12 月召开的第二次全国环境保护会议提出："环境保护是我们国家的一项基本国策。"党的十二大报告提出："人口控制、环境保护和生态平衡是关系经济和社会发展全局的重要问题。"此后党的历次大会报告都对环境保护从关系全局的战略角度加以强调。党的十六大更是进一步提出要走"生态良好的文明发展道路"，党的十七大首次提出"建设生态文明"，这一切都充分显示出中国共产党对生态文明建设认识的与时俱进。

三、党的十八大以来生态文明建设实践(2012 年至今)

2010 年，我国经济总量跃升到世界第二位，生态环境保护也取得了巨大成绩。但是，资源约束趋紧、环境污染严重、生态系统退化等生态环境问题仍是我国社会主义现代化建设的主要障碍。为解决这一世纪难题，党的十八大报告赋予了生态文明建设前所未有的战略地位，提出尊重自然、顺应自然、保护自然的生态文明理念。党的十八届五中全会提出包括"绿色发展"在内的"五大发展理念"，从党和国家发展理论的高度强调生态文明建设的重要性。党的十九大针对生态文明建设提出了一系列新理念、新要求和新部署。2018 年全国环境保护大会召开，习近平生态文明思想正式形成。

党的十八大以来，我国的生态文明建设加速推进，在治理突出环境问题方面取得了明显成效。供给侧结构性改革的实施为我国环境污染问题的解决提供了新的思路。习近平总书记指出："要结合推进供给侧结构性改革，加快推动绿色、循环、低碳发展，形成节约资源、保护环境的生产生活方式。"①通过供给侧结构性改革，钢铁、煤炭等传统粗放型产业的产能不断压缩，生态文明建设持续推进。总体来看，这一时期是生态文明建设的成熟发展期，生态文明理论创新和实践发展都取得了巨大的成就。但是，生态文明建设的进程不会停止，生态良好的美好期望的实现仍需要付出更大的努力。

①. 生态文明建设进入新时代

2012 年 10 月党的十八大召开，大会把推进生态文明建设提升到前所未有的战略高度，把其同经济建设、政治建设、文化建设、社会建设并列，形成了中国特色社会主义事业"五位一体"的总体布局，认识到生态文明是关系民族未来的长远大计，并提出美丽中国建设的目标，开启了生态文明建设的新时代。党的十八大报告中，胡锦涛首次单篇论述生态文明建设，报告指出："必须更加自觉地把全面协调可持续作为深入贯彻落实科学发展观的基本要求，全面落实经济建设、政治建设、文化建设、社会建设、生态文明建设"五位一体"总体布局，促进现代化建设各方面相协调，促进生产关系与生产力、上层建筑与经济基础相协调，不断开拓生产发展、生活富裕、生态良好的文明发展道路。"②

（1）生态文明建设的战略定位。党的十八大报告对生态文明

---

① 中共中央文献研究室．习近平关于社会主义生态文明建设论述摘编 [M]. 北京：中央文献出版社，2017：34.

② 中共中央文献研究室．十八大以来重要文献选编（上）[M]. 北京：中央文献出版社，2014：7.

建设提出许多新的概括和认识，提出："建设生态文明，是关系人民福祉、关乎民族未来的长远大计。"①这是中国共产党在深刻认识人类文明发展规律、社会主义建设规律和生态文明建设规律的基础上做出的重大判断，体现了我国经济社会发展的新要求和人民群众的新期盼。

党的十八大报告还提出了两大愿景："努力建设美丽中国，实现中华民族永续发展"；实现三大发展："绿色发展、循环发展、低碳发展"；提出四大任务：优化国土空间开发格局，全面促进资源节约，加大自然生态系统和环境保护力度，加强生态文明制度建设。②对如何推进生态文明建设进行了详细部署。

党的十八大坚持理论创新和实践发展相结合，把生态文明建设纳入中国特色社会主义事业五位一体总体布局，明确提出大力推进生态文明建设，走生产发展、生活富裕、生态良好的文明发展道路。这标志着中国共产党对中国特色社会主义规律认识的进一步深化，也表明中国共产党加强生态文明建设的坚定意志和坚强决心，也是中国共产党与时俱进、改革创新精神的具体体现。

（2）树立尊重自然、顺应自然、保护自然的生态文明理念。党的十八大报告提出："必须树立尊重自然、顺应自然、保护自然的生态文明理念。"③这是对人与自然关系的全新的科学概括，是对自然发展规律的全新认识。习近平总书记在党的十九大报告中进一步提出："人与自然是生命共同体，人类必须尊重自然、

---

① 中共中央文献研究室.十八大以来重要文献选编（上）[M].北京：中央文献出版社，2014：30.

② 中共中央文献研究室.十八大以来重要文献选编（上）[M].北京：中央文献出版社，2014：31-32.

③ 胡锦涛.坚定不移沿着中国特色社会主义道路前进 为全面建成小康社会而奋斗：在中国共产党第十八次全国代表大会上的报告[M].北京：人民出版社，2012：39.

顺应自然、保护自然。"① 新中国成立之初在社会主义建设过程中出现了对人与自然关系的错误认识，简单地认为人与自然的关系就是征服和改造的关系，忽视了自然对人类社会的反作用，割裂了人与自然的辩证关系，导致社会主义建设过程中走了一些弯路。新的生态文明理念强调尊重和维护自然的发展规律，强调人与自然的和谐，表明当今生态文明建设已经不仅仅是资源节约和环境保护的问题，而要提升到人与自然的关系和现代文明发展的高度来进行认识。

尊重自然、顺应自然、保护自然，是生态文明理念的核心内容。尊重自然就是要尊重自然本身的规律和价值，对自然要怀有敬畏之心、感恩之情和报恩之意，理性地与自然友好相处，绝不凌驾于自然之上。要深刻认识到人类与自然是平等的，人类不是自然的奴隶，也不是自然的上帝。顺应自然就是顺应自然界的客观规律，按自然规律办事。人利用和改造自然的实践活动只有适应自然规律，才能做到人与自然和谐相处，形成人与自然共生共荣的局面。保护自然就是保持自然系统内部的平衡、稳定、有序。要发挥人的主观能动性，在向自然界索取生存发展之需的同时，呵护自然，回报自然，保护自然的生态系统。尊重自然、顺应自然、保护自然这一生态文明理念的确立，是中国共产党在我国资源危机和环境恶化日益严峻的形势下对人与自然的关系进行深刻反思后得出的结论，是解决生态环境问题的根本理念。在对这一理念总结概括的基础上，习近平总书记提出了人与自然和谐相处的生态文明观。

（3）绿色发展理念的提出。党的十八大报告指出，要"着力

---

① 习近平. 决胜全面建成小康社会　夺取新时代中国特色社会主义伟大胜利：在中国共产党第十九次全国代表大会上的报告 [M]. 北京：人民出版社，2017：50.

推进绿色发展、循环发展、低碳发展"[①]。习近平总书记进一步强调指出:"绿色发展是生态文明建设的必然要求。"[②]绿色发展,就是要发展环境友好型产业,降低能耗和物耗,保护和修复生态环境,发展循环经济和低碳技术,使经济社会发展与自然相协调。绿色发展注重的是解决人与自然和谐共生问题,从根本上解决生态环境问题,实现经济社会发展和生态环境保护协同推进。绿色发展是生态文明建设的必由之路,也是新发展理念的重要组成部分。2015 年 10 月,党的十八届五中全会提出了创新、协调、绿色、开放、共享的新发展理念。绿色是永续发展的必要条件和人民对美好生活追求的重要体现。绿色发展与创新发展、协调发展、开放发展、共享发展相辅相成、相互作用,是构建高质量现代化经济体系的必然要求,目的是改变传统的"大量生产、大量消耗、大量排放"的生产模式和消费模式,使资源、生产、消费等要素相匹配相适应,实现经济社会发展和生态环境保护协调统一、人与自然和谐共处,为人民群众创造良好的生产生活环境。

2017 年 5 月,中共中央政治局就推动绿色发展方式和绿色生活方式进行第四十一次集体学习,习近平总书记强调指出,"推动形成绿色发展方式和生活方式是贯彻新发展理念的必然要求,必须把生态文明建设摆在全局工作的突出地位,坚持节约资源和保护环境的基本国策"[③]。实现绿色发展,根本要求是形成绿色发展方式和绿色生活方式。绿色发展方式的形成首先要求加快转变经济发展方式,坚决摒弃损害甚至破坏生态环境的发展模式,

① 胡锦涛. 坚定不移沿着中国特色社会主义道路前进 为全面建成小康社会而奋斗:在中国共产党第十八次全国代表大会上的报告 [M]. 北京:人民出版社,2012:39.

② 习近平. 为建设世界科技强国而奋斗 [N]. 人民日报,2016-06-01(2).

③ 习近平. 习近平谈治国理政(第二卷)[M]. 北京:外文出版社,2017:394.

坚决摒弃以牺牲生态环境换取一时一地经济增长的做法，重点发展低碳绿色产业，着重发展现代农业和现代服务业，建立绿色经济发展模式。绿色生活方式涉及人民群众的衣食住行。要倡导简约适度、绿色低碳的生活方式，反对奢侈浪费和不合理消费。通过生活方式绿色革命，倒逼生产方式绿色转型。党的十九大报告再次对绿色发展提出了具体要求。提出要建立绿色生产和消费的法律制度和政策导向，建立健全绿色低碳循环发展的经济体系，构建市场导向的绿色技术创新体系，发展绿色金融等多项措施。

② 深化生态文明体制改革

党的十八大以来，习近平总书记多次谈到要深化生态文明体制改革。他指出："我国生态环境保护中存在的一些突出问题，一定程度上与体制不健全有关。"[①] 为此必须加快生态文明体制改革。生态文明体制改革的关键是形成系统完善的生态文明制度体系。习近平指出："用最严格制度最严密法治保护生态环境，加快制度创新，强化制度执行，让制度成为刚性的约束和不可触碰的高压线。"[②] 习近平总书记强调用制度约束来建设生态文明，构建最严格的生态文明建设制度体系。"只有实行最严格的制度、最严密的法治，才能为生态文明建设提供可靠保障。"[③]

党的十八大以来，中国共产党全面推进依法治国，生态文明制度建设成为这一时期的重要着力点。党的十八大绘就了生态

---

① 中共中央文献研究室 . 习近平关于全面深化改革论述摘编 [M]. 北京：中央文献出版社，2014：108.

② 习近平在全国生态环境保护大会上强调 坚决打好污染防治攻坚战 推动生态文明建设迈上新台阶 [N]. 人民日报，2018-05-20（1）.

③ 中共中央文献研究室 . 习近平关于全面深化改革论述摘编 [M]. 北京：中央文献出版社，2014：104.

文明建设的蓝图，提出要加强生态文明制度建设。党的十八大报告指出，"保护生态环境必须依靠制度"。2013 年 11 月，党的十八届三中全会通过《中共中央关于全面深化改革若干重大问题的决定》（以下简称《决定》），提出进行生态文明体制改革，系统阐述了改革的方向和基本内容。《决定》指出："建设生态文明，必须建立系统完整的生态文明制度体系，实行最严格的源头保护制度、损害赔偿制度、责任追究制度，完善环境治理和生态修复制度，用制度保护生态环境。"① 党的十八届四中全会通过了《中共中央关于全面推进依法治国若干重大问题的决定》（以下简称《决定》），《决定》对生态文明建设从法治上提出了更高要求，规定"用严格的法律制度保护生态环境"，促进生态文明建设。要把生态文明建设纳入法治建设的轨道，有效保障生态文明建设的成效。《决定》的出台表明中国共产党已经充分认识到法律制度对于生态文明建设的重要保证作用，是中国共产党生态文明建设的又一重大进步。

2015 年 5 月印发的《中共中央、国务院关于加快推进生态文明建设的意见》，首次强调加快推进生态文明建设要以健全生态文明制度体系为重点。同年中共中央、国务院印发《生态文明体制改革总体方案》，方案明确了我国生态文明体制改革的目标，即要建立由自然资源资产产权制度、国土空间开发保护制度、空间规划体系、资源总量管理和全面节约制度、资源有偿使用和生态补偿制度、环境治理体系、环境治理和生态保护市场体系、生态文明绩效评价考核和责任追究制度等八项制度构成的产权清晰、多元参与、激励约束并重、系统完整的生态文明制度体系。

---

① 中共中央文献研究室. 十八大以来重要文献选编（上）[M]. 北京：中央文献出版社，2014：541.

2017 年 10 月，习近平总书记在党的十九大报告中不仅首次把"美丽中国"纳入社会主义现代化强国目标，而且提出要加快生态文明体制改革，建设美丽中国，并从推进绿色发展、着力解决突出环境问题、加大生态系统保护力度、改革生态环境监管体制四个方面提出了具体的改革方向，为社会主义生态文明建设指明了前进方向。

③ 形成习近平生态文明思想

党的十八大以来，我国进入一个新的发展时期，经济步入新常态，长期经济高速增长带给资源环境的压力不断加大，环境问题的解决已经迫在眉睫，成为影响中国发展的关键性问题。党的十九大报告指出，中国特色社会主义已经进入新时代，新时代的社会主要矛盾已经发生了转变。人民群众日益增长的物质文化需要同落后的社会生产之间的矛盾已经被取代，人民日益增长的美好生活需要和不平衡不充分的发展之间的矛盾日益突出。人民群众对美好生活的向往更加强烈，期望更舒适的居住条件和更优美的环境。美好生活不仅是指生活水平的提高，更重要的是有天蓝、地绿、水清的良好生态环境。以习近平同志为核心的党中央回应人民对美好生活的向往，提出加快生态文明建设，着力于改善生态环境，特别是日益突出的大气污染等严重影响生活质量的环境问题。为此党提出了一系列生态文明新理念新思想新战略，推动生态文明建设加快发展。

目前，我国生态文明建设已经进入关键期、窗口期、攻坚期。为适应发展要求，2018 年 5 月召开了全国生态环境保护大会，这次大会是我国生态文明建设发展历程中具有里程碑意义的重要会议，会议的重要成果是正式确立了习近平生态文明思想。习近平生态文明思想在科学总结我国生态文明建设尤其是党的十八大以来生态文明建设成就和经验的基础上，深刻回答了为什么建设生态文明、建设什么样的生态文明、怎样建设生态文明等重大理论和实践问题，提出了新时代推进生态文明建设的原则、要求、路径等。习近平生态文明思想科学阐明了文明兴衰生态影响观、人与自然和谐共生观、绿水青山就是金山银山的环境生产力观，生态环境民生福祉观、山水林田湖草沙是生命共同体的生态系统观、最严格的制度最严密的法治的生态法治观、共谋全球生态文明建设的全球治理观，是社会主义生态文明理念的集中体现，也是新时代生态文明建设的行动指南。

习近平生态文明思想是中国特色社会主义生态文明理论的主要内容，是中国共产党对生态文明建设规律认识的最新成果，是对中国共产党领导人民进行生态文明建设实践的科学总结，是人类社会实现可持续发展的共同思想财富，是新时代我国生态文明思想建设的根本遵循和行动指南。在习近平生态文明思想的指引下，党领导人民全方位、全地域、全过程加强生态环境保护，着力打赢污染防治攻坚战，深入实施大气、水、土壤污染防治三大行动计划，打好蓝天、碧水、净土保卫战，开展农村人居环境整治，全面禁止进口"洋垃圾"。开展中央生态环境保护督察，坚决查处一批破坏生态环境的重大典型案件，解决一批人民群众反映强烈的突出环境问题。生态环境保护发生历史性、转折性、全局性变化。我国积极参与全球环境气候治理，作出力争 2030 年前实现碳达峰、2060 年前实现碳中和的庄严承诺，体现了负责任大国的担当。我国的生态文明建设必将迎来更加辉煌的明天。

第三章

————

习近平生态文明思想

党的十八大以来，为加快生态问题的解决进程，以习近平同志为核心的党中央对生态文明建设作出了全面战略部署，提出许多新观点、新思路和新战略，生态文明建设的步伐日益加快，生态文明建设成效显著，生态文明建设思想不断丰富完善。随着中国特色社会主义进入新时代，生态文明建设也进入一个新的阶段。人与自然和谐共生被历史性地提升到中国特色社会主义基本方略的高度，成为生态文明发展战略的新定位。

以习近平同志为核心的党中央在加快生态文明建设的进程中，谱写了新时代的崭新篇章，深刻回答了为什么建设生态文明、建设什么样的生态文明、怎样建设生态文明等重大理论和实践问题，形成了习近平生态文明思想。这一思想是习近平新时代中国特色社会主义思想的重要组成部分。习近平生态文明思想是对马克思主义生态观和中国特色社会主义生态文明理论的继承和发展，是马克思主义基本原理同中国生态文明建设实践相结合、同中华优秀传统生态文化相结合的重大成果。是在总结吸收国内外生态文明建设经验的基础上提出来的，给我国新时代生态文明建设提供了科学的方向指引和理论遵循。

只有坚持把习近平生态文明思想作为生态文明建设的根本指导思想，才能有效破解生态治理和环境保护工作中的各种难题，才能推动生态文明建设不断走向前进，实现中华民族的伟大复兴，实现中国特色社会主义现代化。习近平生态文明思想是一个系统完整的科学体系，要全面把握习近平生态文明思想的主要内容，理解习近平生态文明思想对生态文明建设的重要性，领会习近平生态文明观的核心观点，完善生态文明建设体系。

一、新时代中国特色社会主义生态文明建设的重大意义

习近平生态文明思想是中国特色社会主义生态文明理论的最新成果，是在对新时代生态文明建设的总体性谋划的基础上形成的，其内涵丰富、逻辑清晰，是中国共产党人带领中国人民奋斗前进的指导思想。习近平生态文明思想对生态文明建设的重大意义进行了全新概括，习近平总书记认为，生态文明建设是关系中华民族永续发展的根本大计，是关系党的使命宗旨的重大政治问题，是关系民生福祉的重大社会问题。这体现了中国特色社会主义发展的内在要求和中华民族伟大复兴的时代要求。所以，必须以习近平生态文明思想为指导，坚持人与自然和谐共生，努力建设美丽中国，加快推进生态文明建设走向深入，还中国人民以绿水青山，实现中华民族永续发展。

①. 中华民族永续发展的长远的根本大计

生态环境是人类生存和发展的根基。中华民族之所以能够绵延五千年而繁衍不息，是因为古代中国人民十分注重人与自然的和谐，讲求"天人合一"，有着丰富的生态环境保护的思想。当代中国的基本国情决定了我国必须把生态环境建设放到非常重要的地位。总体上看，我国环境容量有限，生态系统脆弱，污染重、

损失大、风险高的生态环境状况还没有根本扭转，地区间的生态
不平衡现象仍很严重，所以要高度重视和正确处理生态文明建设
问题。党的十八大以来，中国共产党把生态文明建设作为统筹推
进"五位一体"总体布局和协调推进"四个全面"战略布局的重
要内容。党的十九大提出"建设生态文明是中华民族永续发展的
千年大计"①的重大论断。在此基础上修改和完善了党在社会主
义初级阶段的基本路线，要求我们在坚持以经济建设为中心、坚
持改革开放和坚持四项基本原则的基础上，把我国建设成为一个
富强民主文明和谐美丽的社会主义现代化强国。"美丽中国"成
为新时代的关键词，成为社会主义现代化的内涵之一，生态文明
建设的重要性更加凸显。十三届全国人大一次会议也将上述目标
写入了我国宪法中，美丽中国成为凝聚中国人民实现民族复兴伟
业五大目标之一。

2018 年 5 月 18 日，习近平总书记在全国生态环境保护大会
上作了《推动我国生态文明建设迈上新台阶》的重要讲话，把生
态文明建设放到关系中华民族永续发展的根本大计的重要战略地
位来进行认识，体现了党对生态文明建设的高度重视，进一步提
升了生态文明建设在中华民族伟大复兴中的战略地位。习近平总
书记指出，生态兴则文明兴，生态衰则文明衰。从人类文明发展
兴衰的历史进程来看，必须保障生态文明建设的根本大计的战略
地位。

② 关系民生和党的使命宗旨的重大问题

生态文明建设关系到人民群众的切身利益，关乎民心向背、

---

① 习近平. 决胜全面建成小康社会　夺取新时代中国特色社会主义伟大胜利：
在中国共产党第十九次全国代表大会上的报告 [M]. 北京：人民出版社，
2017：23.

民生福祉与社会公平，决定着党的使命宗旨是否得到实现。习近平总书记指出："生态环境是关系党的使命宗旨的重大政治问题，也是关系民生的重大社会问题。"① 中国共产党是以全心全意为人民服务为宗旨的马克思主义先进政党。中国共产党必须始终代表最广大人民群众的根本利益，始终坚持这一宗旨不动摇，才能保证共产党长期执政的合法性。坚持这一宗旨就是要承认并满足人民群众的生态环境需要，保障人民群众的生态环境权益。因此，共产党人必须正视人民对美好生活环境的向往，千方百计地去满足人民群众的生态环境需要，从而保障人民群众的正当生态环境权益。

良好的生态环境是广大人民群众根本利益之所在，不仅是关系老百姓日常生活的民生问题，而且是影响全局的政治问题和社会问题。如果生态文明建设滞后，影响百姓生活的重大环境污染问题得不到解决，就会引发人民群众的极大不满，造成社会的不稳定，进而影响中国共产党执政地位。如果加强生态文明建设，解决百姓关切的重大环境污染问题，就会给人民群众创造更加优美的生活环境，消除影响社会稳定的环境因素，从而巩固执政的民心基础。所以要高度重视生态文明建设对政治建设、社会建设的重要影响。

生态文明建设作为中国共产党治国理政的重要课题，必须坚持不懈地解决好，给人民群众创造一个优美的生态环境，才能不引发各种社会问题，才能巩固好我国的政权。正如习近平总书记所言："从老百姓满意不满意、答应不答应出发，生态环境非常重要；从改善民生的着力点看，也是这点最重要。"② 所以要从改善民生和履行宗旨使命的角度理解生态文明建设的重要性。

---

① 习近平. 推动我国生态文明建设迈上新台阶 [J]. 求是，2019（3）：4-19.
② 中共中央文献研究室. 习近平关于社会主义生态文明建设论述摘编 [M]. 北京：中央文献出版社，2017：83.

③ **坚持和发展中国特色社会主义的内在要求**

　　保护好自然环境、建设生态文明是中国特色社会主义的内在要求。社会主义是近代以来中国人民的历史选择。从我国发展的历程可以看出，中国和中国人民之所以能够站起来、富起来、强起来，与选择走社会主义道路有着紧密的关系。改革开放以后，中国共产党在坚持社会主义初级阶段论断的基础上，提出要走中国特色社会主义道路。这条道路是科学社会主义理论逻辑、中国社会发展历史逻辑、中国现代化建设实践逻辑相结合的产物，是符合中国国情的崭新道路。在此基础上，我们形成了中国特色社会主义。中国特色社会主义是中国特色社会主义道路、理论、制度、文化的统一体，是中国共产党带领中国人民走向民族复兴之路的根本保障。随着认识的不断深化，中国特色社会主义的内涵也不断丰富发展。党的十九大报告提出，要在本世纪中叶"把我国建成富强民主文明和谐美丽的社会主义现代化强国"。美丽成为社会主义现代化强国的重要内涵，而促进人与自然和谐共生也成为建设美丽中国的必由之路，成为社会各界共同奋斗的目标。中国特色社会主义不仅要求建设高度的物质文明，而且要求建设高度的生态文明；不仅要求实现人与社会的和谐，也要求实现人与自然的和谐。为此，党的十八大把生态文明建设纳入到中国特色社会主义事业"五位一体"总体布局。我们必须坚持以习近平生态文明思想为指引，加快推进生态文明建设，从而更好地发展中国特色社会主义。

④ **实现中华民族伟大复兴中国梦的现实要求**

　　党的十八大之后，习近平总书记站在新的历史起点上，提出了实现中华民族伟大复兴的中国梦，为中国特色社会主义谋划了宏伟蓝图。"中国梦"的基本内涵为实现国家富强、民族振兴和人民幸福。其中人民幸福是出发点和落脚点。党的十九大报告明确指出："坚持和发展中国特色社会主义，总任务是实现社会主义现代化和中华民族伟大复兴。"[①]要实现中国梦，良好的生态环境是必不可少的根本条件，或者说生态文明梦是中国梦的重要内容。在生态文明贵阳国际论坛 2013 年年会开幕式上，习近平致信祝贺说："走向生态文明新时代，建设美丽中国，是实现中华民族伟大复兴的中国梦的重要内容。"[②]中国梦的内涵得到进一步创新和发展，同时也把对生态文明建设重要意义的认识提升到了新的高度。

把生态文明梦纳入中国梦的内涵范畴是回应人民对美好生态环境的期盼，表达了全中国人民对生态良好、环境优美的生活家园的热切向往，为社会主义现代化建设指明了方向。美丽中国梦就是绿色中国梦，是生态文明梦。生态文明梦，是人类追求的一种人与自然和谐共生、永续发展的社会理想状态，在中国特色社会主义进入新时代的今天，我们需要不断加强生态文明建设，唯有如此，才能实现中华民族伟大复兴的中国梦。

党的二十大上提出中国式现代化是人与自然和谐共生的现代化。从现在起，中国共产党的中心任务是团结带领全国各族人民全面建成社会主义现代化强国、实现第二个百年奋斗目标，以中国式现代化全面推进中华民族伟大复兴。实现中国式现代化，必然要求走生产发展、生活富裕、生态良好的文明发展道路，实现中华民族的全面发展。

---

① 习近平.决胜全面建成小康社会 夺取新时代中国特色社会主义伟大胜利：在中国共产党第十九次全国代表大会上的报告 [M].北京：人民出版社，2017：19.
② 周生贤.走向生态文明新时代：学习习近平同志关于生态文明建设的重要论述 [J].求是，2013（17）：17-19.

二、新时代中国特色社会主义生态文明建设的基本理念

习近平生态文明思想是新时代中国特色社会主义生态文明建设的最新理论成果，开拓了中国共产党对生态文明建设认识的新视野、新境界，是继续推动生态文明建设的指导思想。这一思想是以习近平同志为核心的党中央集体智慧的结晶，其中习近平总书记作出了重大贡献。习近平生态文明思想内涵丰富、视野宏阔，提出了许多新观点、新论断，形成了许多新理念、新思路，是一个内容完整、逻辑严密的思想体系。

习近平总书记指出："我们要牢固树立社会主义生态文明观，推动形成人与自然和谐发展现代化建设新格局。"① 习近平生态文明思想是中国特色社会主义生态文明理论在新时代的重大发展，涵盖了中国特色社会主义生态文明理论的各个方面。习近平在探索生态文明建设的过程中，形成了丰富全面的中国特色社会主义生态文明理念，构成了习近平生态文明思想的主体。中国特色社会主义生态文明理念有以下几个方面：一是文明兴衰生态影响观；二是人与自然和谐共生观；三是绿水青山就是金山银山的环境生产力观；四是生态环境民生福祉观；五是山水林田湖草沙是生命共同体的生态系统观；六是用最严格制度最严密法治保护生态环境的生态法治观；七是共谋全球生态文明建设的全球治理观。

---

① 习近平.决胜全面建成小康社会　夺取新时代中国特色社会主义伟大胜利：在中国共产党第十九次全国代表大会上的报告 [M].北京：人民出版社，2017：52.

①. 文明兴衰生态影响观

生态环境变化直接影响人类文明的兴衰演变。良好的生态环境是人类生存发展的物质基础，是实现国家富强、民族振兴、个人幸福的基本前提。没有适合人类生存发展的自然环境和生产生活条件，就不会有人类及人类文明。习近平总书记提出"生态兴则文明兴，生态衰则文明衰"，是对生态和文明之间关系的深刻阐释。

习近平总书记从人类文明发展的高度出发，来认识解决生态问题、建设生态文明的重大意义。恩格斯曾提到："美索不达米亚、希腊、小亚细亚以及其他各地的居民，为了得到耕地，毁灭了森林，但是他们做梦也想不到，这些地方今天竟因此而成为不毛之地。"①一个文明的诞生需要好的自然环境的孕育，古代文明大多诞生于环境优越的地方。文明的消亡会有多种因素，但是环境的恶化是重要的影响因素。如果生态环境恶化，对一个文明是致命的打击。纵观人类文明史，这样的例子举不胜举。丝绸之路的湮没跟塔克拉玛干沙漠的蔓延有直接关系；敦煌古城的废弃是河西走廊沙漠扩展的结果；楼兰古城因屯垦开荒、盲目灌溉，导致孔雀河改道而衰落。最近几十年也出现不少这样的例子，三十多年前的三江源地区有的县水草丰美，生态良好，但由于人口超载、过度放牧、开山挖矿等原因，导致这些地方湖泊锐减、草场退化、沙化加剧、鼠害泛滥，最终牛羊无草可吃，生态环境急剧恶化，经济社会发展也受到严重影响。我们要深刻汲取经验教训，不要再盲目地开发利用自然环境。恩格斯曾深刻地指出："我们不要过分陶醉于我们人类对自然界的胜利。对于每一次这样的胜利，自然界都对我们进行报复。每一次胜利，起初确实取得了我们预期的结果，

---

① 中共中央马克思恩格斯列宁斯大林著作编译局. 马克思恩格斯选集：第三卷[M]. 北京：人民出版社，2012：998.

但是往后和再往后却发生完全不同的、出乎预料的影响，常常把最初的结果又消除了。"① 面对我国土地沙化、水环境危机等严峻的生态环境问题，习近平深刻警示道："河川之危、水源之危是生存环境之危、民族存续之危"②。

所以，良好的生态环境是文明兴盛的基本保障，恶化的生态环境是文明衰败的基本原因。人类文明的起源和可持续发展，同良好的生态环境是分不开的。习近平总书记深刻阐释了生态环境和文明兴衰之间的关系："历史地看，生态兴则文明兴，生态衰则文明衰。古今中外，这方面的事例众多。"③ 一定要认真吸取，不能再在我们手上重犯，并指出："建设生态文明，关系人民福祉，关乎民族未来。"④ 文明兴衰生态影响观从文明发展的历史视野出发，揭示了人类文明发展的客观规律，深刻阐释了加强生态文明建设的极端重要性，为社会主义生态文明建设和中华文明全面复兴提供了理论指南。所以说，生态文明兴衰观是习近平生态文明思想的总体原则，是对生态和人类文明关系的精辟诠释，揭示了生态和文明的共生关系，是我们处理人与自然关系的基本准则，科学清晰地呈现了生态文明的历史方位。

② 人与自然和谐共生观

人与自然的关系是人类社会面临的首要问题。认识清楚这一

① 中共中央马克思恩格斯列宁斯大林著作编译局. 马克思恩格斯选集：第三卷[M]. 北京：人民出版社，2012：998.
② 中共中央文献研究室. 习近平关于社会主义生态文明建设论述摘编[M]. 北京：中央文献出版社，2017：53.
③ 中共中央宣传部. 习近平总书记系列重要讲话读本[M]. 北京：学习出版社，人民出版社，2016：231.
④ 中共中央文献研究室. 习近平关于社会主义生态文明建设论述摘编[M]. 北京：中央文献出版社，2017：5.

问题，我们的生态文明建设才能经受得住历史的检验。人类要生存和发展，必须依赖自然界，依靠大自然提供生存和发展的物质财富。在回答人与自然这个问题的过程中，形成了人类中心主义和生态中心主义等不同的理论观点。辩证唯物主义自然观为正确认识两者的关系提供了哲学基础。马克思主义认为，人与人之间的关系和人与自然之间的关系是辩证统一的，二者相互依存、相互转化，"人对自然的关系直接就是人对人的关系，正像人对人的关系直接就是人对自然的关系"①。据此，习近平总书记提出了人与自然和谐共生的观点，认为人与自然是一个辩证统一的整体，不是人类征服和利用生态环境，而是与生态环境共同发展。人类不仅要接受自然的馈赠，而且要反哺自然。这就要求我们对于自然不能只讲利用，不讲保护。生态文明建设的根本目的在于实现人与自然和谐共生。

党的十九大报告创造性提出了人与自然是生命共同体的理念，丰富了人与自然和谐共生的理念。在党的十九大报告中，习近平总书记明确指出："人与自然是生命共同体，人类必须尊重自然、顺应自然、保护自然。"②人与自然是生命共同体的理念体现了人与自然之间休戚与共、互利共荣、和谐共生的整体价值观。自然是一切生命的基础和来源，人是自然界的产物，人类的产生和发展离不开自然界的孕育和滋养，人类在与自然的物质交换中生产和生活，人类对自然界的改造必须符合客观规律。所以，人与自然构成了休戚与共的生命共同体，人类自身无法独善

① 中共中央马克思恩格斯列宁斯大林著作编译局.马克思恩格斯文集：第一卷[M].北京：人民出版社，2009：184.
② 习近平.决胜全面建成小康社会　夺取新时代中国特色社会主义伟大胜利：在中国共产党第十九次全国代表大会上的报告[M].北京：人民出版社，2017：50.

其身，人对自然的伤害最终也会伤及人类自身，人类只有遵循自然规律才能有效利用大自然，才能实现人与自然的和谐共生。人与自然生命共同体是人与自然和谐共生的理论诠释。

一个强大的社会主义国家，不仅是一个经济发达的国家，也是一个生态优美的国家。人类要尊重自然、顺应自然、保护自然，不能把人类凌驾于自然之上。为此，党的十九大将"坚持人与自然和谐共生"确立为新时代坚持和发展中国特色社会主义的一个基本方略。明确指出"我们要建设的现代化是人与自然和谐共生的现代化"。将人与自然和谐共生提升到新时代中国特色社会主义基本方略的地位，以此作为长期坚持的行动指南，能够促使我国的生态文明建设得到更快发展。因此，一定要重视自然的生命价值和生态价值。"要把生态环境保护放在更加突出位置，像保护眼睛一样保护生态环境，像对待生命一样对待生态环境。"①只有实现人与自然和谐共生的目标，中华民族才能得到永续发展，中华文明才能绵延不绝，中国特色社会主义才能更加有吸引力。

③ 绿水青山就是金山银山的环境生产力观

习近平总书记指出："我们既要绿水青山，也要金山银山。宁要绿水青山，不要金山银山，而且绿水青山就是金山银山。"②这是对生产力和生态环境关系的生动阐释，对于我们建设生态文明具有重要的指导意义。"绿水青山就是金山银山"的理念不仅被写入党的十九大报告，而且被写入党的十九大通过的《中国共产党章程》总纲中。

---

① 习近平. 习近平谈治国理政：第二卷 [M]. 北京：外文出版社，2017：207.
② 中共中央文献研究室. 习近平关于社会主义生态文明建设论述摘编 [M]. 北京：中央文献出版社，2017：21.

　　马克思主义认为，生产力是人类利用和改造自然的能力，是人类生存和发展的根本前提，也是推动社会发展的根本动力。在马克思主义的科学理论体系中，生产力理论占据着基础的地位。生产力系统包括劳动者、劳动对象、劳动资料等多种要素，这些要素都来源于自然界。马克思在《资本论》中指出："劳动生产力是由多种情况决定的，其中包括：工人的平均熟练程度，科学的发展水平和它在工艺上应用的程度，生产过程的社会结合，生产资料的规模和效能，以及自然条件。"① 因此生产力的发展水平受到自然环境深刻的影响。人们发展生产力的实践活动，就是人们与自然界之间物质和能量的转换过程。在这个过程中，人与外部自然环境是相互作用的，人不仅能够利用和改造自然界，自然界也在影响和改造着人。

　　在工业文明时代，传统观念以"主客二分"对立思维的方式来看待人与自然的关系。认为人类应该改造和征服自然，生产力就是人们控制和改造自然的客观物质力量。这种错误的思维方式造成了严重的后果。为了追求生产力的发展，人类不断破坏自然生态环境，而生态环境的破坏反过来成为制约生产力发展的瓶颈，人类发展进入了"死胡同"，"人们深刻地认识到，不能机械地把人与自然关系割裂开来，将自然界作为人的认识和改造对象，进而把自然界作为发展经济的'取料场'和'垃圾场'；更不能以'万物之灵'的主宰者的身份把自然置于人的对立面，设想去战胜自然或征服自然"②。必须打破传统的"主客二分"法，把人与自然统一起来，把生产力的发展和生态环境的保护统一起来，

---

① 中共中央马克思恩格斯列宁斯大林著作编译局 . 马克思恩格斯选集：第二卷 [M]. 北京：人民出版社，2012：100.

② 方文，杨勇兵 . 习近平绿色发展思想探析 [J]. 社会主义研究，2018（4）：18.

否则人类会付出越来越高的代价。

要把生态环境和生产力的关系统一起来，克服传统把生产力和生态环境对立的思想，明确生态环境在生产力系统中的重要地位和作用。生产力作为人类与自然生态环境之间相互作用的中介，和生态环境是一种双向互动的辩证统一关系。中国共产党在探索生态文明建设的早期就开始对生态环境和生产力的关系进行思考。江泽民从可持续发展的战略高度明确指出"保护环境的实质就是保护生产力"①，改善生态环境是实现经济可持续发展必须首先研究解决的一个重大课题。江泽民指出，破坏资源环境就是破坏生产力，保护资源环境就是保护生产力，改善资源环境就是发展生产力，对资源环境和生产力的关系进行了深入系统的阐释。胡锦涛在深化认识的基础上进一步提出"良好生态环境是社会生产力持续发展和人们生存质量不断提高的重要基础"②，因此要"促进生态保护和经济建设协调发展"③。基于这样的认识，中国共产党人在以经济建设为中心的同时，不遗余力地投入到环境保护工作当中。

习近平生态文明思想继承了马克思主义生产力理论的基本观点，并结合我国生态环境建设的实践经验和各个时期党的领导人对这一问题的认识，给原有的生产力理论增加了新的内涵。

2005 年，时任浙江省委书记的习近平同志在安吉余村考察时首次提出"两山论"的科学理念；2013 年，在哈萨克斯坦纳扎尔巴耶夫大学演讲时，习近平主席系统阐述了三阶段关系："我们既要绿水青山，也要金山银山。宁要绿水青山，不要金山银山，

---

① 江泽民 . 江泽民文选：第一卷 [M]. 北京：人民出版社，2006：534.

② 胡锦涛 . 胡锦涛文选：第二卷 [M]. 北京：人民出版社，2016：171.

③ 胡锦涛 . 胡锦涛文选：第二卷 [M]. 北京：人民出版社，2016：317.

而且绿水青山就是金山银山。"①"两山论"深刻揭示了生产力和生态环境之间的辩证关系，认为外部自然环境系统蕴藏着发展生产力所必需的各种自然资源，是发展生产力的基础和前提。一方面，保护好生态环境就是保护生产力，就是为生产力发展提供更加良好的自然条件，为经济可持续发展提供强大动力；破坏生态环境就是破坏生产力，经济和社会的发展就会受到阻碍。另一方面，生产力的发展有利于生态环境的保护和改善，为环境保护提供更加全面的资金、技术支持。一定要深刻认识这一辩证关系，不要把经济发展和生态环境保护对立起来。生产的目的是改善人民的生活水平，增进人民福祉，以破坏生态环境为导向的经济发展违背了这一目的。基于这样的认识，习近平总书记多次指出："要牢固树立保护生态环境就是保护生产力、改善生态环境就是发展生产力的理念"②。

习近平总书记的"两山论"的实质是如何看待经济发展和环境保护的关系。人类社会在走向现代化的过程中，特别是开启工业文明之后，如何处理好经济发展和环境保护的关系就是必须正面解决的首要问题。西方国家曾走过先污染后治理的路子，用牺牲环境的代价换取经济的发展，给人类带来了严重的恶果。"两山论"打破了经济发展和环境保护相互割裂的错误认识，体现了中国共产党对经济社会发展规律认识的深化，丰富了中国特色社会主义生态文明理论。

习近平总书记的"两山论"告诉我们，"既要绿水青山，也要金山银山"是指在发展过程中要注重自然环境的可持续性，在

① 中共中央文献研究室. 习近平关于全面建成小康社会论述摘编 [M]. 北京：中央文献出版社，2016：171.

② 周生贤. 走向生态文明新时代：学习习近平同志关于生态文明建设的重要论述 [J]. 求是，2013（17）：17-19.

实现经济发展的同时为人类的生存发展创造良好的自然环境，这是绿色发展的内在要求。"宁要绿水青山，不要金山银山"是指不能为了经济发展而破坏环境，放弃以前为了发展经济而竭泽而渔的做法。其中关键是"绿水青山就是金山银山"，高度概括了生态环境和发展经济之间的关系，直指两者之间的统一关系：发展优良的生态环境，就是发展生产力，就能够促进经济的发展，驳斥了以往把两者对立起来的看法。

在我国的发展过程中，对金山银山和绿水青山的关系的认识经历了一个过程。第一阶段是用绿水青山换取金山银山，这一阶段人们肆意破坏大自然，没有认识到环境保护的重要性，为了获取经济利益经常竭泽而渔，一味索取大自然。第二阶段是用金山银山换取绿水青山，人们开始认识到环境保护的重要性，环境保护和经济发展之间开始出现冲突，为了我们的生态环境的发展，为了中华民族的永续发展，我们在一定程度上要牺牲金山银山，牺牲一定的经济利益。第三阶段是认识到绿水青山就是金山银山。我们发现，虽然牺牲了短时的利益去保护生态环境，但是却可以给我们带来更多的经济利益。这是因为环境保护好了，为经济发展提供了更好的生产要素和发展环境，生态优势转化为经济优势。所以，这不仅是生态环境保护理念的提升，也是经济增长方式的转变，是人与自然和谐共生的深刻反映。

习近平总书记充分认识到改善生态环境对于经济发展的重要意义。做好对生态环境的保护，一定会给我们带来巨大的回报。"如果其他各方面条件都具备，谁不愿意到绿水青山的地方来投资、来发展、来工作、来生活、来旅游？从这一意义上说，绿水青山既是自然财富，又是社会财富、经济财富。"① "保护生态环境

---

① 中共中央文献研究室.习近平关于社会主义生态文明建设论述摘编[M].北京：中央文献出版社，2017：23.

就是保护自然价值和增值自然资本"①，好的生态环境可以给我们提供自然资源，也可以给我们提供经济效益和社会效益。要使自然生态优势持续发挥生态效益、经济效益和社会效益。我国近些年生态旅游业发展迅猛，正是"绿水青山就是金山银山"的最好证明。2018 年 4 月，习近平总书记考察海南时强调："青山绿水、碧海蓝天是海南最强的优势和最大的本钱，是一笔既买不来也借不到的宝贵财富，破坏了就很难恢复。"②海南有丰富的自然生态旅游资源，已经给海南省的经济发展带来了巨大的回报。

"绿水青山就是金山银山"的理念是新时代生态文明建设必须坚持的科学理念，为我们正确处理经济发展同环境保护的关系提供了方法论指导。当前正处于生态环境建设的关键时期，一定要认识到经济发展和环境保护之间的辩证统一关系，寻找超越传统发展模式的新的绿色发展模式，走出一条经济发展和生态文明水平提高相得益彰的新路，"做到既要金山银山、更要绿水青山，保护好中华民族永续发展的本钱"③。

④ 生态环境民生福祉观

生态文明建设应该以增进民生福祉为价值旨归，不断改善人民的生存环境，充分保障人民群众的生存权和发展权。2013 年 4 月在海南考察工作结束时，习近平总书记强调："良好生态环境是最公平的公共产品，是最普惠的民生福祉"④。2016 年 1 月，

---

① 习近平. 推动我国生态文明建设迈上新台阶 [J]. 求是，2019（3）：4-19.

② 以更高站位更宽视野推进改革开放　真抓实干加快建设美好新海南 [N]. 人民日报，2018-04-14（1）.

③ 中共中央文献研究室. 习近平关于社会主义生态文明建设论述摘编 [M]. 北京：中央文献出版社，2017：24.

④ 中共中央文献研究室. 习近平关于社会主义生态文明建设论述摘编 [M]. 北京：中央文献出版社，2017：4.

习近平总书记进一步指出："环境就是民生，青山就是美丽，蓝天也是幸福，绿水青山就是金山银山。"①习近平总书记强调生态环境和民生的辩证统一关系，认为生态环境具有公共物品的属性，在改善民生，满足人民群众根本利益诉求中具有基础性作用，反映出保护生态环境的巨大的民意基础。习近平总书记的科学论断进一步揭示了生态文明建设在中国特色社会主义建设中的重要性。

生态文明建设具有明确的价值取向，要坚持人民性的价值取向，扎实做好生态工作。人民性的价值取向要求我们必须改善民生，保障人民群众日益增长的各方面的需要。这是由以人民为中心的发展理念决定的，也是中国共产党的宗旨所决定的。环境就是民生，环境问题就是民生问题；建设生态文明就是改善民生，就是不断满足人民对优美生态环境的需要。生态环境优美可以促进民生建设，回应老百姓对于美好生活向往的需求。要从老百姓满意不满意、答应不答应出发来认识生态环境所带来的民生问题，尽快解决事关百姓生活的环境问题。

进入新时代，人民美好生活需要的内涵日益丰富，不仅对物质文化生活提出了更高要求，而且在公平正义、生态环境等方面提出了更高的要求。尤其是对美好生活环境的要求更加强烈，这给我们的生态文明建设提出了更高的要求。党的十九大报告提出："我们要建设的现代化是人与自然和谐共生的现代化，既要创造更多物质财富和精神财富以满足人民日益增长的美好生活需要，也要提供更多优质生态产品以满足人民日益增长的优美生态环境

---

① 习近平 . 在省部级主要领导干部学习贯彻党的十八届五中全会精神专题研讨班上的讲话 [M]. 北京：人民出版社，2016：19.

需要。"①报告进一步指出，我国社会主要矛盾已经转变为人民日益增长的美好生活需要和不平衡不充分的发展之间的矛盾。美好生活的需要是全面的需要，不仅包括物质生活的需要，也包括民主法治需要、精神文化需要和优美生活环境的需要。随着人们物质文化生活的不断改善，对优质生态环境的追求与渴望逐渐强烈。生态环境质量已经成为影响人们生活幸福的重要指标。青山就是美丽，蓝天也是幸福。然而，我国现在的生态环境现状并不乐观，与人民对优质生态环境的需求还存在一定差距。大气污染、水土污染直接影响了人民群众的日常生活，老百姓对蓝天、绿地、净水、新鲜空气等优质生态产品的渴求前所未有，表明优质生态环境需要在人民群众的总需求中的重要性不断提升。对此，习近平总书记积极回应了人民对优质生态环境的期盼，从民生视角阐释了建设生态文明的现实意义，彰显出中国共产党人以人民利益为中心的高度使命感和责任感。

良好的生态环境是最普惠的民生福祉，这是对民生内涵的丰富和发展。生态环境事关人民群众的生存权和发展权，是必须守住的人类生存发展的底线。生态环境的破坏和由此导致的人们生活质量的下降，直接影响人们的环境权益和生存权益，人民群众的生命财产安全都将随之受到威胁。生态环境的好坏也会影响到整个社会的幸福指数，良好的生态环境其受益目标群体具有广泛性和受益等级的无差别性，能够使社会上的每一个人从中获益，缩小人们之间的福利水平差距。加强生态文明建设，提高整个社会的生态文明指数，将使整个社会的民生水平得到极大提高。优

---

① 习近平. 决胜全面建成小康社会　夺取新时代中国特色社会主义伟大胜利：在中国共产党第十九次全国代表大会上的报告 [M]. 北京：人民出版社，2017：50.

质的生态环境不仅能够体现一个国家和地区的绿色发展水平，也能够体现一个国家和地区的整体民生福利水平。生态环境具有"最公平"和"最普惠"性。

良好的生态环境是最公平的公共产品。尽管"生态"和"公共产品"分属于不同的领域，但把生态环境作为公共产品来看待，向民众提供优质的生态公共产品，是新时代建设生态文明的新思路和新措施，对于新时代建设生态文明、建设美丽中国有重要意义。①西方公共产品理论认为，公共产品是指每个人对这种产品的消费，都不导致其他人对该产品消费减少的产品。或者说，在增加一个人对它的分享时，并不导致成本的增长。马克思主义公共产品理论出发点是社会共同利益和共同需要，一个产品只有具备满足社会共同利益和共同需要的条件下才能成为公共产品。良好的生态环境是人类赖以生存和发展的物质基础，关系到每个人的切身利益，是社会每个成员的共同需要，具有明确的公共产品属性。对于公共产品供给，政府应该负起必要的责任。我国长期以来对生态环境的公共产品的属性并没有深刻的认识，甚至在一定时期认为生态环境的好坏并不重要，也不是政府应该承担的责任，造成严重的生态环境问题，制约了经济社会发展，威胁了人民群众的身心健康。在这样的背景下，习近平总书记将生态环境引入公共产品理论领域，认为良好的生态环境是最公平的公共产品，这不仅丰富了公共产品理论的内涵，也进一步加快了我国生态文明建设的进程。中国共产党和政府应该将生态纳入政府公共服务体系，不断提高生态公共服务能力，提供良好的生态环境公共产品，让人民群众享有更多更公平的生态公共产品，满足人民

---

① 穆艳杰，魏恒. 习近平生态文明思想研究 [J]. 东北师大学报（哲学社会科学版），2019（1）：64.

群众对生态公共产品的需求，赢得人民群众更大的支持和拥护。

更进一步讲，如果不解决好生态环境恶化带来的民生问题，有可能进一步演化成社会问题和政治问题。"经过三十多年快速发展积累下来的环境问题进入了高强度频发阶段。这既是重大经济问题，也是重大社会和政治问题。"① 生态环境问题已经严重影响到社会的发展，已经从经济问题上升到社会问题和政治问题，必须加以解决，为人民群众的生活提供更好的环境。要高度重视生态环境带来的民生问题，决不能掉以轻心。我国已经出现过多起这样的案例，都是因为没有重视环境带来的民生问题，从而引发社会群体性事件，导致地方出现不安定的情况。把生态同民生联系起来，可以给我们党员干部提出深刻的警醒，从而杜绝民生问题演变成社会问题。

传统的以牺牲环境为代价推动经济发展的发展方式是产生一系列民生问题的根源，甚至造成一些地区的不稳定的局面。习近平总书记深刻地指出："人民群众不是对国内生产总值增长速度不满，而是对生态环境不好有更多不满。我们一定要取舍，到底要什么？从老百姓满意不满意、答应不答应出发，生态环境非常重要；从改善民生的着力点看，也是这点最重要。"② 因此，一定要转变观念，抛弃旧有的发展方式，转而以生态民生观为指引，全面加强生态文明建设。

习近平总书记强调："全党同志都要清醒认识保护生态环境、治理环境污染的紧迫性和艰巨性，清醒认识加强生态文明建设的重要性和必要性，真正下决心把环境污染治理好、把生态环境建

---

① 中共中央文献研究室. 习近平关于社会主义生态文明建设论述摘编 [M]. 北京：中央文献出版社，2017：4.

② 中共中央文献研究室. 习近平关于社会主义生态文明建设论述摘编 [M]. 北京：中央文献出版社，2017：83.

设好，为人民创造良好生产生活环境。"① 党和政府应该重视对生态文明建设的组织领导，加大环境治理力度，大力扭转人民群众反映强烈的环境问题。要坚决打赢蓝天保卫战，还老百姓蓝天白云、繁星闪烁；深入实施水污染防治行动计划，还给老百姓清水绿岸、鱼翔浅底的景象；全面落实土壤污染防治行动计划，让老百姓吃得放心、住得安心；持续开展农村人居环境整治行动，为老百姓留住鸟语花香田园风光。② 这对于我们认识生态文明建设的重要性提供了一个新的视角，也为中国特色社会主义民生建设指明了新的方向。

⑤. 山水林田湖草沙是生命共同体的生态系统观

唯物辩证法认为，事物是普遍联系的。具体到生态领域来说，自然生态系统是一个有机统一体，其中的每个要素都相互联系、不可分割。习近平总书记对此有过精彩的论述："山水林田湖是一个生命共同体，形象地讲，人的命脉在田，田的命脉在水，水的命脉在山，山的命脉在土，土的命脉在树。"③ 习近平总书记认为山水林田湖是一个相互依存而循环往复的有机系统，它们都是自然生态系统中不可或缺的重要组成部分，是相互依存的大系统，这个系统离开了谁都将会使整个系统断裂。更进一步讲，包括山水林田湖草沙在内的世界万物是一个统一完整的系统，共同组成了一个生命共同体，每一个自然要素都是整个系统循环过程中的有机链条。这个生命共同体是人类生存发展的物质基础。从

---

① 中共中央文献研究室. 习近平关于社会主义生态文明建设论述摘编 [M]. 北京：中央文献出版社，2017：7.
② 习近平. 推动我国生态文明建设迈上新台阶 [J]. 求是，2019（3）：15-16.
③ 中共中央文献研究室. 习近平关于社会主义生态文明建设论述摘编 [M]. 北京：中央文献出版社，2017：55.

人与自然界的关系来讲，人类社会和自然环境是相互依赖、相互作用的共同体。这是对人与自然关系认识的深化，告诉我们在处理人与自然关系的时候，要把自然界和人看成是一个有机整体，努力做到与大自然和谐相处、共同发展。只有这样才能正确地处理好人与自然的关系，实现永续发展。

通过将系统思维纳入到生态领域后，习近平总书记提出，必须学会系统地而不是零散地看待自然，妥善处理人与自然的关系，尤其是"要从系统工程和全局角度寻求新的治理之道"，要"全方位、全地域、全过程开展生态文明建设"。[①] 在生态文明建设中，生态环境治理之所以没有取得预期的成效，部门分割、画地为牢、各自为政的治理方式是重要原因。"如果种树的只管种树、治水的只管治水、护田的单纯护田，很容易顾此失彼，最终造成生态的系统性破坏。由一个部门负责领土范围内所有国土空间用途管制职责，对山水林田湖进行统一保护、统一修复是十分必要的。"[②]

所以，应该从生态系统方法论的角度来推进社会主义生态文明建设，将生态文明建设作为一项系统工程加以推进，从系统论视角认识和解决生态环境问题。要正确认识生态系统内部各要素之间的关系，在此基础上加强顶层设计，统筹协调好生态文明建设各要素之间的关系。习近平总书记多次强调："在生态环境保护上，一定要树立大局观、长远观、整体观，不能因小失大、顾此失彼、寅吃卯粮、急功近利。"[③] 应该统筹山水林田湖草沙的治理，不能治水的只管治水，护田的单纯护田。只有对山水林田湖进行统一保护和修复，运用系统思维整体推进、综合利用，才会达到

---

① 习近平. 推动我国生态文明建设迈上新台阶 [J]. 求是，2019（3）：4-19.

② 中共中央文献研究室. 习近平关于社会主义生态文明建设论述摘编 [M]. 北京：中央文献出版社，2017：47.

③ 习近平. 习近平谈治国理政：第二卷 [M]. 北京：外文出版社，2017：209.

预期效果。对于环境治理来讲，应该将生态环境治理当作一个系统工程来抓，不能采取头痛医头、脚痛医脚的局部治理。环境治理涉及经济、政治、文化、社会、科技等各个方面，需要社会各部门、各个组织职能通力合作。必须严格按照系统思维开展全方位、多层次、多角度、各领域的生态文明建设工作，相互配合、辩证施治、协同推进。

生态文明建设应该实行整体保护、系统修复、综合治理的原则。对人民群众关心的环境问题，一定要运用系统论的方法来进行全面解决。应该建立区域联动、部门协同、全员参与机制。不能条块分割、各自为政、相互推诿，而要促进本地治理与区域治理相协调，实现常态治理和应急减排优势互补，做到标本兼治和专项治理并重。基于这样的考虑，我国正在加快建立区域协调、上下游联动的生态环境保护机制，从而解决责任模糊、成本集中、合作不畅等流域性治理难题。例如，长三角、珠三角等区域建立了区域大气污染协作机制。应该加强生态文明建设中的顶层设计与统筹规划。2015 年我国相继出台《关于加快推进生态文明建设的意见》《生态文明体制改革总体方案》，通过顶层设计将生态文明建设进行了系统、全面、整体的部署，推动生态文明建设从上至下逐级推进、层层落实。党的十九大提出要加强对生态文明建设的组织领导，设立国有自然资源管理和生态环境监管机构，改变生态环境保护政出多门、管理无序的状态。

6. 共谋全球生态文明建设的生态环境全球治理观

地球是人类共同的家园，生活在地球上的人类息息相关，命运与共。当前全球面临的生态环境问题已经威胁到整个人类的生存和发展。在严峻的形势面前，人类的命运被紧紧联系在一起，人类唯有摒弃隔阂，对话结伴，努力构建人类生态命运共同体，才能破解全球生态危机，保护好人类赖以生存的地球家园。西方发达国家面对日益严重的生态危机，解决办法是通过产业的全球转移，将高耗能高污染的低端制造环节转移到环保约束较低的发展中国家或地区，实际上是一种环境污染的转嫁，给发展中国家的生态环境带来了沉重的压力，也无助于解决全球面临的共同的环境问题。

党的十八大提出要积极倡导人类命运共同体意识以后，人类命运共同体理念逐步发展。在党的十九大报告中，习近平总书记呼吁："各国人民同心协力，构建人类命运共同体，建设持久和平、普遍安全、共同繁荣、开放包容、清洁美丽的世界。"① 2017 年2 月 10 日，联合国社会发展委员会第 55 届会议协商一致通过的"非洲发展新伙伴关系的社会层面"决议，把"构建人类命运共同体"理念首次写入联合国决议中，成为推动世界文明进步的独特的中国智慧。为加快构建人类命运共同体，建设清洁美丽生态世界，习近平一再呼吁："建设生态文明关乎人类未来。国际社会应该携手同行，共谋全球生态文明建设之路，牢固树立尊重自然、顺应自然、保护自然的意识，坚持走绿色、低碳、循环、可持续发展之路。"② 没有哪个国家能够独自应对人类面临的各种挑战，也没有哪个国家能够退回到自我封闭的孤岛。中国共产党所倡导的人类命运共同体理念为解决全球面临的生态环境问题提供了行之有效的解决方案。习近平总书记多次强调："我们生活在同一个地球村，应该牢固树立命运共同体意识。"③

---

① 习近平 . 决胜全面建成小康社会 夺取新时代中国特色社会主义伟大胜利——在中国共产党第十九次全国代表大会上的报告 [M]. 北京：人民出版社，2017：58-59.

② 中共中央文献研究室 . 习近平关于社会主义生态文明建设论述摘编 [M]. 北京：中央文献出版社，2017：1.

③ 习近平 . 习近平谈治国理政 [M]. 北京：人民出版社，2014：330.

习近平总书记在提出"人类命运共同体"理念的基础上，提出了生态环境全球治理观。习近平总书记认为，应该站在世界历史发展的高度看待世界各国人民面临的包括生态环境保护在内的一切重大问题，努力构建人类命运共同体，积极参与全球生态治理，共同应对人类面临的生态环境危机，努力建设一个"清洁美丽的世界"，实现人类的共同发展、永续发展。为此应该从人类全面发展的角度出发，倡导建立人类命运共同体，践行生态环境全球治理观。

在以习近平生态环境全球治理观的指导下，中国努力将生态环保的理念、承诺、计划、政策等转化为实践行动。习近平总书记指出："我们要坚持同舟共济、权责共担，携手应对气候变化、能源资源安全、网络安全、重大自然灾害等日益增多的全球性问题，共同呵护人类赖以生存的地球家园。"① 习近平总书记在致生态文明贵阳国际论坛 2018 年年会的贺信中表示："我们愿同国际社会一道，全面落实 2030 年可持续发展议程，共同建设一个清洁美丽的世界。"② 世界各国应该深度参与全球环境治理，形成世界环境保护和可持续发展的解决方案，共谋全球生态文明建设。

中国也为全球生态环境治理贡献着自己的力量。中国积极倡导和参与国际生态环境保护协定，推动国际生态环境事业发展。中国承诺继续履行《保护臭氧层维也纳公约》《生物多样性公约》《联合国气候变化框架公约》《联合国防治荒漠化公约》等，中国还先后批准了《关于汞的水俣公约》《蒙特利尔议定书》《基加利修正案》《名古屋议定书》等国际合作协定。中国积极推进联合国《2030 年可持续发展议程》《巴黎气候变化协定》

---

① 中共中央文献研究室. 习近平关于社会主义生态文明建设论述摘编 [M]. 北京：中央文献出版社，2017：128.

② 习近平. 习近平主席致生态文明贵阳国际论坛 2018 年年会的贺信 [J]. 当代贵州，2018（28）：5.

生效落实。为履行《巴黎气候变化协定》，减少二氧化碳的排放量，我国承诺"将于二〇三〇年左右使二氧化碳排放达到峰值并争取尽早实现，二〇三〇年单位国内生产总值二氧化碳排放比二〇〇五年下降百分之六十至百分之六十五，非化石能源占一次能源消费比重达到百分之二十左右，森林蓄积量比二〇〇五年增加四十五亿立方米左右"①。2020 年 9 月，习近平主席在第七十五届联合国大会一般性辩论上的讲话宣布："中国将提高国家自主贡献力度，采取更加有力的政策和措施，二氧化碳排放力争于 2030 年前达到峰值，努力争取 2060 年前实现碳中和。"②中国正以实际行动为推进全球碳减排作出积极的贡献，在国际社会展现负责任的大国形象。中国设立南南合作援助基金，首期计划提供 20 亿美元，支持发展中国家应对气候变化挑战。中国积极开展植物科学研究国际交流合作，倡议建设全球能源互联网，中国正逐渐成为全球生态文明建设的重要参与者、贡献者、引领者。

中国不断开展的生态文明建设实践也为全球生态环境治理提供了中国经验。党和政府加强顶层设计，践行绿色发展理念，发展循环经济，制定严格的生态环境保护制度，使生态环境得到了明显改善。如 2014 年我国单位国内生产总值能耗和二氧化碳排放分别比 2005 年下降 29.9% 和 33.8%，我国荒漠化防治工作为国际社会治理生态环境提供了中国经验。③

中国共产党作为世界上最大的政党，带领中国人民为全球生

① 中共中央文献研究室. 习近平关于社会主义生态文明建设论述摘编 [M]. 北京：中央文献出版社，2017：135.
② 中共中央文献研究室. 十九大以来中央文献选编（中）[M]. 北京：中央文献出版社，2021：712.
③ 中共中央文献研究室. 习近平关于社会主义生态文明建设论述摘编 [M]. 北京：中央文献出版社，2017：132-133.

态治理作出了巨大的贡献，可以说是当今世界各国生态环境治理的典范，彰显了中国共产党的担当精神。党的十九大报告指出，中国共产党是为中国人民谋幸福的政党，也是为人类进步事业而奋斗的政党，中国共产党始终把为人类作出新的更大的贡献作为自己的使命。[①] 在中国共产党与世界政党高层对话会上，习近平总书记向全世界近 300 个政党和政治组织的领导人阐述了人与自然共生共存的理念，倡议"要努力建设一个山清水秀、清洁美丽的世界"。这是对中国人民的庄严承诺，也是对国际社会的庄严承诺，体现了一个有责任大国的国际担当，中国共产党在构建人类命运共同体理念的指引下，不仅会解决中国的环境问题，也会为全球生态环境建设作出应有的贡献。

⑦ 实行最严格的制度最严密的法治的生态法治观

习近平生态文明思想中的重要理念之一是要以最严格的制度和最严密的法治促进生态文明建设。依法治国是中国共产党治国理政的基本方略，是中国逐步走向繁荣富强的根本保障，如果没有完善的法治保障，中国不可能持久发展下去。依法推进生态文明建设是依法治国的基本内容之一，生态文明建设必须坚持走依法治理的道路，在法治的轨道上进行。生态环境治理的成效取决于生态文明法治建设的进展，我国生态文明建设进展缓慢，与其制度建设滞后是紧密相关的。目前，制度建设是生态文明建设中的短板，生态环境制度不健全、执行不到位、惩处不严格是制约生态文明建设的决定性因素。必须制定最严格的制度和推行最严

---

① 习近平．决胜全面建成小康社会　夺取新时代中国特色社会主义伟大胜利——在中国共产党第十九次全国代表大会上的报告 [M]. 北京：人民出版社，2017：57-58.

密的法治来为生态文明建设保驾护航。一定要树立生态法治观，
把制度建设放在首位，破除体制机制的障碍，加大法律制度执行
力度，对各种违法违纪行为坚决查处，这样才能使生态文明建设
不断稳步推进。

习近平总书记特别重视对生态领域法律法规的贯彻实施，早在
浙江主政时就积极推动生态法治建设，在他的领导下浙江出台了一
系列地方性法规和规章。党的十八大以来，生态文明制度建设进入
了快车道。生态文明制度大厦的"四梁八柱"结构体系基本形成。
党的十八届三中全会再次强调，要用最严格的制度保护好生态环境，
完善生态修复、环境治理、源头保护制度，严格执行有偿使用、损
害赔偿、责任追究制度。① 实现生态文明建设的法治化，要加强生
态环境方面的立法工作，完善生态环境保护法律法规制度体系，使
生态文明建设有法可依，要强化执法和司法力度，对不法行为严格
惩处，严厉打击破坏环境的违法行为。我国已经出台了一系列重要
法规制度。被称为"史上最严"的新的《中华人民共和国环境保护
法》也已经开始实施，生态文明建设先后写入党章和宪法，生态文
明制度体系逐步成形，法律法规配套体系构建基本齐全，"最严格
的制度"正在成为保护生态环境的最有力武器。

在生态文明制度建设过程中，要重点建立合理的经济社会发展
考核评价体系。"把资源消耗、环境损害、生态效益等体现生态文
明建设状况的指标纳入经济社会发展评价体系，建立体现生态文明
要求的目标体系、考核办法、奖惩机制，使之成为推进生态文明建
设的重要导向和约束。"② 过去一些地方出现重大生态环境事件，

---

① 中共十八届三中全会在京举行 [N]. 人民日报，2013-11-13（1）.

② 中共中央文献研究室. 习近平关于全面深化改革论述摘编 [M]. 北京：中央
文献出版社，2014：104.

根源在于对领导干部的环境约束力不强。加强生态制度建设，就要强化对领导干部的考核，建立科学合理的考核评价体系，改变过去简单以 GDP 论英雄的做法，强化绿色 GDP 考核，引导领导干部树立正确的政绩观，把精力转移到生态文明建设上来。正如习近平总书记所讲的那样，"要给你们去掉紧箍咒，生产总值即便滑到第七、第八位了，但在绿色发展方面搞上去了，在治理大气污染、解决雾霾方面作出贡献了，那就可以挂红花、当英雄。反过来，如果就是简单为了生产总值，但生态环境问题越演越烈，或者说面貌依旧，即便搞上去了，那也是另一种评价了"①。

　　生态环境制度建设关键在于执行。"实行最严格的法治"，就是要把现有的制度落到实处，决不能越雷池半步，否则就要受到惩罚。法律是红线、底线，任何人、任何组织都不能触碰、不得突破。"对破坏生态环境的行为，不能手软，不能下不为例。"②所以，要高度重视生态执法问题，独立进行环境监管和行政执法。要加大生态环境违法行为的查处力度。"对造成生态环境损害负有责任的领导干部，不论是否已调离、提拔或者退休，都必须严肃追责。一旦发现需要追责的情形，必须追责到底，决不能让制度规定成为没有牙齿的老虎。"③只有这样，才能解决生态环境方面突出问题，让人民群众享受更多的优质生态产品、更优美的生态环境。2017 年 7 月 20 日，中共中央办公厅、国务院办公厅就甘肃祁连山国家级自然保护区生态环境问题发出通报，这场"最

---

① 中共中央文献研究室 . 习近平关于全面深化改革论述摘编 [M]. 北京：中央文献出版社，2014：107.

② 习近平在参加十二届全国人大三次会议江西代表团审议时的讲话 [N]. 人民日报，2015-03-07（1）.

③ 中共中央文献研究室 . 习近平关于社会主义生态文明建设论述摘编 [M]. 北京：中央文献出版社，2017：111.

严环保问责风暴",体现了中国共产党严格生态执法的决心,也是我国生态文明制度建设的典型样本。

生态法治是生态文明建设的国家治理之道。在生态文明建设不断深入的今天,必须继续实行最严格的制度和最严密的法治,加强生态文明制度建设的顶层设计,加快推进生态文明体制改革,完善生态文明制度规范体系,推动生态文明制度创新,形成产权清晰、多元参与、激励约束并重、系统完整的生态文明制度体系。

三、新时代中国特色社会主义生态文明建设体系

生态文明建设是一个系统工程,当前我国生态文明建设步入关键期、攻坚期、窗口期三期叠加的特殊阶段。继续加快生态文明建设,如期完成建设美丽中国的任务,必须构建生态文明建设体系,加快建立健全以生态价值观念为准则的生态文化体系,以产业生态化和生态产业化为主体的生态经济体系,以改善生态环境质量为核心的目标责任体系,以治理体系和治理能力现代化为保障的生态文明制度体系,以生态系统良性循环和环境风险有效防控为重点的生态安全体系。

① 健全生态文化体系

文化是人类在改造客观世界过程中所创造的物质财富和精神财富的总称。生态文化是人类在生态环境保护的过程中形成的物质和精神产品的总和。生态文化的核心是生态价值理念。全社会必须树立正确的生态价值理念,提高生态文明意识,调动公众参

与生态文明建设的能动性、积极性和创造性，充分发挥文化在生态文明建设中的作用。党的十九大报告提出要建立富强、民主、文明、和谐、美丽的社会主义现代化强国，这是中国人民的价值追求。其中"美丽"是生态文化价值的核心，要围绕美丽中国开展生态文化建设，注意将生态价值理念提升为社会主流价值观，突出和强化社会主义核心价值体系和社会主义核心价值观的生态文明要求。

要树立和践行社会主义生态文明观。社会主义生态文明观要体现中国特色社会主义新时代的发展要求。生态文明观是生态文明的思维方式和价值理念的总和。思维方式影响着人们生活方式的选择，影响人们的价值选择和判断。传统的自然科学控制论的思维方式，认为人与自然相互对立，为了人类发展可以无限制地开发和掠夺自然，从而导致生态环境的破坏和生态危机的产生。我们应该坚持辩证唯物主义的思维方式，在全社会树立起追求人与自然和谐相处的生态文明观。合理开发和利用自然界，不竭泽而渔，使人与自然相互统一、和谐共生。

各级政府要树立生态发展观，及时转变发展观念，树立"绿水青山就是金山银山"的生态文明理念。只有树立起正确的生态发展观，才能保证人民群众的生态福祉，才能推动经济社会可持续发展。各级政府一定要从自身出发，革新自己的生态观念，树立正确的生态发展观，在保护好生态环境的基础上实现经济的稳定增长。政府不要把注意力全部放在经济指标的增长上，而要关注生态环境指标。要从经济发展和生态环境协同推进的高度思考问题，积极推进政府职能转变，以整体性发展的价值导向开展工作，加大力度促进生态文明建设。习近平总书记十分重视政府经济发展观念的转变，多次强调"发展观决定发展道路"。早在闽浙两省主政期间，他就提出要建立生态 GDP 考核体系，逐步引导政府官员从传统经济 GDP 发展观念向生态发展观念转变，从而推进"生态省建设"。党的十八大之后，习近平总书记对这一问题的认识更加深刻，提出既要金山银山，又要绿水青山，既看经济指标，又看社会人文环境指标，为转变政府的传统发展观念、树立正确的生态发展观提供了理论指引。

人民群众要培养正确的生态意识。人民群众是生态文明建设的主体力量，他们生态意识的强弱直接决定着生态文明建设的质量和速度。① 如果人民群众能够树立正确的生态环保意识，就能够积极投身到生态文明建设当中。习近平总书记强调："不重视生态的公民不能算是具备现代文明意识的公民。"② 习近平总书记在主政浙江时已经认识到人民群众生态意识的提高对于生态环境保护的巨大推动作用。他指出："建设生态省，打造绿色浙江，必须建立在广大群众普遍认同和自觉自为的基础之上。"③ 习近平总书记注重通过具体的生态实践活动来帮助人民群众生态意识的培育和提升。2017 年 3 月 29 日，习近平总书记在首都义务植树活动中强调："要组织全社会特别是广大青少年通过参加植树活动，亲近自然、了解自然、保护自然，培养热爱自然、珍爱生命的生态意识，学习体验绿色发展理念"。④ 政府一定要高度重视对人民群众生态意识的培养。通过政府行为示范和大力宣传引导，

---

① 陈俊．习近平新时代生态文明思想的内在逻辑、现实意义与践行路径 [J]. 青海社会科学，2018（3）：27.
② 习近平．生态兴则文明兴——推进生态建设打造"绿色浙江"[J]. 求是，2003（13）：42-44.
③ 习近平．之江新语 [M]. 杭州：浙江人民出版社，2007：13.
④ 习近平．培养热爱自然珍爱生命的生态意识　把造林绿化事业一代接着一代干下去 [N]. 人民日报，2017-03-30（1）.

才能促进人民群众生态意识的提高，自觉从事生态实践活动。

总之，必须认真学习和贯彻习近平生态文明思想，健全生态文化体系，将生态理念融入社会主义核心价值观体系和社会主义核心价值观当中，融入对真善美的价值追求中，提升整个社会的生态文明水平，培育具有高度生态文明意识和行为的社会主义新人，才能推动生态文明建设走向深入。所以，"要加强生态文明宣传教育，强化公民环境意识，推动形成节约适度、绿色低碳、文明健康的生活方式和消费模式，形成全社会共同参与的良好风尚。"[①] 一方面通过营造和弘扬生态文化，增强生态危机意识，倡导勤俭节约、绿色低碳生活方式，反对铺张奢华、不合理消费，引导社会公众自觉选择节约、环保、低碳排放的消费模式。另一方面普及生态环境科学、循环经济、清洁生产、生态工业等科学知识，让人民群众了解生态化的生产方式和生产技术，化解信息不对称导致的不信任感，推动绿色生态项目的实施落地。此外，加强社会宣传，动员全社会共同行动，建立健全政府负责、部门协作、企业自觉、群众参与、社会监督的环境氛围，形成保护环境的社会监督机制。[②]

②. 健全生态经济体系

习近平总书记多次强调："决不以牺牲环境为代价去换取一时的经济增长，决不走先污染后治理的老路，决不以牺牲后代人的幸福为代价换取当代人的所谓富足。"[③] 为此，必须加快构建以产业生态化和生态产业化为主体的生态经济体系，实现社会经

① 习近平.习近平谈治国理政：第二卷 [M]. 北京：外文出版社，2017：396.
② 刘磊.习近平新时代生态文明建设思想研究 [J]. 上海经济研究，2018（3）：20.
③ 中共中央文献研究室.习近平关于全面建成小康社会论述摘编 [M]. 北京：中央文献出版社，2016：165.

济发展和生态环境保护的统一，在加快生态文明建设的同时推动经济的可持续发展。

要在"绿水青山就是金山银山"的科学理念的指引下，按照产业生态学的科学原理和系统工程的科学方法，利用"互联网＋"的方式，将生态文明建设融入经济发展的各方面和全过程。要将生态革命的原则和要求贯穿在农业革命、工业革命、信息革命的过程中，将绿色化的原则和要求贯穿在新型工业化、城镇化、信息化、农业产业化中。①

首先要实现产业结构和发展方式的绿色化，大力发展现代高效生态农业、生态工业和生态工业园区、生态第三产业，加快构建绿色产业体系和绿色生产体系。做大做强绿色产业规模，培育壮大节能环保产业、清洁生产产业、清洁能源产业，形成以高效、低耗、节能、减排为特征的产业结构，大力发展生态金融，加大绿色投资的比重和力度。特别是要大力发展清洁生产和循环经济。习近平总书记认为："发展循环经济是走新型工业化道路的重要载体，也是从根本上转变经济增长方式的必然要求。"②要"结合推进供给侧结构性改革，加快推动绿色、循环、低碳发展，形成节约资源、保护环境的生产生活方式"③。发展循环经济要在布局上形成物质循环、互利共生的产业生态链，将传统"生产—使用—废弃—治理"的单向生产方式提升为"生产—使用—回收—再利用"的循环经济模式，实现生产系统和生活系统循环链接，从而解决环境污染的"根子问题。"④在生态第三产业方面，我国这几年取得了很多成功的经验，全国各地结合当地的生态资源，

① 张云飞. 习近平生态文明思想的标志性成果 [J]. 湖湘论坛，2019（4）：10.
② 习近平. 之江新语 [M]. 杭州：浙江人民出版社，2007：140.
③ 习近平. 习近平谈治国理政：第二卷 [M]. 北京：外文出版社，2017：393.
④ 刘磊，习近平新时代生态文明建设思想研究 [J]. 上海经济研究，2018（3）：18.

积极发展生态旅游业和特色农业，推广农家乐，发展民宿经济，打造生态精品旅游，真正使绿水青山变成了金山银山。一些地区开发出绿色特色小镇，依托绿水青山，发展电子商务、互联网金融、智能制造、健康养老等新业态，实现经济转型升级，既发展了经济也加强了生态建设。例如浙江最早的特色小镇之一"梦想小镇"，实现了"互联网+"与"绿色+"的融合，优美的环境吸引了积极创业的年轻人，催生了一大批"互联网+"新型企业，形成了较为完善的"互联网"产业生态链。[1]要促进能源绿色转型，推进能源生产和消费革命，构建清洁低碳、安全高效的能源体系，推进资源全面节约和循环利用，实施国家节水行动，降低能耗、物耗，实现生产系统和生活系统循环链接。

其次要构建市场导向的绿色技术创新体系。绿色技术创新正成为全球新一轮工业革命和科技竞争的重要新兴领域。在党的十九大报告中，习近平总书记明确提出要"构建市场导向的绿色技术创新体系"[2]。绿色技术是提高资源利用率、解决环境污染的根本手段，是推进绿色发展的重要途径。只有依靠绿色技术创新才能破解绿色发展难题，才能实现生产方式和生活方式的绿色化，满足人民群众对绿色产品的需求。习近平总书记指出："依靠科技创新破解绿色发展难题，形成人与自然和谐发展新格局。""生态文明发展面临日益严峻的环境污染，需要更多更好的科技创新建设天蓝、地绿、水清的美丽中国。"[3]绿色技术创

① 王祖强，刘磊.生态文明建设的机制和路径——浙江践行"两山"重要思想的启示[J].毛泽东邓小平理论研究，2016（9）：41.
② 习近平.决胜全面建成小康社会 夺取新时代中国特色社会主义伟大胜利——在中国共产党第十九次全国代表大会上的报告[M].北京：人民出版社，2017：51.
③ 习近平.为建设世界科技强国而奋斗[N].人民日报，2016-06-01（2）.

新是一项复杂的系统工程，既包括前端的研究开发，也包括后端的市场化应用。市场导向的绿色技术创新体系的建立，能够对整个创新链条上的资源进行优化配置。经过多年的探索，我国绿色技术创新进步显著。"十二五"期间，我国通过节能减排科技专项行动取得了烟气脱硫脱硝等一批关键技术的突破。今后，我国要抓住世界新技术革命的契机，提高科技创新能力。政府要加强绿色技术创新方向引导，建立健全政府绿色采购制度，加快推进绿色技术创新成果转化示范应用。

最后，要按照市场规则配置生态资源，发挥市场在生态资源配置中的决定性作用，运用价格机制、税收机制等市场调节手段来调节生态经济资源的供给，同时发挥好政府的调控作用。我国正在进行生态环境资源市场化配置改革，通过市场化形成反映市场化供求状况的资源价格，可以将污染产生的生态成本内化到企业的生产成本中，减轻社会生态治理压力的同时促使企业积极采取措施以减少污染。发挥好税收机制的导向性作用，引导企业投资生态环保产业，引导企业加大企业污染治理、环境保护等方面的投入，提高企业的生态保护积极性。要建立资源有偿使用和生态补偿制度，推动排污市场交易化和治污市场竞争化，发挥市场机制在解决生态环境问题中的重要作用。在发挥市场机制的同时要更好地发挥政府的作用。政府对于市场前景广阔的生态环保企业，要加大财政支持力度，对严重污染环境的企业进行关停，对循环经济产业链的企业提供多方面的支持。我国第一部《环境保护税法》已于2018年实施，按照税负平移的原则，解决排污费征收标准低、执法刚性不严、存在行政干预等问题，是我国利用税收制度干预环境问题的重要尝试。总之，要贯彻绿色发展理念，合理调整经济布局，优化产业升级，推动市场快速转型，从而构建生态经济体系，实现经济发展与环境保护的协调统一。

③ 健全生态文明建设目标责任体系

2018 年 5 月，习近平总书记在第八次全国生态环境保护大会上，提出建设"以改善生态环境质量为核心的目标责任体系"。2018 年 6 月，中共中央、国务院发布的《关于全面加强生态环境保护坚决打好污染防治攻坚战的意见》进一步提出"落实领导干部生态文明建设责任制，严格实行党政同责、一岗双责。"健全生态文明建设目标责任体系，是生态文明建设体系的关键一环，也是推进生态文明建设的关键抓手。

生态文明建设目标责任体系构建的第一步是生态责任分配，即要在政府、企业、社会之间对生态责任进行合理划分，使各司其职、各尽其责。通过生态文明制度建设明确不同主体的责任，推动责任落实履行，是当前生态治理中的一个必要步骤，也是我国生态治理中的一个薄弱环节。我国法律明确规定环境保护的基本原则是"谁污染、谁治理"，但在实践当中经常出现推诿扯皮的情形，环保执行的难度也较大。地方政府因为经济发展的需要，导致政府监管责任缺失，使企业得以逃避生态环境责任。因此一定要科学划分政府、企业、公众之间的生态责任并以法律的形式进行明示。保护生态环境是政府的基本职能，政府在生态文明建设中要发挥主体责任，在制度设计、公共投入、依法监管等方面都要发挥政府的作用，切实履行政府的生态建设职能，否则就要承担相应的生态责任。企业要按照"谁污染、谁治理"的原则明确自己的生态责任，企业应该在节能减排、生态示范、安全生产等方面建立严格的制度体系，防止发生环境污染事件。公众作为生态保护的重要一环，要在生活和消费过程中杜绝对生态环境造成的损害，自觉约束自身行为，承担生态责任。

政府要根据不同政府层级承担不同的生态责任，从中央、省市到县乡，由于辖区范围的不同，因而也存在着不同的生态责任。要建立层级负责人制度，科学合理划分不同级别政府的生态责任，强化生态责任的属地管理原则。生态环境保护能力往往与区域经济发展水平相适应，不同区域之间，由于经济发展水平的差异，在生态责任上也应当在守住底线的基础上有所不同。要根据不同区域的差异，调整生态责任目标体系。对于已经对生态环境造成严重破坏的经济发达地区，要加强环境保护和生态修复，防止生态环境继续恶化；对于生态环境保护较好的经济欠发达地区，要发挥生态优势，大力发展生态产业，在保护好生态环境的基础上推动经济快速发展，实现经济发展与环境保护协调统一。①习近平总书记在浙江部署实施"生态省建设"过程中，就十分注重省内不同区域之间的差异，尤其强调欠发达地区要利用"绿水青山"尚在的优势，破解经济发展和环境保护的"两难"悖论。不管采取哪种目标体系，各级政府要严守生态底线。

目前我国生态文明建设目标责任体系还存在许多问题，特别是在政府目标责任方面，现在总体上是通过行政问责的方式传导压力，这种问责多以"运动式"的方式进行。常态化的行政问责机制尚未有效建立。目标责任设置也不尽科学，存在"一刀切"和"层层加码"现象。在对地方政府和相关部门问责的过程中存在重结果、轻过程的选择。环境领域跨部门的有效协同治理还较少。行政主管部门的政策职能和监管职能还需进一步厘清。

各级地方党委和政府是进行生态文明建设的主体，是中国共

---

① 陈俊.习近平新时代生态文明思想的内在逻辑、现实意义与践行路径 [J]. 青海社会科学，2018（3）：28.

产党践行生态文明理念的主要依靠力量。首先，各级党员干部要充分履行生态文明建设上的"党政同责、一岗双责"的生态责任。强化落实党政主体责任，推动各级政府通过权责清单等方式建立分工明确、责权清晰的监管和保护工作体系，实现追责对象党政全覆盖，避免推诿、扯皮现象的发生。要进一步加强生态环境质量管理，把生态环境质量管理作为党政主体的重要职能。其次，要进一步健全和强化环境保护督察机制，对生态建设情况进行督查。规范与完善环保督察问责程序，进一步强化考核问责机制，推动问责法治化、制度化、规范化。再次，完善生态文明建设中的司法监督和公众参与制度。健全社会组织和公众对环境监管机构和排污单位启动问责的机制。健全参与环境保护与治理的相关制度，包括环境信息公开制度、多方沟通交流机制、公众评议机制等。强化各级人大对环境保护工作的监督作用。[①] 最后，统筹优化生态文明领域的考核，将环境保护指标作为刚性约束纳入领导干部的考核体系中，逐步减少自上而下的"运动式"考评工作。大力开展自然资源离任审计，建立环境责任终身追究制，突出追问一把手责任，改善部分领导盲目追求政绩、损害生态环境的行为，为生态文明建设提供有力的治理保障。

④ 健全生态文明制度体系

生态文明制度体系是生态文明建设体系的重要一环。生态文明建设能否成功很大程度上取决于生态文明制度体系构建是否严密。要按照社会主义法治建设的要求，构建系统严密的立体化生态法治建设体系。通过完备的制度来保护生态环境，才能形成人

[①] 李江涛，等，完善生态文明建设政府目标责任体系 [N]. 学习时报，2018-12-05（4）.

与自然和谐共生、永续发展的新格局。

党的十八大以后，我国加快了生态文明制度建设的进程。目前，生态文明制度体系不断完善，已经初步建立起生态文明制度的"四梁八柱"，生态文明体制中源头严防、过程严管、损害赔偿、后果严惩等基础性制度框架初步建立，为我国的生态文明建设提供了可靠的制度保障。得益于不断完善的制度体系，生态环境保护已经发生了历史性、转折性、全局性变化。因此要继续完善生态文明制度体系，使之不断巩固、持续深化。

2019年10月31日，党的十九届四中全会通过了《中共中央关于坚持和完善中国特色社会主义制度推进国家治理体系和治理能力现代化若干重大问题的决定》（以下简称《决定》），提出进一步完善生态文明制度体系，促进人与自然和谐共生，要"实行最严格的生态环境保护制度，全面建立资源高效利用制度，健全生态保护和修复制度，严明生态环境保护责任制度"。《决定》提出了四大类基础性生态文明制度体系，这四个方面的制度在逻辑上相互贯通，体系上相互支撑，共同构成系统严密的生态文明制度体系。这是对生态文明建设领域的基础性制度体系全面系统呈现，是对生态文明制度体系的总体性设计。

必须进一步完善《决定》所提出的四个方面的制度。首先，实行最严格的生态环境保护制度。生态文明制度的核心在生态环境保护，要从根本上解决工业文明产生的外部性问题。生态环境保护制度的根本要求是严格，实行最严格的生态环境保护制度。要在坚持人与自然和谐共生，坚守尊重自然、顺应自然、保护自然的基础上，健全源头预防、过程控制、损害赔偿、责任追究的生态环境保护体系。其次，全面建立资源高效利用制度。节约资源和保护环境是我国的基本国策，生态环境保护的成功与否跟资源的高效利用关系密切，资源的高效利用是实现源头污染防治的最有效的手段之一。生态环境保护要实现经济发展和环境保护的正和博弈，为此要转变经济发展方式和资源利用方式。同时，聚焦资源利用的重点领域，通过建立起有偿使用、总量管理、全面节约和循环持续的资源利用制度体系，来提高资源利用效能。再次，健全生态保护和修复制度。习近平总书记强调："要用系统论的思想方法看问题，生态系统是一个有机生命躯体，应该统筹治水和治山、治水和治林、治水和治田、治山和治林等。"① 生态系统是各要素相互依存有机整合的循环链条。因此，建立生态系统保护和修复的制度体系，应当注重制度建设的整体性和协同性。决定提出的统筹山水林田湖草一体化保护和修复、健全国家公园保护制度等，正是生态保护整体性、系统性的反映。最后，严明生态环境保护责任制度。生态环境保护责任制度是推进生态文明建设的根本保障，是党和政府加强生态环境保护的主要措施。生态环境保护责任制度在制度系统中发挥督促和保证的功能，和其他三项制度一起，构成了系统严密的生态文明制度体系。

要加快生态文明法治建设。我国生态领域立法工作取得了重大进展，但现有法律还不能完全涉及生态文明建设的各个领域，特别是对民间公益性生态环保组织和行为缺乏相应的法治保障。因此，要加强生态文明法治建设，提高立法质量，确保有法可依。同时规范生态执法、严格生态司法，严肃查处各种破坏生态环境、浪费自然资源的违法犯罪行为，提高生态违法的成本，以法律手段推动社会主义生态文明建设。这些年，我国加大了对各种破坏生态的违法行为查处力度，有效遏制了各种破坏生态环境的行为。

---

① 中共中央文献研究室. 习近平关于全面深化改革论述摘编 [M]. 北京：中央文献出版社，2014：56.

2017 年 7 月，我国查处了甘肃祁连山国家级自然保护区生态环境破坏一案，按照党政同责、终身追责等原则，对相关责任人进行严肃问责。另一起典型案件是秦岭北麓西安境内违建别墅案。这两起案例说明生态环境法治建设仍存在许多漏洞。必须进一步加大执法力度，对各种生态违法行为严惩不贷。

目前，我国在继续完善生态文明制度体系的"四梁八柱"的同时，也在健全生态环境保护的管理体制机制。我国生态治理过程中存在的很多问题都跟体制机制不健全有很大关系。所以要努力健全生态环境保护的管理体制机制，努力实现生态文明制度优势向治理效能的转化，提高生态环境治理的现代化水平。

⑤. 健全生态安全体系

良好的生态环境系统是人类生存和发展的根本。随着经济全球化和新科技革命不断走向深入，全球生态危机也愈演愈烈。在我国，生态旧账并未偿还，新的生态环境问题接踵而至。这给我国和国际社会都带来了日益沉重的生态压力，也带来了日益严重的生态环境风险。生态环境风险成为各国必须面对的一项重要课题。在 20 世纪 80 年代，包括生态安全在内的新安全观已经形成。这一新的安全观认为生态安全已经成为影响国家安全和个人身心安全的重大因素。2000 年 11 月，国务院发布的《全国生态环境保护纲要》，明确提出了"维护国家生态环境安全"的目标。2004 年 12 月，第十届全国人民代表大会常务委员会第十三次会议修订通过的《中华人民共和国固体废物污染环境防治法》第一条规定："为了防治固体废物污染环境，保障人体健康，维护生态安全，促进经济社会可持续发展，制定本法。"这表明我国已经从法律角度对生态安全问题进行思考。生态安全问题已经引起越来越多的关注。党的十八大以来，习近平总书记开始考虑国家的总体安全问题，为此他提出了生态安全体系。他认为，现在除了政治安全、国土安全、军事安全等传统安全风险之外，资源安全、能源安全、生态安全、生物安全、核安全等非传统安全风险压力不断增加，因此，必须构建集传统安全和非传统安全于一体的国家安全体系，贯彻落实总体国家安全观，坚定不移走中国特色国家安全道路。党的十九大报告对生态安全问题作了强调，认为要"坚定走生产发展、生活富裕、生态良好的文明发展道路，建设美丽中国，为人民创造良好生产生活环境，为全球生态安全作出贡献"①。在 2018 年的生态环境大会上，习近平总书记提出，"必须加快建立健全以生态系统良性循环和生态环境风险有效防控为重点的生态安全体系"。

从人的角度来讲，生态安全是指人类在生产、生活和健康等方面不受生态破坏与环境污染等影响的保障程度，包括饮用水安全与食品安全，以及空气质量与绿色环境等基本要素对人类生存与发展的安全保障程度。对于一个国家来说，生态安全是指一个国家具有能持续满足经济社会发展需要和保障人民生态权益、经济社会发展不受或少受来自资源和生态环境的制约与威胁的稳定健康的生态系统，具有应对和解决生态矛盾和生态危机的能力。②把生态安全纳入国家安全体系，凸显出在当今时代生态问题的严重性和紧迫性。

---

① 习近平. 决胜全面建成小康社会　夺取新时代中国特色社会主义伟大胜利——在中国共产党第十九次全国代表大会上的报告 [M]. 北京：人民出版社，2017：23.

② 方世南. 生态安全是国家安全体系重要基石 [EB/OL]. 中国社会科学网，http: // www. cssn. cn/index/index_focus/201808/t20180809_4536933_2. shtml? COLLCC=119105410&，2018-08-09.

生态安全与政治安全、经济安全紧密联系在一起。我国改革开放四十多年快速发展积累下来的环境问题越来越成为影响百姓生活质量的关键因素。一些地方的空气质量、饮用水安全、土壤重金属超标等问题直接影响人民群众的切身利益。生态问题不仅关系民生福祉,更加关系政治稳定。一些地区已经出现多起因环境问题导致的群体性聚集事件。生态安全状态直接制约着一个国家经济发展程度,资源匮乏、环境恶劣、生态崩溃的社会难以取得经济的长期可持续发展。

要充分认识维护生态安全对于国家总体安全和人民幸福安康的重大意义,加快构建生态安全型社会,保障国家生态安全。第一,要在全社会广泛宣传社会主义生态文明观,提高人民群众对于生态安全的认知水平,把生态安全意识落实为自觉的生态文明实践。要实现消费者向生态公民的角色转换,明确责任主体。生态公民不仅关注个人的生活享乐和欲望满足,更加关注环境安全和自身的社会责任。只有提高公民的生态意识和危机意识才能在全社会形成生态安全的共识和价值基础。生态安全教育应该成为生态教育的主要内容,通过多种渠道加强生态安全教育。要切实推动以人民为中心的理念在生态文明建设领域的落地生根。生态安全归根结底是人民群众的生命、财产安全。树立起以人民为中心的发展理念,才能在经济社会发展过程中考虑到生态安全问题对人民群众的影响。一些地方因为生态环境问题出现的政治、经济问题,都是因为漠视人民群众利益的结果。第二,要加强生态安全管理,促进生态治理体系和治理能力现代化。生态安全的形成不仅依赖于生态文明制度体系的健全,更需要把生态文明制度转化为治理效能。要把生态安全纳入法治化轨道,建立起生态安全监管体系、生态安全法律体系、生态安全应急救援体系、生态安全预警机制,特别是要建立有效应对生态环境突发事件的信息共享机制，为生态安全建立起网络严密的制度体系。第三，保障生态安全，必须建立系统完整的生态安全政策体系。生态安全政策体系既包括改善生态系统功能和环境质量状况、提高其对经济社会可持续发展支撑性的生态空间管控政策、环境污染防治政策，也包括降低安全隐患的风险防控政策，还包括为鼓励、约束维护生态安全行为的经济激励政策和绩效考核政策。要以生态系统良性循环和环境风险有效防控为重点，推进实施国土空间保护与管控、制定精细化环境治理政策、增强生态系统服务功能等一整套对策措施，建立健全法律法规、制度体系、监督问责等生态安全政策体系。①第四，要加强国家生态安全智慧体系建设。国家生态安全智慧体系是一项将信息智能技术纳入生态安全系统，以便于全面提高生态安全的知识化、信息化、智能化和可控化的能力体系，它涉及环境污染源监控管理信息系统建设、环境保护管理信息系统建设、环境质量监测管理信息系统建设、核安全与辐射管理信息系统建设和环境应急管理信息系统建设等多方面内容。②第五，加强国际生态安全合作，全球是一个命运共同体，每个国家在全球性生态问题面前都不能独善其身，必须携起手来共同应对全球性生态危机，构建全球生态安全治理体系，协调各国在应对气候变化和阻止全球性生态危机方面的责任和义务，推动建立全球生态安全体系。

所以，必须进一步增强生态安全意识、推进生态治理能力现

① 程翠云，杜艳春，葛察忠．完善我国生态安全政策体系的思考 [J]．环境保护，2019（8）：16-18．

② 方世南．生态安全是国家安全体系重要基石 [EB/OL]．中国社会科学网，http：//www．cssn．cn/index/index_focus/201808/t20180809_4536933_2．shtml?COLLCC=119105410&，2018-08-09．

代化，构建生态安全政策体系，加强国家生态安全智慧体系建设，加强国际生态安全合作，切实维护生态系统的多样性、稳定性、整体性和持续性，将维护生态安全和维护社会稳定统一起来。这样，才能保障我国的生态安全，为生态文明建设提供良好的基础。

生态文化体系、生态经济体系、生态文明建设目标责任体系、生态文明制度体系是制度支撑、生态安全体系共同构成了中国特色社会主义生态文明建设体系，这一体系架构是习近平生态文明思想的重要内容，也是习近平对于生态文明建设深入思考和总结长期以来生态文明建设经验的结果。不断完善和健全这一体系，我国的生态文明建设就能不断前进，绿水青山的美好生态环境就能够不断变成现实。

第四章

中国共产党与生态
文明制度建设

习近平总书记指出："保护生态环境必须依靠制度、依靠法治。只有实行最严格的制度、最严密的法治，才能为生态文明建设提供可靠保障"。① 党的十九届四中全会对生态文明制度体系进行了全新构建，提出要全面完善生态文明制度体系，实现生态文明治理体系和治理能力的现代化。系统总结我国生态文明制度建设中的经验做法，构建系统完备、科学合理的生态文明制度体系，是满足人民对优美生态环境需要的制度保障，也是推动生态文明建设，加快建设人与自然和谐共生的中国特色社会主义现代化的必由之路。

一、生态文明制度建设的总体进程

新中国成立之初，我国生态文明制度建设开始起步，但是由于对生态文明建设的重要性认识不足，环境保护方面的制度建设进程较为缓慢。改革开放以后，随着生态环境保护重要性日益凸显和法治建设进程的不断加快，生态文明制度建设不断向前发展。我国已经积累了丰富的生态文明制度建设经验，生态文明制度体系也逐步完善。因此，有必要对我国改革开放以后生态文明制度

---

① 中共中央文献研究室．习近平关于社会主义生态文明建设论述摘编 [M]. 北京：中央文献出版社，2017：99.

建设的历史进程进行系统梳理和认真总结，从中发现生态文明制度建设的基本规律，为进一步完善生态文明制度体系提供重要的理论基础。总体来看，从新中国成立初期到现在，我国生态文明制度建设的进程可以分为五个阶段：起步阶段、初步探索阶段、稳步发展阶段、深化发展阶段、全面完善阶段。

①. 起步阶段（1949—1978 年）

从 1949 年到 1978 年是我国生态文明制度建设的起步阶段。新中国成立初期，虽然还没有建立起系统的生态环境保护制度，但已经开始制定有关生态保护的政策措施，为后来的制度建设打下了实践基础。如当时倡导计划生育以控制人口数量，为改革开放后计划生育基本国策的制定做好了准备；大力推动植树造林，为之后全民绿化的制度建设奠定了基础。1957 年国务院颁布《中华人民共和国水土保持暂行纲要》，提出水土保持工作应该列为山区的主要工作，要求成立水土保持机构，采取水土保持措施。1973 年 8 月，国务院召开的第一次全国环境保护会议上审议通过了我国第一部关于环境保护的法规《关于保护和改善环境的若干规定（试行草案）》，这是新中国环境保护立法的起点，为环境保护工作走上法制化建设轨道奠定了基础。

在这一时期，党和政府主要通过行政命令手段推进环保工作，确立了"三同时"制度、限期治理政策和群众运动手段。"三同时"制度是我国最早的环境管理制度。在《关于保护和改善环境的若干规定（试行草案）》中规定，"一切新建、扩建和改建的企业，防治污染项目，必须和主体工程同时设计、同时施工、同时投产。""正在建设的企业没有采取预防措施的，必须补上。各级主管部门要会同环境保护和卫生等部门，认真审查设计，做好竣工验收，严格把关。""三同时"制度体现了"预防为主"的方针，为我国的环境保护管理工作打下了坚实基础。1974 年10 月国家成立国务院环境保护领导小组，环境保护领导小组是我国历史上第一个环境保护机构，负责制定环境保护的方针、政策和规定，审定全国环境保护规划，组织协调和督促检查各地区、各部门的环境保护工作。国务院环境保护领导小组成立后，各地也相继成立了环境管理机构和环境保护科研、监测机构。

② 初步探索阶段（1978—1992 年）

1978 年到 20 世纪 90 年代初是我国生态文明制度建设的探索和准备阶段。这一阶段，党和国家的工作重心发生转换，在加快经济建设的同时开始重视环境保护工作，环境保护的法律法规体系建设开始启动，生态环境保护法治化是这一时期最重要的特点。在中国共产党的推动下，环境保护被确立为我国的基本国策，《中华人民共和国环境保护法》及各单项环保法律相继出台，逐步建立起较为系统的生态环境保护制度体系。

1978 年我国进入改革开放的新时期，环境保护事业全面展开。我国的环境保护法律建设开始起步，经历了从无到有、从有到优的过程。在以邓小平同志为核心的党的第二代中央领导集体的努力下，我国的环境立法取得较快发展，有力地推动了环境保护工作。1978 年，邓小平在党的十一届三中全会闭幕式上的报告中第一次提出环境制度建设的思想："应该集中力量制定……环境保护法。"①1978 年的《宪法》首次将环境保护作为一项宪法规范，规定"国家保护环境和自然资源，防治污染和其他公害。"确认

① 国家环保总局，中共中央文献研究室 . 新时期环境保护重要文献选编 [M]. 北京：中央文献出版社，中国环境科学出版社，2001：1.

环境保护是国家的基本职能之一。1979年9月，我国颁布中华人民共和国成立以来第一部综合性的环境保护基本法《中华人民共和国环境保护法（试行）》，确定了环境保护的基本方针、任务和政策，首次规定国家在制定经济社会发展规划时把环境保护纳入统筹考虑范畴，要求一切企事业单位从设计到生产经营必须防止对环境的污染和破坏。这一法律的颁布标志着中国开启了生态环境保护法治化进程。1982年宪法第九、第十、第二十六条分别对合理利用自然资源、保护珍稀动植物、保护名胜古迹等作了规定。此后，我国环境立法工作迅速发展，相继颁布了一系列生态环境保护法律法规。我国先后颁布了《中华人民共和国海洋环境保护法》（1982年8月通过）、《中华人民共和国水污染防治法》（1984年5月通过）、《国务院关于环境保护工作的决定》（1984年5月发布）、《中华人民共和国森林法》（1984年9月通过）、《中华人民共和国草原法》（1985年6月通过）、《中华人民共和国渔业法》（1986年1月通过）、《中华人民共和国矿产资源法》（1986年3月通过）、《中华人民共和国土地管理法》（1986年6月通过）、《中华人民共和国大气污染防治法》（1987年9月通过）、《中华人民共和国水法》（1988年1月通过）、《中华人民共和国野生动物保护法》（1988年11月通过）、《中华人民共和国水土保持法》（1991年6月通过）等一系列法律法规，地方人大也制定了相应的环境保护地方性法规，确保环境保护有法可依。1989年12月《中华人民共和国环境保护法》正式通过并施行，最终形成了以《宪法》为基础，以《环境保护法》为核心，以各项环境保护单行法为主体的法律体系，我国环境保护工作逐步走上了法制轨道。

在环境保护制度建设方面，这一时期也取得了明显进展。到第三次环境保护大会召开时，我国正式形成了"三大政策"和"八项管理制度"为主体的环境保护制度体系。"三大政策"包括"预防为主""谁污染谁治理""强化环境管理"；"八项制度"包括"三同时"制度、环境影响评价制度、排污收费制度、城市环境综合整治定量考核制度、环境保护目标责任制度、排污申报登记和排污许可证制度、限期治理制度和污染集中控制制度。① 我国的环境管理由一般号召和行政推动进入法制化、制度化的新阶段。在这一时期，国家还制定了"三废"排放、环境监测、海洋倾废管理、海洋石油勘探开发、乡镇和街道企业环境管理、河道管理、城市节约用水等方面的条例、规定、办法，对重要环境保护领域做了指导性安排。截至 1992 年底，我国共颁布各类国家环境标准 263 项，其中环境质量标准 11 项、环境污染排放标准 50 项、基础标准 5 项、方法标准 150 项、样品标准 29 项和其他标准 18 项，初步形成了种类比较齐全、结构基本完整的环境标准体系，② 为实施环境保护各项法规和制度提供了量化依据。

这一时期我国环境管理行政体制建设也取得了较大的进展。1979 年，我国成立新的林业部，统一负责林业工作，以加快林业发展和加强林业资源保护；1982 年 2 月，中央绿化委员会成立，统一组织领导全民义务植树和国土绿化工作，给全国植树绿化工作提供了组织保障。1982 年 5 月，第五届全国人大常委会第 23 次会议决定，组建城乡建设环境保护部，部内设环境保护局。1984 年 5 月专门成立环境保护领导机构——国务院环境保护委员会。同年 12 月，城乡建设环境保护部下属的环境保护局改为国家

---

① 徐曼，汪凯凡. 壮丽 70 年回首中国特色环境保护之路——访新中国第一代环保人、原国家环境保护局局长曲格平先生 [J]. 环境保护，2019（17）：12.

② 中国环境保护二十年编委会. 中国环境保护行政二十年 [M]. 北京：中国环境科学出版社，1994：35.

环境保护局，同时也是国务院环境保护委员会的办事机构。1988年国务院机构改革方案将国家环境保护局从其他机构正式分离出来，成为直属国务院管理的副部级单位，明确为国务院综合管理环境保护的职能部门，人财物全部独立运行。至此，环境保护工作有了独立专门的管理机构。此外，涉及环境管理方面的组织机构还有绿化委员会、"五讲四美三热爱"委员会、爱国卫生运动委员会等机构，在地方也陆续建立起环境管理、科研和监测机构，为我国环境保护工作提供了组织保障。

总之，从改革开放初至党的十四大这一时期，我国初步形成了法律体系、政策制度、管理体制三个方面相结合的环境保护制度的基本架构。[1]环境保护建设步入制度建设的轨道上来。

③. 稳步发展阶段（1992—2002 年）

1992 年在巴西召开的联合国环境与发展大会，提出了可持续发展的理念。在这一理念的影响下，1993 年我国提出实施可持续发展战略的构想，生态文明制度建设进入新的发展阶段。为适应建立社会主义市场经济的要求，适应环境保护是我国长远发展的全局性战略问题的定位，我国应该"抓紧对现有环境保护法律、法规和规章进行清理和整理，特别是对不适应建设社会主义市场经济体制要求和相互之间不配套的内容进行废止、修改或补充。"[2]1993 年 3 月，全国人大成立环境保护委员会，使环境立法的进程大大加快。这一时期，我国除了修订已有的环境保护法律外，还制定了固体废物污染、噪声污染、节约能源、防沙治沙

---

① 李娟. 中国生态文明制度建设 40 年的回顾与思考 [J]. 中国高校社会科学，2019（2）：14.

② 国家环境保护局. 全国环境保护工作纲要（1993—1998）[J]. 环境保护，1994（3）：8.

等领域的法律法规。1997 年《刑法》进行修订，明确规定了破坏环境资源保护罪，设立了总共 14 个具体罪名，加强了对破坏环境的犯罪打击力度。《中华人民共和国节约能源法》于 1997 年 11月 1 日经第八届全国人民代表大会常务委员会第二十八次会议通过，自 1998 年 1 月 1 日起施行。这一时期出台的环保单项法律主要包括：《中华人民共和国固体废物污染环境防治法》（1995年 10 月通过）、《中华人民共和国环境噪声污染防治法》（1996年 10 月通过）、《中华人民共和国节约能源法》（1997 年 11 月通过）、《中华人民共和国森林法》（1998 年 4 月修订通过）、《中华人民共和国海洋环境保护法》（1999 年 12 月修订通过）、《中华人民共和国防沙治沙法》（2001 年通过）、《中华人民共和国清洁生产促进法》（2002 年 6 月通过）、《中华人民共和国草原法》（2002 年 12 月修订通过）等。

在环境保护制度建设方面，这一时期为有效减少工业生产中的主要污染物的排放，我国借鉴欧美发达国家清洁生产的政策和经验，开始重视对污染的源头治理和总量控制，先后颁布了《关于推行清洁生产的若干意见》《"九五"期间全国主要污染物排放总量控制计划》《中华人民共和国清洁生产促进法》等文件，对我国清洁生产的政策制度和技术指南等作出系统规划安排；对环境危害较大的 12 种污染物实行总量控制，克服了以前按照污染物浓度排放标准来控制污染的弊端；选择 10 个城市和 5 个行业作为清洁生产示范试点并逐步在全国范围内推广，有效减缓了环境污染恶化的趋势。① 这时政府认识到环境保护督察管理机制的重要性，提出要为环保部门严格执法创造良好的条件，建立健全

---

① 李娟 . 中国生态文明制度建设 40 年的回顾与思考 [J]. 中国高校社会科学，2019（2）：35.

行之有效的环保监督管理机制。这一时期，党和政府已经认识到正确处理好经济发展和环境保护的关系，认识到经济决策对环境的影响极大，提出要建立环境与发展综合决策的机制。即在制定重大经济和社会发展政策，规划重要资源开发和确定重要项目时，从促进发展和保护环境相统一的角度出发，从源头上防治环境污染和生态破坏。①

在环境保护行政管理体制方面，1998 年国家将原副部级的国家环境保护局提升为正部级的国家环境保护总局，原国务院环境保护委员会的职能、分散在电力工业部等各工业行业主管部门的污染防治职能并入国家环境保护总局。全国人大环境与资源保护委员会成立，使得环境管理工作得到实质性加强。我国制定了一系列关于开展环境保护执法检查的文件，建设了一支强有力的环保执法队伍，强调对于破坏环境，尤其是随意开发利用资源、只污染不治理的行为绝不能姑息放纵，提高了环境法律制度的执行力。提出要借鉴发达国家"经济靠市场、环保靠政府"的有益经验，进一步在政府机构改革中健全和强化环境管理体系，推行行之有效的环境管理制度，全面加强环境管理。环境管理方面还特别强调各级政府和部门在确定重大建设项目时，一定要引入环境影响评估制度，使重大建设项目的实施建立在科学有效的环境评估制度基础之上。

④ **深化发展阶段**（2002—2012 年）

进入 21 世纪，随着工业化和城镇化进程加快，资源环境和经济社会发展之间的矛盾越来越突出，因为经济发展造成的环境

---

① 国家环保总局，中共中央文献研究室. 新时期环境保护重要文献选编 [M]. 北京：中央文献出版社，中国环境科学出版社，2001：385.

污染问题成为影响人们生活水平的重要因素。生态环境问题成为党和政府工作的重点。以胡锦涛同志为总书记的党中央非常重视环境法律制度建设，胡锦涛指出："要加快制定和完善环境法律法规和标准，提高环境执法能力。"①2005 年 12 月发布的《国务院关于落实科学发展观加强环境保护的决定》，提出要"强化法治，综合治理。坚持依法行政，不断完善环境法律法规，严格环境执法"②。这一时期，我国进一步加快了环境保护的立法工作，先后制定和修订了一系列有关生态环境的法律，环境保护法律体系进一步完善，环境保护的法治化进程进一步加快。这一时期制定或修订的环保法规主要有：《中华人民共和国放射性污染防治法》（2003 年 6 月通过）、《中华人民共和国水污染防治法》（2008 年 2 月修订通过）、《中华人民共和国循环经济促进法》（2008 年 2 月通过）、《中华人民共和国水土保持法》（2010 年 12 月修订通过）等。

党和政府已经认识到必须"综合运用法律、经济、技术和必要的行政手段解决环境问题"③。这一时期在生态文明制度建设方面的成就是多方面的。首先，由于节约资源被确定为基本国策，为进一步落实节约资源的目标，党推动建立了节能减排考核评价制度，国务院组织开展省级人民政府节能减排目标责任评价考核，将节能减排目标完成情况作为领导班子和领导干部综合考核评价的重要内容，并实行一票否决制，极大扭转了单位国内生产总值能耗和主要污染物排放总量大幅上升的趋势。其次是环保产业制

---

① 胡锦涛.胡锦涛文选：第二卷 [M].北京：人民出版社，2016：376.

② 中共中央文献研究室.十六大以来重要文献选编（下）[M].北京：中央文献出版社，2007：86.

③ 中共中央文献研究室.十六大以来重要文献选编（下）[M].北京：中央文献出版社，2007：86.

度体系的建立和完善。为顺应发展绿色经济的时代趋势，从 2009
年起我国先后出台了一系列推动环保产业发展的制度，如注册环
保工程师制度、新机动车污染监测申报制度、环保设施运营资质
认可制度等。再次，建立绿色金融和财税制度，落实绿色信贷机制，
发展多种融资渠道和金融产品，满足环境保护产业的发展需求，
推动生态环境保护的建设。最后是环境保护公众参与机制的建立。
2003 年 9 月《中华人民共和国环境影响评价法》首次以法律形式
明确公众参与环境决策的权利，2006 年《环境影响评价公众参与
暂行办法》进一步明确了公众参与的具体形式和要求等。此外还
出台了《环境信访办法》（2006）、《环境信息公开办法（试行）》
（2007）、《关于培育引导环保社会组织有序发展的指导意见》
（2010）等文件，构建环境保护公众参与机制，推动环境保护事
业从政府、企业走向公众。

在环境保护行政管理体制方面，为进一步加强环境保护工作，
2008 年 3 月 15 日，十一届全国人大一次会议通过了国务院机构
改革方案。方案规定，组建环境保护部，成为国务院组成部门，
不再保留国家环境保护总局。

⑤ **全面完善阶段**（2012 年至今）

党的十八大的召开，标志着我国进入生态文明制度体系完善
时期。此后，党中央将生态文明建设提升到新的高度，生态文明
建设快速推进，特别是在生态文明制度建设领域取得了突破性进
展，生态文明制度建设步入快车道。总体来看，生态文明建设和
生态环境保护的改革方案和制度设计不断出台，生态文明制度和
法律体系不断完善，"四梁八柱"的生态文明制度体系已经建成，
生态文明制度体系的构建逐步走向成熟。

（1）加强生态文明制度建设的顶层设计。党的十八大之后生态文明制度建设的顶层设计方案不断出台。我国相继出台了《生态文明体制改革总体方案》《中共中央　国务院关于加快推进生态文明建设的意见》等重大文件，专门就生态文明制度建设作出战略性安排，制定了40多项涉及生态文明建设的改革方案，从总体目标、基本理念、主要原则、重点任务、制度保障等方面对生态文明建设进行全面系统部署安排。

2012年召开的党的十八大赋予了生态文明建设同经济、政治、文化、社会建设同等重要的战略地位。党的十八大报告指出："必须更加自觉地把全面协调可持续作为深入贯彻落实科学发展观的基本要求，全面落实经济建设、政治建设、文化建设、社会建设、生态文明建设"五位一体"总体布局，促进现代化建设各方面相协调。"[1] 党把生态文明建设放到了根本性、全局性的高度进行强调，同时指出："保护生态环境必须依靠制度"[2]。习近平总书记于2013年5月24日在《在十八届中央政治局第六次集体学习时的讲话》中指出，保护生态环境必须依靠制度、依靠法治。只有实行最严格的制度、最严密的法治，才能为生态文明建设提供可靠保障。[3]2013年11月12日，党的十八届三中全会通过的《中共中央关于全面深化改革若干重大问题的决定》（以下简称《决定》）提出，建设生态文明，必须建立系统完整的生态文明制度体系，实行最严格的源头保护制度、损害赔偿制度、责任追究制度，完

[1] 中共中央文献研究室.十八大以来重要文献选编（上）[M].北京：中央文献出版社，2014：7.

[2] 中共中央文献研究室.十八大以来重要文献选编（上）[M].北京：中央文献出版社，2014：32.

[3] 中共中央文献研究室.习近平关于社会主义生态文明建设论述摘编[M].北京：中央文献出版社，2017：99.

善环境治理和生态修复制度，用制度保护生态环境。①《决定》
提出要加强四个方面的制度建设：健全自然资源资产产权制度和
用途管制制度；划定生态保护红线；实行资源有偿使用制度和生
态补偿制度；改革生态环境保护管理体制。

2015年3月24日，中共中央政治局召开会议，审议通过《关
于加快推进生态文明建设的意见》（以下简称《意见》），这是
继党的十八大和十八届三中全会、四中全会对生态文明建设作出
顶层设计后，中央对生态文明建设的一次全面部署。《意见》提
出，到2020年，生态文明重大制度基本确立，基本形成源头预防、
过程控制、损害赔偿、责任追究的生态文明制度体系，自然资源
资产产权和用途管制、生态保护红线、生态保护补偿、生态环境
保护管理体制等关键制度建设取得决定性成果。

2015年9月11日，中共中央政治局审议通过了《生态文明
体制改革总体方案》（以下简称《方案》），《方案》提出生态
文明体制改革的目标是，到2020年构建起八项制度：归属清晰、
权责明确、监管有效的自然资源资产产权制度；以空间规划为基
础、以用途管制为主要手段的国土空间开发保护制度；以空间治
理和空间结构优化为主要内容，全国统一、相互衔接、分级管理
的空间规划体系；覆盖全面、科学规范、管理严格的资源总量管
理和全面节约制度；反映市场供求和资源稀缺程度，体现自然价
值和代际补偿的资源有偿使用和生态补偿制度；以改善环境质量
为导向，监管统一、执法严明、多方参与的环境治理体系；更多
运用经济杠杆进行环境治理和生态保护的市场体系；充分反映资
源消耗、环境损害、生态效益的生态文明绩效评价考核和责任追

---

① 中共中央文献研究室．十八大以来重要文献选编（上）[M]．北京：中央文献
出版社，2014：541．

究制度，形成产权清晰、多元参与、激励约束并重、系统完整的生态文明制度体系，推进生态文明领域国家治理体系和治理能力现代化，努力走向社会主义生态文明新时代。

2019 年 10 月 31 日，党的十九届四中全会通过了《中共中央关于坚持和完善中国特色社会主义制度　推进国家治理体系和治理能力现代化若干重大问题的决定》（以下简称《决定》），《决定》贯彻党的十九大精神，对"坚持和完善生态文明制度体系，促进人与自然和谐共生"作出系统安排，进一步明确了坚持和完善生态文明制度体系的总体要求，提出实行最严格的生态环境保护制度，全面建立资源高效利用制度，健全生态保护和修复制度，严明生态环境保护责任制度。进一步指明了生态文明制度建设的方向，为生态文明制度体系的进一步系统化、体系化打好基础。

（2）在生态文明法律体系建设方面，党的十八大以来取得了巨大的成就。2014 年 4 月 24 日，第十二届全国人大常委会第八次会议通过了新修订的《中华人民共和国环境保护法》，新的《中华人民共和国环境保护法》堪称"史上最严"的环保法。新法对企业拒不改正违法排放等违法行为进行"按日计罚、查封扣押、限产停产"的法律制裁，对重犯、屡犯和有主观故意的违法者，加倍甚至惩罚性处罚，同时追究企业法人和排污直接责任人的刑事责任，提高了企业的违法成本。新法首次将生态保护红线写入法律，规定国家在重点生态保护区、生态环境敏感区和脆弱区等区域，划定生态保护红线，实行严格保护。新法加大了对生态保护地区的财政转移支付力度，法条中明确地方人民政府需落实生态保护的补偿资金，确保其用于生态保护补偿。新法对政府、企业公开环境信息与公众参与、监督环境保护等也作出了系统规定。2016 年出台了《中华人民共和国环境保护税法》，对《大气污染防治法》《海洋环境保护法》《水污染防治法》等都作了较大幅度的修订。2019 年 1 月 1 日，我国首部专门规范防治土壤污染的法律《中华人民共和国土壤污染防治法》正式实施，2019 年 8 月，新《土地管理法》修正案审议通过。全国人大常委会、最高人民法院、最高人民检察院对环境污染和生态破坏界定入罪标准，加大惩治力度，环境保护法律体系不断完善。

根据党的十九大精神，生态文明被写入《宪法》。2018 年 3 月 11 日，十三届全国人大一次会议第三次全体会议通过了《中华人民共和国宪法修正案》，将"推动物质文明、政治文明和精神文明协调发展"修改为"推动物质文明、政治文明、精神文明、社会文明、生态文明协调发展"；"把我国建设成为富强民主文明和谐的社会主义现代化强国"修改为"把我国建设成为富强民主文明和谐美丽的社会主义现代化强国"；"领导和管理经济工作和城乡建设"修改为"领导和管理经济工作和城乡建设、生态文明建设"。生态文明入宪有力地推动了生态文明制度建设的进程。

（3）在生态文明制度体系建设方面，党和政府不断进行制度创新，取得了长足进展，生态文明制度体系不断完善。我国相继出台了《生态文明建设目标评价考核办法》《党政领导干部生态环境损害责任追究办法》《关于开展领导干部自然资源资产离任审计的试点方案》《关于全面推行河长制的意见》等系列文件，完善了主体功能区制度，生态环境监测数据质量管理、排污许可、河（湖）长制、禁止洋垃圾入境等环境治理制度加快推进，绿色金融改革、自然资源资产负债表编制、环境保护税开征、生态保护补偿等环境经济政策制定和实施进展顺利。这一时期，在生态环境治理方面，党和政府不断建立完善生态环境协同治理模式，协同推进经济社会发展和生态环境保护。注重推动跨区域、跨流域协同治理，建立了水污染防治联动协作机制、大气污染联防联控协作机制。

（4）生态环境管理体制建设方面。2018 年 3 月，十三届人大一次会议表决通过了关于国务院机构改革方案，方案对生态环境管理机构进行全面改革。为整合分散的生态环境保护职责，统一行使生态和城乡各类污染排放监管与行政执法职责，方案提出，将环境保护部的职责和此前分散在其他各部委的环境保护职责进行整合，组建生态环境部，取代原有的环境保护部。为统一行使全民所有自然资源资产所有者职责，统一行使所有国土空间用途管制和生态保护修复职责，着力解决自然资源所有者不到位、空间规划重叠等问题，实现山水林田湖草整体保护、系统修复、综合治理，方案提出，将国土资源部的职责和分散在其他各部委的职责进行整合组建自然资源部，作为国务院组成部门。通过生态环境管理机构改革，克服了环境管理体制多头治理的弊端。

2016 年 9 月，中共中央印发《关于省以下环保机构监测监察执法垂直管理制度改革试点工作的指导意见》，对省以下环保机构监测监察执法垂直管理制度改革的试点工作作出部署，解决以块为主的地方环保管理机制存在的问题。

二、生态文明制度体系的基本内容

党的十八大以后，我国加快了生态文明制度建设的进程。目前，我国生态文明制度体系不断完善，已经初步建立起生态文明制度的"四梁八柱"，形成了源头严防、过程严管、损害赔偿、后果严惩的基础性制度框架。这一制度框架具有系统性、整体性、协同性和操作性等特征，涵盖了生态文明从源头、过程到后果的全过程，包括环境治理、空间管制、资源节约等多个方面，为进一步推动生态文明建设提供了坚实的制度保障。2019 年 10 月 31 日，党的十九届四中全会通过了《中共中央关于坚持和完善中国特色社会主义制度 推进国家治理体系和治理能力现代化若干重大问题的决定》（以下简称《决定》），提出进一步完善生态文明制度体系，促进人与自然和谐共生，要"实行最严格的生态环境保护制度，全面建立资源高效利用制度，健全生态保护和修复制度，严明生态环境保护责任制度"。《决定》所提出的四个方面的制度在逻辑上相互贯通，体系上相互支撑，共同构成系统严密的生态文明制度体系。这是对生态文明建设领域的基础性制度体系全面系统呈现，是对生态文明制度体系的总体性设计，为进一步完善生态文明制度体系指明了方向。今后，我们要继续按照党中央在生态文明制度建设方面的部署和要求，在坚持巩固、完善发展、遵守执行生态文明制度上持续用力、久久为功，使美丽中国的愿望早日成为现实。

① 实行最严格的生态环境保护制度

生态文明制度的核心在于生态环境保护，从根本上解决工业文明产生的外部性问题。生态环境保护制度的根本要求是严格，要实行最严格的生态环境保护制度。要在坚持人与自然和谐共生，坚守尊重自然、顺应自然、保护自然的基础上，对生态环境进行全面保护。这一生态环境保护体系包括以下几个方面。

（1）加快建立健全国土空间规划和用途统筹协调管控制度。要从整体上谋划国土空间开发保护格局，建立全国统一、权责清晰、科学高效的国土空间规划体系，不断健全国土空间用途管制制度，实行主体功能区制度。

新型国土空间规划体系初步形成。2017年1月国务院印发《全国国土规划纲要（2016—2030年）》，这是我国首个国土开发与保护的战略性、综合性、基础性规划，对国土空间开发、资源环境保护、国土综合整治和保障体系建设等作出总体部署与统筹安排，对涉及国土空间开发、保护、整治的各类活动具有指导和管控作用，对相关国土空间专项规划具有引领和协调作用，是战略性、综合性、基础性规划。2017年4月14日，国土资源部审议通过《国土资源部贯彻落实全国国土规划纲要（2016—2030年）实施方案》。2019年5月中共中央、国务院发布《关于建立国土空间规划体系并监督实施的若干意见》，明确提出国土空间规划是国家空间发展的指南和可持续发展的空间蓝图，是各类开发保护建设活动的基本依据。目前，自然资源部正在牵头组织编制我国第一部"多规合一"的《全国国土空间规划纲要（2020—2035年）》，此次纲要的重点任务是综合考虑全国人口分布、经济布局、国土利用、生态环境保护等因素，整体谋划新时代国土空间开发保护格局，科学布局生产、生活、生态空间，加快形成绿色生产方式和生活方式，保障国家战略的有效实施，推动实现高质量发展、高品质生活，促进国家治理体系和治理能力现代化。

国土空间用途管制制度不断健全。1997年中共中央、国务院联合下发《关于进一步加强土地管理切实保护耕地的通知》，首次提出"用途管制"的概念。根据习近平总书记"山水林田湖草是生命共同体"的理念，用途管制要从土地扩展到所有国土空间。党的十八大以来，相关领域和部门不断将用途管制扩大到所有自然生态空间，控制建设用地总量，划定并严守生态红线，初步形成了国土空间变化动态监测机制，国土空间用途管制制度不断健全。一是严格界定了自然生态空间内涵。二是全面开展生态红线划定工作。在自然生态空间范围内，将具有重要生态功能、必须强制性严格保护的空间确定为生态红线。三是明确了自然生态空间管制措施。与主体功能区战略相结合，将生态保护红线原则上按禁止开发区域要求进行管理，明确了"三严禁"，即严禁不符合主体功能定位的各类开发活动，严禁任意改变用途，严格禁止任何单位和个人擅自占用和改变用地性质。四是明确了自然生态空间修复和维护政策机制。五是建立实施保障政策体系。六是建立实施生态空间保护监测体系。七是广泛开展自然生态空间用途管制试点建设。① 海洋国土空间开发保护管制制度也初步形成。按照优化开发、重点开发、限制开发、禁止开发的思路，将岸线和近海进行了空间类型划分，制定了相应的空间管制措施和政策。

主体功能区制度不断完善。2011 年 6 月 8 日，中国政府网全文刊载了我国首个全国性国土空间开发规划《全国主体功能区规划》（以下简称《规划》），这一规划是推进形成主体功能区的基本依据，是科学开发国土空间的行动纲领和远景蓝图，是国土空间开发的战略性、基础性和约束性的规划。按照《规划》战略部署，各省、区、市相继开展了省级主体功能区规划编制实施工作，基本建立了基于高强度城镇化、工业化开发差别部署的主体功能区制度。目前已经基本形成主体功能区分区战略，形成以生态文明建设为核心的空间组织格局，构建了"两横三纵"为主体的城市化战略格局，构建形成了"七区二十三带"为主体的现代农业发展布局，构建"两屏三带"为主体的生态安全格局，形成了一

---

① "十八大以来生态文明体制改革的进展、问题与建议"课题组. 生态文明体制改革进展与建议 [M]. 北京：中国发展出版社，2018：167-169.

整套基于主体功能区划分的空间管制技术规程，实现主体功能区的陆海空间管理统筹。2017年8月29日，中央全面深化改革领导小组第三十八次会议审议通过了《关于完善主体功能区战略和制度的若干意见》，明确提出建设主体功能区是我国经济发展和生态环境保护的大战略。完善主体功能区战略和制度，要发挥主体功能区作为国土空间开发保护基础制度作用，推动主体功能区战略格局在市县层面精准落地，健全不同主体功能区差异化协同发展长效机制，加快体制改革和法治建设，为优化国土空间开发保护格局、创新国家空间发展模式夯实基础。

（2）完善绿色生产和消费的法律制度和政策导向，发展绿色金融，推进市场导向的绿色技术创新，更加自觉地推动绿色循环低碳发展。按照党的十九届四中全会《决定》精神，应当构建包括法律、法规、标准、政策在内的绿色生产和消费制度体系，加快推行源头减量、清洁生产、资源循环、末端治理的生产方式，推动形成资源节约、环境友好、生态安全的工业、农业、服务业体系，有效扩大绿色产品消费，倡导形成绿色生活行为。这既是推动绿色低碳循环发展的内在要求，也是推动新时代我国经济高质量发展的重要内容。需要统筹推进绿色生产和消费领域法律法规的立改废释工作，结合实际促进绿色生产和消费，鼓励先行先试，做好经验总结。要着力完善能耗、水耗、地耗、污染物排放、环境质量等方面标准，完善绿色产业发展支持政策，完善市场化机制及配套政策，发展绿色金融，推进市场导向的绿色技术创新。[1]2002年通过的《中华人民共和国清洁生产促进法》，目的是采取改进设计、使用清洁的能源和原料、采用先进的工艺技术与设备、改善管理、综合利用等措施，从源头削减污染，以减轻或者消除

---

[1]　穆虹.坚持和完善生态文明制度体系[N].经济日报，2019-12-16（9）.

对人类健康和环境的危害。2018 年 6 月，生态环境部联合其他部门发布了《公民生态环境行为规范（试行）》，倡导简约适度、绿色低碳的生活方式，引领公民践行生态环境责任。

（3）构建以排污许可制为核心的固定污染源监管制度体系，完善污染防治区域联动机制和陆海统筹的生态环境治理体系。2016 年 11 月，国务院办公厅印发《关于印发控制污染物排放许可制实施方案的通知》，标志着排污许可制度改革正式启动。2016 年 12 月，环境保护部发布了《排污许可证管理暂行规定》。2017 年，环境保护部办公厅印发《重点行业排污许可管理试点工作方案》，确定了 11 个省级环保部门和 6 个市级环保部门牵头负责或参与相应重点行业排污许可证申请与核发试点工作。2018 年 1 月，根据《中华人民共和国环境保护法》《中华人民共和国水污染防治法》《中华人民共和国大气污染防治法》以及国务院办公厅印发的《控制污染物排放许可制实施方案》，环境保护部制定印发《排污许可管理办法（试行）》，对排污许可证的申请、核发、执行以及与排污许可相关的监管和处罚等行为进行了规范。

党的十九届四中全会通过的《决定》提出要完善污染防治区域联动机制和陆海统筹的生态环境治理体系。在构建环境治理体系方面，我国取得了较大进展。不仅重组了自然资源部和生态环境部，破除了"九龙治水"的弊端，而且环保机构省以下实行了垂直管理改革。我国实行领导和管理体制机制创新，开展按流域设置环境监管和行政执法机构试点，增强流域环境监管和行政执法合力，实现流域环境保护统一规划、统一标准、统一防治、统一监测、统一执法。下一步要统筹推进自然资源统一管理，统一推动普遍实行垃圾分类处理和资源化利用制度，健全城乡同部署同落实的一体化协同工作机制。

（4）加强农业农村环境污染防治。2018年11月，由生态环境部与农业农村部共同制定的《农业农村污染治理攻坚战行动计划》（以下简称《计划》）经国务院同意发布实施，旨在改变农村环境脏乱差的状况。《计划》提出，到2020年，要实现农村饮用水安全有保障；农村生活垃圾和污水得到治理，实现村庄环境干净整洁有序；减少化肥、农药使用量和农业用水总量等一系列目标。

（5）完善生态环境保护法律体系和执法司法制度。落实完善生态保护法律体系和执法司法制度，建立健全系统完善的生态环境综合执法制度体系，切实解决执法监管"碎片化"、不规范等问题，提高依法开展生态文明建设的工作水平。要加强环境执法与刑事司法衔接，2015年5月中共中央、国务院印发的《关于加快推进生态文明建设的意见》明确要求"健全行政执法与刑事司法衔接机制"。2017年1月，环境保护部、公安部、最高人民检察院印发了《环境保护行政执法与刑事司法衔接工作办法》，明确了案件移送标准，细化了人民检察院法律监督的具体内容和方式。

② 全面建立资源高效利用制度

节约资源和保护环境是我国的基本国策，生态环境保护的成功与否跟资源是否高效利用密切相关，资源的高效利用是实现源头污染防治的有效手段。生态环境保护要实现经济发展和环境保护的正和博弈，一定要转变经济发展方式和资源利用方式。要聚焦资源利用的重点领域，通过建立起有偿使用、总量管理、全面节约和循环持续的资源利用制度体系，来提高资源利用效能。

（1）健全自然资源产权制度。习近平总书记提出："我国生态环境保护中存在的一些问题，一定程度上与体制不健全有关，原因之一是全民所有自然资源资产的所有权人不到位，所有权人权益不落实。"① 资源高效利用的前提是产权明晰。由于自然资源资产底数不清、所有者不到位、权责不明晰、权益不落实、监管保护制度不健全等问题，导致产权纠纷多发、资源保护乏力、开发利用粗放、生态退化严重。党的十九届四中全会通过的《决定》提出推进自然资源统一确权登记法治化、规范化、标准化、信息化，健全自然资源产权制度，是为解决资源利用的体制性障碍提供制度工具。目前，我国自然资源资产产权制度改革积极推进、自然资源统一确权登记试点工作进展有序，资源权属不断夯实。

2016 年 11 月 1 日，中央全面深化改革领导小组第二十九次会议审议通过了《自然资源统一确权登记办法（试行）》（以下简称《办法》）。《办法》要求坚持资源公有、物权法定和统一确权登记的原则，对水流、森林、山岭、草原、荒地、滩涂以及探明储量的矿产资源等自然资源的所有权统一进行确权登记，形成归属清晰、权责明确、监督有效的自然资源资产产权制度。从 2016 年 12 月开始，在全国 12 个地区开展自然资源确权登记试点。随后，多部门出台分领域试点方案，对水流产权、矿产资源等分领域进行确权试点，为全面开展确权登记做好前期准备工作。总体来看，省级自然资源确权登记工作试点有序推进，在福建、贵州等 12 省市全面实施、深入开展，资源权属不断夯实。截至目前，一些地方的试点工作已经结束。与此同时，不动产统一登记制度已经全面落地实施。不动产登记机构、登记簿册、登记依据和信息平台"四统一"全面实现。2019 年 4 月，中共中央办公厅和国务院办公厅印发的《关于统筹推进自然资源资产产权制度改革的

---

① 中共中央文献研究室 . 习近平关于全面深化改革论述摘编 [M]. 北京：中央文献出版社，2014：108.

指导意见》提出，到 2020 年，基本建立归属清晰、权责明确、保护严格、流转顺畅、监管有效的自然资源资产产权制度。

（2）落实资源有偿使用制度。习近平总书记强调指出，要"建立反映市场供求和资源稀缺程度、体现生态价值、代际补偿的资源有偿使用制度和生态补偿制度"①。自然资源有偿使用制度是生态文明制度体系的一项核心制度。改革开放以来，我国全民所有自然资源资产有偿使用制度逐步建立，在促进自然资源保护和合理利用、维护所有者权益方面发挥了积极作用，但由于有偿使用制度不完善、监管力度不足，还存在市场配置资源的决定性作用发挥不充分、所有权人不到位、所有权人权益不落实等突出问题。2016 年 8 月 30 日，中央全面深化改革领导小组第二十七次会议审议通过了《关于创新政府配置资源方式的指导意见》，指出创新政府配置资源方式，要发挥市场在资源配置中的决定性作用和更好发挥政府作用，大幅度减少政府对资源的直接配置，更多引入市场机制和市场化手段，提高资源配置效率和效益。这为资源有偿使用制度的建立进行了顶层设计。国务院于 2017 年发布了《国务院关于全民所有自然资源资产有偿使用制度改革的指导意见》（以下简称《意见》），该《意见》按照生态文明体制改革总体部署，为健全完善全民所有自然资源资产有偿使用制度提出了全面要求。要重点完善土地资源有偿使用制度、水资源有偿使用制度、矿产资源有偿使用制度、国有森林资源有偿使用制度、国有草原资源有偿使用制度，海域海岛资源有偿使用制度。

完善土地有偿使用制度。2016 年 8 月 30 日，中央全面深化改革领导小组第二十七次会议审议通过了《关于完善农村土地所

---

① 中共中央文献研究室. 习近平关于全面深化改革论述摘编 [M]. 北京：中央文献出版社，2014：105.

有权承包权经营权分置办法的意见》，提出要继续深化农村土地制度改革，实行所有权、承包权、经营权"三权分置"，这是继家庭联产承包责任制后农村改革的又一大制度创新，是农村基本经营制度的自我完善，是农村土地有偿使用的基础性文件。2016年12月1日，国土资源部会同有关部门印发《关于扩大国有土地有偿使用范围的意见》，要求进一步深化国有土地使用和管理制度改革，扩大国有土地有偿使用范围，促进国有土地资源全面节约集约利用，更好地支撑和保障经济社会持续健康发展。2017年11月20日十九届中央全面深化改革领导小组第一次会议审议通过了《关于拓展农村宅基地制度改革试点的请示》，强调拓展农村宅基地制度改革试点范围。目前农村土地制度改革取得积极进展，为建设城乡统一的建设用地市场积累了宝贵经验。

完善矿产资源有偿使用制度。2016年12月30日，中央全面深化改革领导小组第三十一次会议审议通过了《矿产权出让制度改革方案》和《矿产资源权益金制度改革方案》，强调完善矿产权出让制度是维护矿产资源国家所有者权益的重要保障。2017年4月13日，国务院印发关于《矿产资源权益金制度改革方案》的通知，提出了矿产资源权益金制度框架和主要内容，以及配套改革政策。目前已经制定了《矿产权占用费征收使用办法》《矿产权出让收益征收使用管理办法》，完成了《中华人民共和国矿产资源法》的修订。

完善海域海岛有偿使用制度。2017年5月，中央全面深化改革领导小组第三十五次会议审议通过了《海域、无居民海岛有偿使用的意见》（以下简称《意见》）。海域、无居民海岛是全民所有自然资源资产的重要组成部分。《意见》提出要建立符合海域、无居民海岛资源价值规律的有偿使用制度。根据《意见》的要求以及生态文明体制改革的总体方案，财政部和国家海洋局制定了《海域使用金征收标准》和《无居民海岛使用金征收标准》。

（3）实现资源总量管理和全面节约制度，健全资源节约集约循环利用政策体系。2015年9月中共中央、国务院印发的《生态文明体制改革总体方案》明确提出要构建资源总量管理和全面节约制度。落实这一制度，需要树立节约集约循环利用的资源观，建立资源环境价格形成机制，促进资源节约和生态环境保护。2015年10月党的十八届五中全会召开，大会通过的《中共中央关于制定国民经济和社会发展第十三个五年规划的建议》作出全面节约和高效利用资源的战略部署，这是未来5年以至更长时期我国资源利用管理工作的根本遵循。建议提出，强化约束性指标管理，实行能源和水资源消耗、建设用地等总量和强度双控行动，坚持最严格的节约用地制度。建议提出探索实行耕地轮作休耕制度试点。建议提出建立健全用能权、用水权、排污权、碳排放权初始分配制度，目的就是要发挥市场在资源配置中的决定性作用，建立资源节约和环境保护的长效机制。

加快建立健全充分反映市场供求和资源稀缺程度，体现生态价值和环境损害成本的资源环境价格机制。2015年10月15日发布的《中共中央 国务院关于推进价格机制改革的若干意见》明确指出，要加快推进能源价格市场化，推进水、石油、天然气、电力、交通运输等领域价格改革，放开竞争性环节价格，充分发挥市场决定价格作用。2017年8月23日，国家发展改革委印发《国家发展改革委关于进一步加强垄断行业价格监管的意见》，强调围绕电力、天然气、居民供水供气供热等重点领域，加快建立健全成本监审办法和价格形成机制。实现规范垄断行业收费，降低企业成本，提高企业效率的目的。2017年11月24日，财政部联合其他部委印发《扩大水资源税改革试点实施办法》。自 2017 年 12 月 1 日起，在北京、天津等省（自治区、直辖市）开展水资源税改革试点。通过水资源改革，将强力释放再生水、海水淡化、供水漏损控制等市场。

完善最严格的耕地保护制度和土地节约集约利用制度。人多地少的基本国情决定了我们要坚持最严格的节约用地制度。大力推进节约集约用地，才能使土地利用方式和经济发展方式加快转变，为全面建成小康社会和实现中华民族伟大复兴的中国梦提供坚实保障。2014 年 9 月 12 日，国土资源部印发《关于推进土地节约集约利用的指导意见》提出要坚持和完善最严格的节约用地制度。2017 年 1 月 9 日中共中央和国务院印发实施《关于加强耕地保护和改进占补平衡的意见》，强调加强耕地保护和改进占补平衡，要坚守土地公有制性质不改变、耕地红线不突破、农民利益不受损三条底线。总体目标是牢牢守住耕地红线，确保实有耕地数量基本稳定、质量有所提升。2018 年 1 月和 2 月国家出台《省级政府耕地保护责任目标考核办法》和《关于全面实行永久基本农田特殊保护的通知》，提出确保到 2020 年全国永久基本农田保护面积不少于 15.46 亿亩，基本形成保护有力、建设有效、管理有序的永久基本农田特殊保护格局。同年 3 月国务院办公厅还印发了《跨省域补充耕地国家统筹管理办法》和《城乡建设用地增减挂钩节余指标跨省域调剂管理办法》，坚持耕地数量、质量、生态"三位一体"保护，以土地总体规划及相关规划为依据，以土地整治和高标准农田建设新增耕地为主要来源，确保统筹补充耕地数量不减少、质量不降低。2022 年中共中央和国务院发布的《关于做好 2022 年全面推进乡村振兴重点工作的意见》强调指出，要严守 18 亿亩耕地红线，按照耕地和永久基本农田、生态保护红线、城镇开发边界的顺序，统筹划定落实三条控制线。

完善最严格的水资源管理制度。为加强对水资源的利用管理，国务院于 2012 年印发了《国务院关于实行最严格水资源管理制度的意见》和《国务院办公厅关于印发实行最严格水资源管理制度考核办法的通知》。2016 年 12 月，水利部等九部门印发了《"十三五"实行最严格水资源管理制度考核工作实施方案》，《实施方案》提出在"十三五"期间要重点建立和推进的水资源管理制度，包括河长制、取水许可与水资源论证制度等九项制度。

推行用能权交易制度。中共中央、国务院印发的《生态文明体制改革总体方案》中首次提出了用能权交易。随后，国民经济和社会发展"十三五"规划纲要再次提及用能权概念，提出建立健全用能权初始分配制度。2016 年 9 月 21 日，国家发展改革委发布《用能权有偿使用和交易制度试点方案》，计划到 2020 年开展试点效果评估，视情况逐步推广。水权制度是现代水资源管理制度的重要组成部分，水权交易是运用市场机制优化配置水资源的重要途径。要探索推行水权交易制度。2014 年 6 月 30 日，水利部印发了《关于开展水权试点工作的通知》，探索跨盟市、跨流域、行业和用水户间、流域上下游等多种形式的水权交易流转模式。2016 年 6 月 28 日，国家级水权交易平台——中国水权交易所开业活动在北京举行。目前，全国 7 个水权试点经过 3 年多的积极探索，初步形成了流域间、流域上下游、区域间、行业间和用水户间等多种水权交易模式，为全国水权改革提供了可复制可推广的经验做法。

2013 年 1 月 23 日，为指导和推动循环经济加快发展，国务院印发《循环经济发展战略及近期行动计划》，对发展循环经济作出战略规划。2016 年 2 月 1 日，国家发展改革委等多部委联合印发《关于加快发展农业循环经济的指导意见》，致力于推进资源利用节约化、生产过程清洁化、产业链接循环化，农林废弃物处理资源化。为进一步加强农业废弃物资源化利用工作，2016年8月11日，农业部会同多部委共同研究制定了《关于推进农业废弃物资源化利用试点的方案》。2017年4月21日，国家发展改革委等14个部委联合印发了《关于印发〈循环发展引领行动〉的通知》，通知提出要强化制度供给，推行生产者责任延伸制度，建立再生产品和再生原料推广使用制度，完善一次性消费品限制使用制度，深化循环经济评价制度，强化循环经济标准和认证制度，推进绿色信用管理制度。

（4）普遍实行垃圾分类和资源化利用制度。1995年10月30日第八届全国人民代表大会常务委员会第十六次会议通过《中华人民共和国固体废物污染环境防治法》，防治固体废物污染环境，保障人体健康，维护生态安全。2017年3月18日，国务院印发《关于转发国家发展改革委、住房城乡建设部生活垃圾分类制度实施方案的通知》，提出要加快建立分类投放、分类收集、分类运输、分类处理的垃圾处理系统，形成以法治为基础、政府推动、全民参与、城乡统筹、因地制宜的垃圾分类制度，为最终建立垃圾分类相关法律法规和标准体系打好基础。2017年4月18日，中央全面深化改革领导小组第三十四次会议审议通过了《关于禁止洋垃圾入境推进固体废物进口管理制度改革实施方案》，方案强调要加强固体废物回收利用管理，发展循环经济。2019年6月5日，国务院常务会议通过《中华人民共和国固体废物污染环境防治法（修订草案）》，强调实行减少固体废物的产生量和危害性、充分合理利用固体废物和无害化处置固体废物的原则，促进清洁生产和循环经济发展。

（5）推进能源革命，构建清洁低碳、安全高效的能源体系。

推动能源体系革命性变革，已成为大国能源战略的重要取向。
2014年6月，中央财经领导小组第六次会议正式提出，把推动"能
源生产和消费革命"作为我国的一项长期战略。2014年11月，
国务院办公厅发布《能源发展战略行动计划（2014—2020年）》，
提出要坚持"节约、清洁、安全"的战略方针，重点实施节约优先、
立足国内、绿色低碳和创新驱动四大战略，加快构建清洁、高
效、安全、可持续的现代能源体系。2016年12月，国家发展改
革委、国家能源局联合发布的《能源生产和消费革命战略（2016—
2030）》，战略提出到2020年，全面启动能源革命体系布局，
推动化石能源清洁化，根本扭转能源消费粗放增长方式，实施政
策导向与约束并重。战略提出，在能源需求总量仍持续增长的同
时，到2020年和2030年，非化石能源占比分别提高到15%和
20%，天然气比例也将提升到约10%和15%，不断扩大清洁能源
比例。到2030年，使现代能源市场体制更加成熟完善，能源自
给能力保持在较高水平，更好利用国际能源资源，初步构建现代
能源体系。

（6）健全海洋资源开发保护制度。2016年11月，我国修订
了《中华人民共和国海洋环境保护法》，为海洋生态文明建设提
供了坚实的法律依据。2016年12月5日，中央全面深化改革领
导小组第三十次会议审议通过了《围填海管控办法》，要求严格
控制总量，依法科学配置，集约节约利用，严格落实生态保护红
线的管控要求，要强化监管，对各类违规违法行为要追究责任。
2017年国家海洋局印发《贯彻落实〈围填海管控办法〉的指导意
见》，要求加大海洋生态系统和环境保护力度，优化围填海空间
布局，全面促进海域资源集约节约利用，切实加强海洋监督检查、
督查追责，大力推进海洋经济绿色发展、循环发展、低碳发展。

此外，中央全面深化改革领导小组分别在第二十九次和第三十五次会议审议通过了《海岸线保护与利用管理办法》和《关于建立资源环境承载能力监测预警长效机制的若干意见》。2017年9月20日中共中央办公厅、国务院办公厅印发《关于建立资源环境承载能力监测预警长效机制的若干意见》，针对水资源、土地资源、环境、生态、海域分别设置了具体的管控措施。

（7）加快建立自然资源统一调查、评价、监测制度，健全自然资源监管体制。长期以来，我国自然资源实行分头管理，自然资源调查监测工作分头组织，导致调查监测在对象、范围、内容等方面存在重复和交叉以及调查结果相互矛盾的现象，不利于将山水林田湖草作为一个生命共同体进行系统治理。2018年自然资源部提出我国将构建"统一组织开展、统一法规依据、统一调查体系、统一分类标准、统一技术规范、统一数据平台"的"六统一"自然资源调查监测体系，彻底解决各类自然资源调查数出多门的问题，全面查清各类自然资源的分布状况，形成一套全面、完善、权威的自然资源管理基础数据，并在此基础上优化国土空间变化监测体系，以满足自然资源治理体系和治理能力现代化的需求。2020年1月17日，自然资源部发布《自然资源调查监测体系构建总体方案》，明确了自然资源调查监测工作的任务书、时间表，为加快建立自然资源统一调查、评价、监测制度，健全自然资源监管体制，切实履行自然资源统一调查监测职责提供了重要遵循和行动指南。方案提出，到2023年，完成自然资源统一调查、评价、监测制度建设，形成一整套完整的自然资源调查监测的法规制度体系、标准体系、技术体系以及质量管理体系。

自然资源监管体制方面。我国的环境监管方式逐步改进，环境监管工具进一步完善，监管效能稳步提升。2016年12月5日，

中央全面深化改革领导小组第三十次会议审议通过了《关于健全
国家自然资源资产管理体制试点方案》，指出健全国家自然资源
资产管理体制，要按照所有制和管理者分开和一件事由一个部门
管理的原则，将所有者职责从自然资源管理部门分离出来，集中
统一行使，负责各类全民所有自然资源资产的管理和保护。要区
分自然资源资产所有者和监管者职能，由国务院代表国家行使所
有权，探索建立中央、地方分级代理行使所有权的体制。划清全
民所有、不同层级政府行使所有权的边界，研究实行中央和地方
政府分级代理行使所有权职责体制。从 2017 年起，各地开始探
索建立国家自然资源资产管理局，2017 年 8 月，东北虎豹国家公
园国有自然资源资产管理局和东北虎豹国家公园管理局成立，这
是我国第一个由中央直接管理的国家自然资源资产和国家公园管
理机构。此后，青海、湖北等多地开始建立类似的国家自然资源
资产管理局。2018 年 3 月，中共中央印发了《深化党和国家机构
改革方案》。根据方案，将国土资源部、国家发展改革委、住房
城乡建设部、水利部、农业部等机构的相关职责进行整合，组建
全新的自然资源部，作为国务院的组成部分，统一行使全民所有
自然资源资产所有者职责，统一行使所有国土空间用途管制和生
态保护修复职责。

健全环境监管执法"双随机、一公开"监管制度。全面推行"双
随机、一公开"监管体制改革，是国务院部署的一项重大改革措施。
2015 年 10 月环境保护部印发了《关于在污染源日常环境监管领
域推广随机抽查制度的实施方案》，对随机抽查主体、抽查内容、
抽查对象、抽查比例、抽查方式等进行了详细规定。2015 年 7 月，
国务院印发了《关于推广随机抽查规范事中事后监管的通知》，
对推广随机抽查监管的具体措施进行了要求。据统计，2017 年，

全国所有市、县级环保部门均已建立"双随机、一公开"监管制度。

③ 健全生态保护和修复制度

习近平总书记强调："要用系统论的思想方法看问题，生态系统是一个有机生命躯体，应该统筹治水和治山、治水和治林、治水和治田、治山和治林等。"① 生态系统是各要素相互依存有机整合的循环链条。因此，建立生态系统保护和修复的制度体系，也应当注重制度建设的整体性和协同性。党的十九届四中全会通过的《决定》提出的统筹山水林田湖草一体化保护和修复、健全国家公园保护制度等，正是生态保护整体性、系统性的反映。

（1）建立森林、草原、河流、湖泊、湿地、海洋等自然生态保护制度。统筹山水林田湖草一体化保护和修复。首先是建立天然林保护制度。2015 年 3 月 17 日，中共中央、国务院印发《国有林场改革方案》和《国有林区改革指导意见》。明确界定国有林场生态责任和保护方式，明确提出改革的主要任务是区分不同情况，有序停止重点国有林区天然林商业性采伐，确保森林资源稳步恢复和增长。2015 年 12 月 31 日，国家林业局印发《关于严格保护天然林的通知》，提出要严格控制低产低效天然林改造，严格控制天然林树木采挖移植，进一步完善天然林保护措施，严厉打击各类违法违规行为。2016 年 11 月 16 日，国务院办公厅印发《关于完善集体林权制度的意见》，旨在放活林地经营权，推进集体林权规范有序流转，促进集体林业适度规模经营，充分发挥集体林业在维护生态安全中的重要作用。此外国家还发布了《国家储备林制度方案》《国家储备林建设规划（2018—2035）》，

---

① 中共中央文献研究室．习近平关于全面深化改革论述摘编 [M]．北京：中央文献出版社，2014：56.

为建立系统完备的国家储备林制度打好基础。其次是建立草原保护制度。2016 年 6 月 22 日，农业部印发《推进草原保护制度建设工作方案》，规划了我国草原保护制度建设路线图。方案提出推进草原保护制度的四个原则，即坚持深化改革、完善机制，保护生态、绿色发展，因地制宜、分类指导，强化监管、依法推进。目标是要使草原生态环境逐步好转、草原畜牧业发展方式进一步转变、全面建立草原保护建设利用法律法规制度。2017 年 6 月，农业部办公厅印发《关于依法加强草原征占用审核审批管理的通知》，进一步加强草原征占用审核审批管理工作，保护草原资源和生态环境，维护农牧民合法权益。最后是建立湿地保护制度。2016 年 11 月 1 日，中央全面深化改革领导小组第二十九次会议审议通过了《湿地保护修复制度方案》，对湿地保护修复制度的建设提出了整体方案。确保湿地面积不减少，增强湿地生态功能，维护湿地生物多样性，全面提升湿地保护与修复水平。2017 年 11 月 3 日国家林业局对原有的《湿地保护管理规定》进行了修订，并于 2018 年 1 月 1 日起施行，为进一步保护湿地提供了保障。随后全国一些省份纷纷出台了地方性湿地修复办法。

改革耕地草原河湖休养生息制度。《生态文明体制改革总体方案》第三十四条明确指出："建立耕地草原河湖休养生息制度。编制耕地、草原、河湖休养生息规划。"2016 年 11 月，国家发展改革委、财政部、国土部、环保部、水利部、农业部、国家林业局、国家粮食局 8 部门联合印发《耕地草原河湖休养生息规划（2016—2030）》。明确要求，按照节约优先、保护优先、自然恢复为主的方针，把合理降低开发利用强度作为休养生息的首要任务，通过暂停或退出生产功能、调整生产结构、调节生产时序，辅之以最严格的管控措施，做到取之有时、取之有度，逐步恢复自然生态和资源承载力。

（2）构建以国家公园为主体的自然保护地体系，健全国家公园保护制度。按照自然生态系统原真性、整体性、系统性及其内在规律，将自然保护地按生态价值和保护强度高低，依次分为国家公园、自然保护区、自然公园三类，理顺各类自然保护地管理职能，按照生态系统重要程度，将国家公园等自然保护地分为中央直接管理、中央地方共同管理和地方管理三类。

完善国家公园保护制度。2017 年 3 月 5 日，李克强总理在中华人民共和国第十二届全国人民代表大会第五次会议上所作的政府工作报告中首次提出建立国家公园体制。国家公园体制是以国家名义推进自然资源科学保护和合理利用，促进人与自然和谐共生的重要制度。目前，我国国家公园管理的法律法规体系尚未建立，应该借鉴先进的国际经验，适时出台国家公园管理方面的专门性法律法规和具体实施办法，推动国家公园管理的法制化、规范化。2017 年 9 月 26 日中共中央办公厅、国务院办公厅印发了《建立国家公园体制总体方案》，并发出通知，要求各地区各部门结合实际认真贯彻落实。党的十九届四中全会通过的《决定》提出："构建以国家公园为主体的自然保护地体系，健全国家公园保护制度"，这标志着我国国家公园体制试点进入了新阶段。党的十八大以来，我国先后建立三江源、东北虎豹、大熊猫、祁连山、神农架、武夷山等 10 个国家公园体制试点区，试点工作取得阶段性成效。

（3）加强长江、黄河等大江大河生态保护和系统治理。大力推动长江、黄河经济带生态环境保护工作。2017 年 7 月，环境保护部、国家发展改革委和水利部共同拟定的《长江经济带生态环境保护规划》发布，规划提出长江经济带是我国经济重心所在、活力所在，也是中华民族永续发展的重要支撑。历经多年开发建设，传统的经济发展方式仍未得到根本转变，生态环境状况形势严峻。随着长江经济带发展战略全面实施和生态文明建设加快推进，要把生态环境保护摆上优先地位，用改革创新的办法抓长江生态保护，确保一江清水绵延后世。《长江经济带生态环境保护规划》提出要建设和谐长江、健康长江、清洁长江、优美长江、安全长江。争取到2030年，长江干支流生态水量充足，水环境质量、空气质量和水生态质量全面改善，生态系统服务功能显著增强，生态环境更加美好。实施黄河生态经济带战略，黄河是我国华北西北的重要生态屏障，应该统筹推进黄河流域及相关省区生态环境治理。目前，黄河生态治理正在进入关键期，还存在四个方面的短板：一是水土流失问题仍很严重；二是淤地坝老化失修与建设不足并存；三是巩固退耕还林还草成果压力大；四是黄河滩区开发与保护矛盾突出。2019年9月18日，习近平总书记在郑州主持召开黄河流域生态保护和高质量发展座谈会。在座谈会上，习近平总书记提出要把对黄河流域生态保护和高质量发展作为一项重大国家战略实施。为此要坚持生态优先、绿色发展，以水而定、量水而行，因地制宜、分类施策，着力加强生态保护治理、保障黄河长治久安、促进全流域高质量发展，让黄河成为造福人民的幸福河。

（4）开展大规模国土绿化行动，加快水土流失和荒漠化、石漠化综合治理。2018年11月，全国绿化委员会、国家林业和草原局共同印发《关于积极推进大规模国土绿化行动的意见》（以下简称《意见》），《意见》提出深入落实《新一轮退耕还林还草总体方案》，推进退耕还林还草工程，着力加强"三北"等防护林体系工程建设，全面实施《国家储备林建设规划（2018—2035年）》，建立健全国家储备林现代工程管理制度和技术标准体系。《意见》提出要落实《天然林保护修复制度方案》，建立天然林保护长效机制，全面保护天然林资源。

《中华人民共和国水土保持法》是为预防和治理水土流失，保护和合理利用水土资源，减轻水、旱、风沙灾害，改善生态环境，保障经济社会可持续发展而制定，由全国人民代表大会常务委员会于 1991 年 6 月 29 日发布并施行。2015 年 12 月发布的《全国水土保持规划（2015—2030 年）》提出，到 2020 年基本建成与我国经济社会发展相适应的水土流失综合防治体系。

在荒漠化、石漠化综合治理方面，《中华人民共和国防沙治沙法》为防沙治沙提供了重要保障。为进一步加强防沙治沙工作，2015 年 6 月 2 日国家林业局制定了《国家沙化土地封禁保护区管理办法》。2017 年 6 月 14 日，国家林业局制定并印发了《沙化土地封禁保护修复制度方案》，把防沙治沙作为生态文明建设的重要任务，构建起较为完善的沙化土地封禁保护修复制度体系，力争到 2020 年，全国一半以上可治理的沙化土地得到治理。《关于积极推进大规模国土绿化行动的意见》提出，要落实地方政府防沙治沙目标责任制，尽快形成较为完善的沙化土地封禁保护修复制度体系。截至 2019 年，我国共设立 102 个国家沙化土地封禁保护区，涉及内蒙古、西藏、陕西、甘肃、青海、宁夏、新疆七省（自治区），总面积达 166 万公顷。共建设国家沙漠（石漠）公园 120 个，覆盖河北、山西、内蒙古、辽宁等 13 个省（自治区）和新疆生产建设兵团，总面积共计 44 万公顷。①

④ 严明生态环境保护责任制度

生态环境保护责任制度是推进生态文明建设的根本保障，是

---

① 我国荒漠化、石漠化防治现状简述 [EB/OL]. [2019-06-13]. http：//www. forestry. gov. cn/main/4170/20190613/151038805971950. html.

党和政府加强生态环境保护的主要措施。生态环境保护责任制度在制度系统中发挥督促和保证的功能，和其他三项制度一起，构成了系统严密的生态文明制度体系。

（1）建立生态文明建设目标评价考核制度。考核评价体系是指挥棒，过去生态文明建设滞后的原因就是考核评价导向不鲜明，导致领导干部片面追求 GDP 增长，轻视生态文明建设。科学合理的考核评价体系应该将资源消耗、环境损害、生态效益等指标纳入其中，使其成为推进生态文明建设的重要导向和约束。习近平总书记强调，要将"体现生态文明建设状况的指标纳入经济社会发展评价体系，建立体现生态文明要求的目标体系、考核办法、奖惩机制，使之成为推进生态文明建设的重要导向和约束"[①]。为此必须建立生态文明建设目标评价考核制度，强化环境保护、自然资源管控、节能减排等约束性指标管理，树立生态优先的政绩发展观，加大政绩考核中的生态效益比重，引导政府官员更加重视生态文明建设。

建立生态文明目标体系。2016 年 8 月 30 日，中央全面深化改革领导小组第二十七次会议审议通过了《生态文明建设目标评价考核办法》，指出要强化省级党委和政府生态文明建设主体责任，重点评价各地区生态文明建设进展总体情况，考核国民经济和社会发展规划纲要中确定的资源环境约束性目标，以及生态文明建设重要目标任务完成情况。2016 年 12 月，中共办公厅、国务院办公厅印发《生态文明建设目标评价考核办法》。随后，国家发展改革委会同有关部门制定了《绿色发展指标体系》和《生态文明建设考核目标体系》，作为生态文明建设评级考核的依据。各地也陆续制定出台了各级的生态文明目标评价考核办法。通过这一系列文件，使"不

---

① 中共中央文献研究室. 习近平关于全面深化改革论述摘编 [M]. 北京：中央文献出版社，2014：104.

简单以 GDP 论英雄"的要求落到了实处，突出"以生态文明建设论英雄"，推动经济社会科学发展。

探索编制自然资源资产负债表。党中央、国务院高度重视自然资源资产负债表编制工作。在多次顶层设计的文件中都提出要推进编制自然资源资产负债表。为此，从 2015 年 11 月开始到 2016 年 12 月底期间进行了编制自然资源资产负债表试点工作。近年来，全国各地探索自然资源资产负债表编制工作均取得了明显进展，一些地方明确将探索编制自然资源资产负债表列入生态文明制度创新的重要内容。

（2）开展领导干部自然资源资产离任审计。生态环境保护能否落到实处，关键在领导干部。要围绕落实严守资源消耗上限、环境质量底线、生态保护红线的要求，针对决策、执行、监管中的责任，明确各级领导干部责任追究情形。对造成生态环境损害负有责任的领导干部，不论是否已调离、提拔或者退休，都必须严肃追责。2015 年 7 月 1 日，中央全面深化改革领导小组第十四次会议通过了《关于开展领导干部自然资源资产离任审计的试点方案》和《党政领导干部生态环境损害责任追究办法（试行）》。2015 年 11 月，中共中央办公厅、国务院办公厅印发了《开展领导干部自然资源资产离任审计试点方案》。2017 年 6 月 26 日，中央全面深化改革领导小组第三十六次会议审议通过了《领导干部自然资源资产离任审计暂行规定》，实行领导干部自然资源资产离任审计，对领导干部自然资源资产离任审计工作提出具体要求，推动领导干部切实履行自然资源资产管理和生态环境保护责任。规定明确从 2018 年起，领导干部自然资源资产离任审计由试点阶段进入全面推开阶段。

（3）落实中央生态环境保护督察制度。开展中央生态环境保护督察，是党中央、国务院推进生态文明建设的一项重大制度安排，也是一项重大改革举措。2015 年 8 月，经党中央批准，中共中央办公厅、国务院办公厅发布实施了《环境保护督察方案（试行）》，按照要求经过三年努力，对被督察对象开展了第一轮督察。2015 年 12 月，河北省环保督察试点启动。2016 年 7 月开始，中央环境保护督察工作正式全面启动，截至 2018 年 1 月 3 日，第一轮中央环保督察已经完成了对 31 省（自治区、直辖市）的督察意见反馈，31 省（自治区、直辖市）存在的环境问题全部公开。实践证明，中央环境保护督察制度及时发现并督促解决了各地区存在的大量生态环境问题，能够推动各级党委和政府层层压实环保责任、形成自上而下和自下而上的环保合力，是一项经过实践检验、行之有效的制度安排。随着中央环保督察制度的推进，全国 24 个省份出台了省级环境保护督察方案。中央和省两级环保督察的格局已经初步形成。2018 年对 20 个省（自治区、直辖市）开展了"回头看"，从中发现原有的《环境保护督察方案（试行）》能够发挥重要的作用，但还需要进一步细化。在这样的背景下，中共中央办公厅、国务院办公厅于 2019 年 6 月印发《中央生态环境保护督察工作规定》，确立了环保督察的基本制度框架、督察的程序和规范等。规定明确实行中央和省级两级督察体制，明确中央建立督察工作领导小组；明确督察类型包括例行督察、专项督察和"回头看"。

（4）健全生态环境监测和评价制度。生态环境监测是生态环境保护的"顶梁柱"和"生命线"。监测顶层设计和网络规划要先行一步，我国从 20 世纪 70 年代起就开展了生态环境监测评价工作，但由于长期以来生态环境监测事权主要在地方，各地区监测数据指标不一致、技术力量参差不齐，使得数据的科学性、权威性难以保证，难以解决地方保护主义对环境监测监察执法的干预，难以适应统筹解决跨区域、跨流域环境问题的新要求。根据党的十九届四中全会《决定》精神，需要深化生态环境监测的顶层设计，依法明确各方监测事权，建立部门间分工协作、有效配合的工作机制，统筹实施覆盖环境质量、城乡各类污染源、生态状况的生态环境监测评价，加快构建陆海统筹、天地一体、上下协调、信息共享的生态环境监测网络。[①] 2019 年 9 月生态环境部印发了《生态环境监测规划纲要（2020—2035 年）》，对"十四五"期间国家环境空气、地表水、海洋生态环境监测网络优化调整，其中，空气站点从 1436 个增加至近 1800 个，填平补齐城市站点；地表水断面从 1940 个增加至近 3700 个，实现十大流域干流及重要支流、地级及以上城市、重要水体省市界和重要水功能区"四个全覆盖"；海洋监测点位整合优化到 1400 个，实现近岸与近海统筹。《纲要》强调，要多措并举，强化生态环境监测的机构队伍、能力建设与运行经费保障。

在环境影响评价制度建设方面，第九届全国人民代表大会常务委员会第三十次会议于 2002 年 10 月 28 日修订通过了《中华人民共和国环境影响评价法》，为预防因规划和建设项目实施后对环境造成不良影响提供了法律依据。2016 年 7 月，第十二届全国人大常委会第二十一次会议审议通过《中华人民共和国环境影响评价法》的修订，加大了对未批先建的处罚力度，简化了审批流程，强化了规划环评等方面的内容。2017 年 7 月，国务院发布《国务院关于修改〈建设项目环境保护管理条例〉的决定》，取消建设项目的环境影响评价工作需由取得相应资格证书的单位承担的规定，取消竣工环保验收行政许可，明确了环境影响技术评估的

---

① 穆虹.坚持和完善生态文明制度体系[N].经济日报，2019-12-16（9）.

法律地位，突出了环境保护部门的监管责任。2018 年 12 月 29 日，第十三届全国人民代表大会常务委员会第七次会议对《环境影响评价法》进行了第二次修订，取消了建设项目环境影响评价资质行政许可事项，修改后的《环境影响评价法》不再强制要求由具有资质的环评机构编制建设项目环境影响报告书（表），有利于进一步激发市场活力，进一步减轻企业负担，推进实体经济发展。与此同时对监督管理、责任追究做出了更加严格的规定，赋予了各级生态环境部门更强有力的监管武器。

（5）完善生态环境公益诉讼制度。《中华人民共和国环境保护法》规定，对污染环境、破坏生态，损害社会公共利益的行为，符合条件的社会组织可以向人民法院提起诉讼。2015 年 7 月，全国人大常委会做出《关于授权最高人民检察院在部分地区开展公益诉讼试点工作的决定》，确定北京、内蒙古、山东等 13 个省（自治区、直辖市）人民检察院开展为期两年的公益诉讼试点工作。最高人民检察院于 2015 年 7 月 2 日印发了《检察机关提起公益诉讼试点方案》。2017 年 6 月，修改后的《中华人民共和国民事诉讼法》规定，对污染环境、侵害众多消费者合法权益等损害社会公共利益的行为，法律规定的机关和有关组织可以向人民法院提起诉讼。我国的生态环境公益诉讼制度正在不断探索的过程中，一方面一些地方党政领导为了政绩，重发展而轻保护，充当企业违法排污的保护伞，对环境公益诉讼制度的实施造成较大阻碍，一些地方环境公益诉讼面临立案难、举证难、鉴定难等问题。另一方面环境损害鉴定评估力量不足，不能满足日益增长的环境损害赔偿鉴定评估的市场需求。[1] 随着法治中国建设的不断推进，生态环境公益诉讼的整体环境会越来越好，公益诉讼对生态环境

---

[1] 宋亚丽，陈安. 进一步落实环境公益诉讼制度 [N]. 中国环境报，2018-08-23（3）.

建设的推动作用也会越来越明显。

（6）落实生态补偿和生态环境损害赔偿制度。生态保护补偿机制可以解决环境保护中存在的外部性和非系统性问题，是全世界范围都在积极探索的重要路径，一些地区已经采取了清洁发展机制（CDM，Clean Development Mechanism）、水权交易等模式。生态保护补偿机制的原则是"谁开发、谁保护，谁破坏、谁恢复，谁受益、谁补偿，谁污染、谁付费"。这是调动各方积极性、保护生态环境的重要手段，也是生态文明制度建设的重要内容。我国生态保护补偿机制正抓紧建设。国务院办公厅于 2016 年印发《关于健全生态保护补偿机制的意见》，提出到 2020 年，实现森林、草原、湿地、荒漠、海洋、水流、耕地等重点领域和禁止开发区域、重点生态功能区等重要区域生态保护补偿全覆盖。2019 年 1 月，自然资源部、国家发展改革委等 9 部门联合印发《建立市场化、多元化生态保护补偿机制行动计划》（以下简称《计划》），明确了推进时间表和路线图，生态保护补偿机制政策框架基本建立并不断完善。天津、湖南、重庆等地方的生态保护补偿机制方案也在加速落地。该《计划》指出，到 2020 年，市场化、多元化生态保护补偿机制初步建立，全社会参与生态保护的积极性有效提升，受益者付费、保护者得到合理补偿的政策环境初步形成。

针对排污权，我国将探索建立生态保护地区排污权交易制度，企业通过淘汰落后和过剩产能、清洁生产、清洁化改造、污染治理、技术改造升级等产生的污染物排放削减量，可按规定在市场交易。在有条件的地方建立省内分行业排污强度区域排名制度，排名靠后地区对排名靠前地区进行合理补偿。此外，鼓励生态保护地区和受益地区开展横向生态保护补偿，探索建立流域下游地区对上游地区提供优于水环境质量目标的水资源予以补偿的机制。

2014 年 8 月，国务院办公厅印发了《关于进一步推进排污权有偿使用和交易试点工作的指导意见》，提出到 2017 年，试点地区排污权有偿使用和交易制度基本建立，试点工作基本完成。

改革生态环境损害赔偿制度。党的十八届三中全会明确提出对造成生态环境损害的责任者严格实行赔偿制度。根据《生态环境损害赔偿制度改革试点方案》，在吉林等 7 个省、区、市部署开展改革试点。在总结改革试点经验的基础上，2017 年中共中央办公厅、国务院办公厅印发《生态环境损害赔偿制度改革方案》，提出从 2018 年起全面试行生态环境损害赔偿制度，力争 2020 年在全国范围内初步构建责任明确、途径畅通、技术规范、保障有力、赔偿到位、修复有效的生态环境损害赔偿制度。

（7）实行生态环境损害责任终身追究制度。生态环境保护能否落到实处，关键在领导干部。一些重大生态环境事件的发生，跟领导干部不负责任不作为紧密相关。《生态文明体制改革总体方案》第五十一条明确指出："建立生态环境损害责任终身追究制。实行地方党委和政府领导成员生态文明建设一岗双责制。以自然资源资产离任审计结果和生态环境损害情况为依据，明确对地方党委和政府领导班子主要负责人、有关领导人员、部门负责人的追责情形和认定程序。"2015 年 7 月，中央全面深化改革领导小组第十四次会议审议通过了《党政领导干部生态环境损害责任追究办法（试行）》。这是生态文明建设领域的又一重大制度安排，为实施生态环境损害责任追究提供依据，对生态环境损害的追责主体、责任情形、追究形式、追责程序等作出规定，总体上形成了比较完善的制度框架体系。2015 年 8 月，中共中央办公厅、国务院办公厅印发《党政领导干部生态环境损害责任追究办法》，规定凡违法违规决策、不履行职责、对严重环境污染和生态破坏事件组织查处不力，地方党委政府及主要负责人都将被追责。明确规定党政领导干部生态损害追责的 25 种情形以及不同级别领导干部生态环境损害责任追究的主要形式，将环境保护责任制落实到人。据统计，2018 年共有 29 个地方政府、3 个省级部门被生态环境部约谈。

在这一制度设计的影响下，一些政策和文件也体现了终身追究的要求。如水污染防治行动计划和土壤污染防治行动计划都明确提出对造成严重后果的领导干部要给予组织处理和党纪政纪处分，已经离任的也要终身追究责任。2016 年 1 月，党的十八届四中全会通过的《中共中央关于全面推进依法治国若干重大问题的决定》，明确提出要"建立重大决策终身责任追究制度及责任倒查机制"。2018 年 1 月中共中央办公厅、国务院办公厅印发《关于在湖泊实施湖长制的指导意见》，明确指出："实行湖泊生态环境损害责任终身追究制，对造成湖泊面积萎缩、水体恶化、生态功能退化等生态环境损害的，严格按照有关规定追究相关单位和人员的责任。"

中央大力推动生态环境损害责任追究制度的执行。2017 年 7 月，中共中央办公厅、国务院办公厅就甘肃祁连山国家级自然保护区生态环境问题发出通报。根据《中国共产党问责条例》《中国共产党纪律处分条例》《党政领导干部生态环境损害责任追究办法（试行）》等有关规定，按照党政同责、一岗双责、终身追责、权责一致的原则，经党中央批准，对相关责任单位和责任人进行严肃问责。通报要求强化生态环境保护主体责任，抓紧建立生态环境保护责任清单，落实生态安全责任制。甘肃祁连山国家级自然保护区生态环境问题的领导干部追责问责案例，是近年来我国加快生态文明建设、深化生态文明体制改革的典型案例。生态环境损害责任追究的另一起典型案件是秦岭北麓西安境内违建别墅

案。秦岭北麓违法别墅建设者对山体肆意破坏，生活污水随意排
放，有的甚至把山坡人为削平，随意圈占林地，对生态环境的破
坏十分严重。2018 年 11 月 12 日，生态环境部传达了中央办公厅
《关于陕西省委、西安市委在秦岭北麓西安境内违建别墅问题上
严重违反政治纪律以及开展违建别墅专项整治情况的通报》（以
下简称《通报》），《通报》将秦岭北麓西安境内违建别墅问题
作为严重违反政治纪律造成严重环境损害的典型案例，对生态环
境保护工作具有历史性、标志性的意义。

三、推进生态文明体制改革

我国生态文明建设领域存在的突出问题，大多与体制不健全、
制度不严格、法治不严密、执行不到位、惩处不得力有着密切的
关系。为此，必须构建产权清晰、多元参与、激励约束并重、系
统完整的生态文明制度体系。下一步，应该继续推进生态文明体
制改革，完善生态文明制度体系。生态文明体制改革应该继续秉
承"源头严防、过程严控、后果严惩"的制度建设思路，处理好
遵循改革"顶层设计"和地方创新、因地制宜推进改革的关系，
特别要注意将中国特色社会主义生态文明制度的优势发挥出来，
使制度优势转化为治理效能，切实提升生态环境治理能力。

① 继续秉承"源头严防、过程严控、后果严惩"的制度
建设思路

我国已经明确了生态文明制度体系的"四梁八柱"，党的
十九届四中全会也提出要从环境保护、资源利用、生态修复以及

严明责任四个方面构建生态文明制度体系。生态文明建设是一个由源头、过程、后果三个部分构成的闭环体系，生态文明制度体系的建设要涵盖源头治理制度、过程管控制度、追责惩处制度三个方面，体现治理的全过程化管理。今后生态文明制度建设仍要继续秉承"源头严防、过程严管、后果严惩"的制度建设思路，把其作为我国生态文明体制改革的指导思想。正是按照这一思路，党的十八大以来，我国生态文明制度体系不断健全，生态文明建设持续推进。

必须从源头出发，源头严防是治理环境污染的治本之策，也是生态文明制度体系建设的基础性工作。施行治本之策，才能取得事半功倍的效果。我国生态环境恶化的根本原因在于没有从源头上建立起有效的防范制度。加快生态文明制度体系建设，要从源头做起，从源头防患于未然，不走"先污染后治理"的老路。首先是切实加强自然资源产权制度建设。自然资源产权制度是生态文明制度体系中的基础性制度。只有明确自然资源的产权归属，才能赋予产权所有人和相对人一定的权利和义务，促使他们有效行使产权权利和履行环保义务。我国生态环境恶化与自然资源资产的产权制度没有完整建立起来有很大的关系，自然资源资产的产权不明晰，权责不明，从而导致管理混乱，政出多头。应该加快构建归属清晰、权责明确、监管有效的自然资源产权制度体系。其次要健全和落实生态保护红线制度。加快构建生态功能保障基线、环境质量安全底线、自然资源利用上线三大红线。最后是优化国土空间规划制度，形成全国统一、定位清晰、功能互补、统一衔接的空间规划体系。

过程严控是加快建设生态文明的关键环节，也是生态文明制度建设的主体性工作。应该实行资源有偿使用制度。我国的自然资源及其产品价格总体偏低，市场定价机制并不完善，特别是工业用地总量偏多，价格远远低于居住用地，所以要加快自然资源及其产品价格改革，用市场供给来调节产品价格，同时通过税收杠杆抑制不合理的自然资源需求。此外，还要继续完善资源环境承载能力监测预警机制，摸清地区资源禀赋与环境容量，实现资源环境承载能力用量用途监测与实时预警；继续完善污染物排放制度，建立和完善严格监管所有污染物排放的环境保护管理制度，完善污染物排放许可制度、污染物排放总量监测制度和控制制度；建立污染防治区域联动机制与陆海统筹制度，形成陆海统筹的生态环境治理体系。

注重后果严惩，抓好生态文明制度体系建设的末端环节。后果严惩，是建设生态文明的根本保障，包括生态环境破坏行为的评定、追责和惩处。继续完善生态文明制度体系，要严把责任终端，坚持问题导向和结果导向，通过建立科学严格的后果评价制度、完善生态损害追责制度、健全生态补偿和生态环境损害赔偿制度，实现后果严惩。坚持使用资源付费和"谁污染环境、谁破坏生态谁付费"的原则，进行生态环境的合理开发利用。坚持"谁受益、谁补偿"原则，完善对重点生态功能区的生态补偿机制。要抓住领导干部这个"关键少数"，完善目标评价考核制度、生态环境损害责任终身追究制度、生态环境保护督察制度，落实领导干部的生态保护责任。针对企业或个人违反法律法规，肆意破坏生态环境的行为，加大处罚力度，提高损害赔偿的数额，让违法者违法成本大幅提高。对造成严重后果的，要依法追究刑事责任。

②. 处理好生态文明体制改革中顶层设计和地方创新的关系

党的十八大以来，生态文明制度建设取得突破性进展，出台了一大批保护生态环境的制度、法律。特别是生态文明体制改革的顶层设计不断完善。党中央对生态文明制度体系建设作了纲领性、系统性和全局性的安排，我国相继出台了《生态文明体制改革总体方案》《中共中央 国务院关于加快推进生态文明建设的意见》等重大文件，专门就生态文明制度建设作出战略性安排，制定了几十项涉及生态文明建设的改革方案，从总体目标、基本理念、主要原则、重点任务、制度保障等方面对生态文明建设进行全面系统部署安排。2019 年 10 月召开的党的十九届四中全会再次对生态文明制度体系进行了规划。总体上，生态文明制度体系建设的目标和路线图越来越清晰，为构建系统完备的生态文明制度体系指明了方向。

但是，在遵循生态文明体制改革"顶层设计"的同时，也要尊重地方创新，因地制宜地推进改革。要根据地方实际情况对改革方案进行优化调整。吸收各部门、各地区以及相关主体对改革方案的意见，积极进行改革试点，对试点经验进行客观评价，及时根据试点经验对改革方案进行调整。支持开展具有地方特色的改革试验，及时总结推广地方改革和建设实践成功案例，如可以推广治理水土流失的"长汀经验"，建立环境资源保护行政执法与刑事司法无缝衔接机制和全方位全过程的环境资源司法保护体系，推进重点生态区位商品林赎买等改革试点。[1] 可以采取案例发布、政府文件、媒体宣传、现场会议等多种形式推介典型改革经验和模式。对于一些地区的改革事项可以给予适当的政策自由度，调动地方政府参与生态体制改革的积极性。对于已经实践成熟的经验做法要及时上升为制度，转化为法律。

---

① "十八大以来生态文明体制改革的进展、问题与建议"课题组 . 生态文明体制改革进展与建议 [M]. 北京：中国发展出版社，2018：251.

③. 以提高生态环境治理能力为导向

生态环境治理，是国家治理的重要领域，是指在党的领导下用严密的制度引导和约束所有主体的行为，保证生态文明建设目标的实现，是国家治理体系在生态环境领域发挥效能的体现。生态文明体制改革要以提高生态环境治理能力为导向，着力把制度优势更好转化为治理效能，为早日建成美丽中国而努力奋斗。

制度的生命力在于执行，生态文明制度的执行越来越成为生态文明建设的根本。加快生态文明制度建设，有赖于生态环境治理能力和水平得到有效提升，我们在不断健全生态文明制度体系的同时，要提高制度的执行力，提升生态文明制度的治理效能。环境治理能力，即运用生态文明制度体系进行生态文明建设的能力，包括环境保护、节约资源、生态修复、责任追究等各方面各领域的治理能力。[①] 环境治理能力和治理体系是相辅相成的，提高生态环境治理的能力才能充分发挥治理体系的效能。环境治理体系是以生态文明制度为基础的，生态文明制度的不断完善为生态环境治理能力的提高奠定了基础。

如今，生态文明制度体系已经逐步完善，制度执行力的问题愈加突出。必须严格遵守和执行制度，把制度落实到位，对破坏生态环境的行为要一查到底，绝不姑息。我国生态环境保护中存在的一些问题，正是生态文明制度执行力度不够造成的。这些年我国加大了对破坏生态环境问题的查处力度，腾格里沙漠排污、祁连山保护区破坏性开采、秦岭别墅违建等典型事件起到了很大的警示作用。我们要继续加大执法力度，严格落实企业主体责任和政府监管责任，实行生态环境损害责任终身追究。

---

① 叶海涛. 将制度优势转化为生态环境治理效能 [N]. 光明日报，2020-01-17 （11）.

要重视科学技术在生态文明治理体系和治理能力现代化中的重要作用。提高生态治理能力,必须综合运用各种技术手段来开展生态环境治理。在生态环境监测网络的建设中要利用先进的信息和通信技术,在政府生态环境决策中要运用大数据战略,提升政府生态环境决策的科学化和精细化水平。

第五章

中国共产党推进生态文明建设的成就、面临的挑战及现实路径 ①

---

① 本章所用数据除已标明出处外，其余数据来自国家统计局发布的《生态文明建设全面推进　绿色发展进程明显加快——党的十八大以来经济社会发展成就系列之十八》和生态环境部发布的历年生态环境保护公报。

新中国成立后，中国共产党在建设新中国的过程中，兴修水利、消除水患、植树造林、节约资源，走出了生态文明建设的第一步。随着工业化的展开，工厂污染的问题引起党和政府的重视，我国积极主动借鉴世界上其他国家在生态环境保护中的成功经验。改革开放以后，随着经济建设的不断发展，环境保护问题成为制约我国经济社会发展的重要障碍，党对经济发展和生态环境关系的认识逐步深刻，认识到经济发展和环境保护必须协调统一，不能有所偏废。在这一思想的指导下，我国取得了伟大的经济建设成就，也取得了令世人瞩目的生态文明建设成就。虽然我国生态文明建设还存在许多问题，面临许多严峻的挑战，但只要我们坚持习近平生态文明思想，坚持人与自然和谐共生的理念，奉行绿水青山就是金山银山的环境生产力论，就一定能够战胜困难，取得生态文明建设的巨大成功，使美丽中国的中华民族伟大复兴的中国梦早日实现。

一、中国共产党推进生态文明建设的成就

党的十八大以来，我国把生态文明作为统筹推进"五位一体"总体布局和协调推进"四个全面"战略布局的重要内容，生态文明建设进入快车道。全国上下贯彻绿色发展理念，加大环境治理

力度，着力改善生态环境，全面节约和高效利用资源，构建生态安全屏障，主要污染物排放总量得到有效控制，资源节约型、环境友好型社会建设取得积极进展。环境空气质量逐步得到改善，地表水水质总体改善，生态系统退化的势头得到基本遏制，人民的生活环境得到极大改善。

2018 年是中国生态环境保护事业发展史上具有重要里程碑意义的一年。2018 年 5 月 18 日至 19 日，全国环境保护大会在北京召开。习近平总书记出席会议并发表重要讲话，此次大会对我国党的十八大以来生态文明建设方面取得的成就进行全面总结，认为党的十八大以来经过一系列根本性、开创性、长远性工作，生态环境保护发生了历史性、转折性、全局性变化。此次大会也正式确立习近平生态文明思想。2018 年 6 月 16 日，中共中央、国务院印发《关于全面加强生态环境保护　坚决打好污染防治攻坚战的意见》，对全面加强生态环境保护的总体目标、基本原则、实施路径等进行了全面总结，是我们下一步继续打好污染防治攻坚战的路线图、任务书、时间表。2018 年 3 月，十三届全国人大一次会议表决通过宪法修正案，把新发展理念、生态文明和建设美丽中国的要求写入宪法。十三届全国人大常委会第四次会议作出《关于全面加强生态环境保护依法推动打好污染防治攻坚战的决议》，会议提出要坚持以习近平新时代中国特色社会主义思想特别是习近平生态文明思想为指引，坚持党对生态文明建设的领导，继续推进生态文明建设。在 2018 年进行的党和国家机构改革中，重新组建生态环境部，统一行使生态和城乡各类污染排放监管与行政执法职责；组建生态环境保护综合执法队伍，增强执法的统一性、独立性、权威性和有效性。生态文明建设的各项举措稳步开展。

蓝天、碧水、净土事关老百姓的日常生活，决定着老百姓的幸福感的高低。为了给人民群众创造更好的生活环境，党的十八大以来，党中央、国务院部署与推进污染防治攻坚战，着力解决突出的环境问题，重点实施大气污染防治、水污染防治、土壤污染管控和修复三大行动计划，出台禁止洋垃圾污染新规，形成全面的污染防治政策措施体系。截至 2019 年，在中国共产党的领导下，我国取得了蓝天、碧水、净土保卫战的阶段性成绩。总体来讲，我国已经成功探索出一条中国特色社会主义生态文明建设之路。中国共产党坚持以改善生态环境质量为核心，发挥中国特色社会主义制度的优势，构建生态文明制度体系，推动污染防治攻坚战取得关键进展。我国的生态环境发生了巨大的转变，广大人民群众能够呼吸到新鲜的空气，饮用上清洁的水，拥有绿色美丽的居住环境，人民群众的生态幸福感得到了明显提升。

① 蓝天保卫战取得初步成效

大气污染是我国工业化之后必须解决的重要问题，我国对大气治理投入了巨大的精力。我们经历了 20 世纪 80 年代的沙尘暴（粉尘）、工业烟囱除尘和 90 年代的脱硫治理酸雨，也经历了 21 世纪初的脱硝治理氮氧化合物污染。从 2010 年开始，我们开始全面治理雾霾，细颗粒物（$PM_{2.5}$）浓度大幅降低，全国环境空气质量总体向好。

2013 年 6 月 14 日，国务院召开常务会议，确定了大气污染防治十条措施，要求继续减少污染物排放；严控高耗能、高污染行业新增产能；树立全社会"同呼吸、共奋斗"的行为准则。2013 年 9 月，《大气污染防治行动计划》正式实施，大气污染防治开始大力推进。2018 年 3 月，中国政府工作报告对环保工作作出承诺——"坚决打好蓝天保卫战"，同时国务院印发实施《打赢蓝天保卫战三年行动计划》。为了强化区域联防联控，2018 年我国成立了京津冀及周边地区大气污染防治领导小组，建立了汾渭平原大气污染防治协作机制，完善了长三角区域大气污染防治协作机制。实施重点区域 2018—2019 年秋冬季大气污染综合治理攻坚行动。

我国积极推进大气重污染成因与治理攻关项目，目前已经取得重大突破，基本摸清京津冀及周边地区秋冬季大气重污染成因、来源与形成机理。在大气环境质量方面，我国空气质量达标城市数和优良天数不断增加，城市颗粒物浓度和重污染天数逐步下降。

2016 年，全国 338 个地级及以上城市中，环境空气质量达标城市 84 个，同比增加 11 个；优良天数比例为 78.8%，同比提高 2.1 个百分点；细颗粒物（$PM_{2.5}$）浓度为 47 微克 / 立方米，同比下降 6.0%；可吸入颗粒物（PM_{10}）浓度为 82 微克 / 立方米，同比下降 5.7%；重污染天数比例为 2.6%，同比下降 0.6 个百分点。2018 年，全国 338 个地级及以上城市中，121 个城市环境空气质量达标，占全部城市数的 35.8%，比 2017 年上升 6.5 个百分点。338 个城市平均优良天数比例为 79.3%，比 2017 年上升 1.3 个百分点，其中 7 个城市优良天数比例为 100%，186 个城市优良天数比例在 80%～100% 之间，120 个城市优良天数比例在 50%～80% 之间。若不扣除沙尘影响，338 个城市中，环境空气质量达标城市比例为 33.7%，超标城市比例为 66.3%；$PM_{2.5}$ 和 PM_{10} 平均浓度分别为 41 微克 / 立方米和 78 微克 / 立方米，分别比 2017 年下降 6.8% 和 2.5%。2019 年，全国 337 个地级及以上城市年均优良天数比例为 82%；$PM_{2.5}$ 未达标地级及以上城市年均浓度同比下降 2.4%。其中，京津冀及周边地区 $PM_{2.5}$ 浓度同比下降 1.7%；北京

市 $PM_{2.5}$ 浓度达到 42 微克 / 立方米。[①] 据 2022 年中国生态环境状况公报显示，2022 年全国 339 个地级及以上城市，213 个城市环境空气质量达标，占 62.8%；339 个城市 $PM_{2.5}$ 年均浓度在 6 ~ 62 微克 / 立方米，平均为 292 微克 / 立方米，比 2021 年下降 3.3%。

以北京市治理雾霾为例，"这几年，北京市用煤总量由 2300 万吨压减到 1000 万吨以内，核心城区基本实现了'无煤化'。这几年，北京市淘汰了 205 万辆老旧机动车。这几年，一般制造业和污染企业退出了 1341 家，1300 多个大工地安装了视频监控系统，平原造林超过 110 万亩。总体来看，北京市 $PM_{2.5}$ 平均浓度持续下降。"同时，面对重污染天气，北京市在改善空气质量上继续采取了一系列措施，"农村地区的'煤改清洁能源'，改造后的居民采暖费用与烧煤基本相当，有的甚至还要便宜；比如 2 月 15 日起实施国 I、国 II 轻型汽油车五环路内限行；比如再关停退出 500 家一般制造业和污染企业。比如环保警察将亮相，专司打击环境领域违法犯罪活动。"[②]

2018 年全国实现超低排放的煤电机组约 8.1 亿千瓦，占全国煤电总装机容量的 80%，非石化能源消费比重达 14.3%，北方地区冬季清洁取暖试点城市由 12 个增加到 35 个，完成散煤治理 480 万户以上。2019 年北方地区清洁取暖试点城市实现京津冀及周边地区和汾渭平原全覆盖，完成散煤治理 700 余万户，实现超低排放的煤电机组累计约 8.9 亿千瓦，占总装机容量的 86%；23 个省份 324 家钢铁企业 7.8 亿吨粗钢产能开展超低排放改

---

① 李干杰. 坚决打赢污染防治攻坚战　以生态环境保护优异成绩决胜全面建成小康社会 [N]. 中国环境报，2020-01-21（1）.
② 北京市长对话市民共商雾霾治理 [EB/OL]. http://finance.ifeng.com/ a/20170107/15129418_0.shtml，2017-01-07.

造。[①]2019 年煤炭消费量占能源消费总量的 57.7%，比上年下降 1.5 个百分点；天然气、水电、核电、风电等清洁能源消费量占能源消费总量的 23.4%，上升 1.3 个百分点。

② **持续打好碧水保卫战**

2012 年，国务院发布了《关于实行最严格水资源管理制度的意见》；2013 年，印发了《实行最严格水资源管理制度考核办法》，对全国 31 个省级行政区落实最严格水资源管理制度情况进行考核。2015 年 4 月 2 日，国务院出台了《水污染防治行动计划》，提出水污染防治十条措施：要求切实加强水环境管理；全力保障水生态环境安全；明确和落实各方责任；强化公众参与和社会监督等。

目前，我国地表水水质总体情况得到改善。Ⅰ 类、Ⅱ 类水占比有所提高，Ⅴ 类、劣 Ⅴ 类水占比有所下降。2018 年，全国总体水质状况稳中向好，全国地表水监测的 1935 个水质断面（点位）中，Ⅰ～Ⅲ类比例为 71.0%，比 2017 年上升 3.1 个百分点；劣 Ⅴ 类比例为 6.7%，比 2017 年下降 1.6 个百分点。[②] 按照监测断面（点位）数量统计，监测的 337 个地级及以上城市的 906 个在用集中式生活饮用水水源监测断面（点位）中，814 个全年均达标，占 89.8%。其中地表水水源监测断面（点位）577 个，534 个全年均达标，占 92.5%，主要超标指标为硫酸盐、总磷和锰；地下水水

① 李干杰. 坚决打赢污染防治攻坚战　以生态环境保护优异成绩决胜全面建成小康社会 [N]. 中国环境报，2020-01-21（1）.

② Ⅰ、Ⅱ类水质可用于饮用水源一级保护区、珍稀水生生物栖息地、鱼虾类产卵场、仔稚幼鱼的索饵场等；Ⅲ类水质可用于饮用水源二级保护区、鱼虾类越冬场、洄游通道、水产养殖区、游泳区；Ⅳ类水质可用于一般工业用水和人体非直接接触的娱乐用水；Ⅴ类水质可用于农业用水及一般景观用水；劣Ⅴ类水质除调节局部气候外，几乎无使用功能。

源监测断面（点位）329 个，280 个全年均达标，占 85.1%，主要超标指标为锰、铁和氨氮。按照水源地数量统计，871 个在用集中式生活饮用水水源地中，达标水源地比例为 90.9%。2019 年，全国地表水优良（Ⅰ～Ⅲ类）水质断面比例同比上升 3.9 个百分点，劣 Ⅴ 类断面比例同比下降 3.3 个百分点。2022 年全国地表水 Ⅰ～Ⅲ类水质断面比例同比上升 3.0 个百分点，达到 87.9%，劣 Ⅴ 类水质断面比例同比下降 0.5 个百分点，占 0.7%。

推进全国集中式饮用水水源地环境整治。2018 年，1586 个饮用水源地 6251 个问题整改完成率达 99.9%。全国 97.8% 的省级及以上工业集聚区建成污水集中处理设施并安装自动在线监控装置。加油站地下油罐防渗改造完成比例达 78%。2019 年继续开展饮用水水源地生态环境问题排查整治，899 个县级水源地 3626 个问题整治完成 3624 个，3 年多来累计完成 2804 个水源地 10363 个问题整改，7.7 亿居民的饮用水安全保障水平有力提升。湖北等 11 省份基本完成"千吨万人"农村（乡镇）集中式饮用水水源保护区划定工作。

全国河流水质也有明显改善。2018 年，长江、黄河、珠江、松花江、淮河、海河、辽河七大流域和浙闽片河流、西北诸河、西南诸河监测的 1613 个水质断面中，Ⅰ类占 5.0%，Ⅱ类占 43.0%，Ⅲ类占 26.3%，Ⅳ类占 14.4%，Ⅴ类占 4.5%，劣 Ⅴ 类占 6.9%。与 2017 年相比，Ⅰ类水质断面比例上升 2.8 个百分点，Ⅱ类上升 6.3 个百分点，Ⅲ类下降 6.6 个百分点，Ⅳ类下降 0.2 个百分点，Ⅴ类下降 0.7 个百分点，劣 Ⅴ 类下降 1.5 个百分点。

以长江水质的治理为例。2016 年以前长江水质整体上呈现恶化态势；2018 年出台《中央财政促进长江经济带生态保护修复奖励政策实施方案》，完成长江干线 1361 座非法码头整治，印发《长江流域水环境质量监测预警办法》（试行），组建长江生态环境保护修复联合研究中心。2017 年、2018 年，长江流域干支流沿岸加大治理力度，大力关停并转迁化工企业，长江国控断面水质迅速改善，Ⅰ、Ⅱ类水质断面超过 60%，Ⅳ 至劣 Ⅴ 类降至 12.6%。

湖泊水质状况基本稳定。2015 年，全国 116 个主要湖泊共 2.8 万平方公里水面水质评价结果显示，全年总体水质为 Ⅰ～Ⅲ类的湖泊有 29 个，Ⅳ～Ⅴ 类湖泊 60 个，劣 Ⅴ 类湖泊 27 个，分别占评价湖泊总数的 25.0%、51.7% 和 23.3%。2018 年，监测水质的 111 个重要湖泊（水库）中，Ⅰ类水质的湖泊（水库）7 个，占 6.3%；Ⅱ类 34 个，占 30.6%；Ⅲ类 33 个，占 29.7%；Ⅳ类 19 个，占 17.1%；Ⅴ类 9 个，占 8.1%；劣 Ⅴ 类 9 个，占 8.1%。主要污染指标为总磷、化学需氧量和高锰酸盐指数。监测营养状态的 107 个湖泊（水库）中，贫营养状态的 10 个，占 9.3%；中营养状态的 66 个，占 61.7%；轻度富营养状态的 25 个，占 23.4%；中度富营养状态的 6 个，占 5.6%。

近岸海域水质总体向好。一类海水比例逐年增长，四类海水及劣四类比例不断下降。2016 年，全国近岸海域 417 个海水水质监测点中，达到国家一、二类海水水质标准的监测点占 73.4%，三类海水占 10.3%，四类、劣四类海水占 16.3%。2016 年与 2012 年相比，一、二类海水比例提高 4.0 个百分点，三类海水比例提高 3.6 个百分点，四类和劣四类海水比例下降 7.6 个百分点。2018 年，全国近岸海域水质总体稳中向好，水质级别为一般，主要污染指标为无机氮和活性磷酸盐。监测的 417 个点位中，优良（一类、二类）海水比例为 74.6%，三类为 6.7%，四类为 3.1%，劣四类为 15.6%。与 2017 年相比，优良海水比例上升 6.7 个百分点，三类下降 3.4 个百分点，四类下降 3.4 个百分点，劣四类持平。

2019年近岸海域水质总体继续稳中向好，其中，渤海近岸海域优良（一、二类）水质面积比例同比上升12.5个百分点，劣四类水质面积比例同比下降3.7个百分点。

2018年政府发布实施城市黑臭水体治理、长江保护修复、渤海综合治理、水源地保护攻坚战行动计划或实施方案，发布《船舶水污染物排放控制标准》（GB 3552—2018）。36个重点城市1062个黑臭水体中，1009个消除或基本消除黑臭，消除比例达95%。加强入河、入海排污口监管，推进海洋垃圾（微塑料）污染防治和专项监测，开展"湾长制"试点。2019年全国地级及以上城市2899个黑臭水体消除2513个，其中，直辖市、省会城市、计划单列市黑臭水体消除96.2%，其他地级市消除81.2%。全面完成长江流域2.4万公里岸线、环渤海3600公里岸线及沿岸2公里区域的入河、入海排污口排查。其中，长江入河排污口60292个、渤海入海排污口18886个，与之前各地及各有关部门掌握的排污口数量相比分别增加30倍、25倍。

③ 扎实推进净土保卫战

2016年5月28日，国务院印发《土壤污染防治行动计划》，提出土壤污染防治十个方面的措施，要求加快构建土壤环境治理体系，改善土壤环境质量。2018年全国人大常委会通过《中华人民共和国土壤污染防治法》，出台《工矿用地土壤环境管理办法（试行）》和《土壤环境质量 建设用地土壤污染风险管控标准（试行）》，为土壤治理提供了法律和制度保障。在2018年，31个省（区、市）和新疆生产建设兵团完成农用地土壤污染状况详查。26个省（区、市）建立污染地块联动监管机制。开展涉镉等重金属行业污染耕地风险排查整治，一些地区耕地土壤污染加重趋势得到初步遏制。开展耕地土壤环境质量类别划分试点和全国污染地块土壤环境管理信息系统应用，建成全国土壤环境信息管理平台。持续推进 6 大土壤污染防治综合先行区建设和 200 多个土壤污染治理与修复技术应用试点项目。2019 年在完成农用地土壤污染状况详查的基础上，重新核定各省（区、市）污染耕地治理目标任务。稳步推进重点行业企业用地调查，开展涉镉等重金属重点行业企业排查整治，明确 1938 家需要整治的企业。30 个省（区、市）初步建立污染地块部门联动监管机制。21 个省（区、市）公布建设用地土壤污染风险管控和修复名录。11 部委签署土壤环境数据资源共享协议。[①] 2022 年，全国土壤环境风险得到基本管控。全国农用地安全利用率保持在 90% 以上，农用地土壤环境状况总体稳定。

推进固体废弃物的治理。2018 年，大力推进垃圾焚烧发电行业达标排放，存在问题的垃圾焚烧发电厂已经全部完成整改，涉气污染物排放达标率显著提升，严厉打击固体废物及危险废物非法转移和倾倒行为，"清废行动 2018"挂牌督办的 1308 个突出问题中 1304 个完成整改，比例达 99.7%。2019 年，我国筛选确定深圳市等"11+5"个城市和地区开展"无废城市"建设试点，聚焦长江经济带开展"清废行动 2019"，发现的 1254 个问题中 1163 个完成整改。2019 年全国 8276 万台废弃电器产品进入正规拆解企业规范处理，全国累计排查涉重金属企业 13994 家，实施重金属减排工程 261 个，长江经济带 1105 个尾矿库制定实施了污染防治方案。[②]

---

① 李干杰 . 坚决打赢污染防治攻坚战　以生态环境保护优异成绩决胜全面建成小康社会 [N]. 中国环境报，2020-01-21（1）.

② 李干杰 . 坚决打赢污染防治攻坚战　以生态环境保护优异成绩决胜全面建成小康社会 [N]. 中国环境报，2020-01-21（1）.

　　城市生活垃圾的治理，经历了改革开放前的随意堆放、20 世纪 80 年代的直接填埋、90 年代的卫生填埋、2000 年之后的垃圾焚烧、2010 年之后的循环再生强制分类的发展历程。[①]2017 年 3 月底，国家发展改革委、住建部共同发布了《生活垃圾分类制度实施方案》，为生活垃圾分类制度实施制定了路线图。《生活垃圾分类制度实施方案》要求，到 2020 年底，基本建立垃圾分类相关法律法规和标准体系，实施生活垃圾强制分类的城市，生活垃圾回收利用率达到 35% 以上。随后，部分省市出台了相应的垃圾分类指导意见或实施方案。北京市提出，到 2020 年底，全市垃圾分类制度覆盖范围达到 90% 以上，进入垃圾焚烧和填埋处理设施的生活垃圾增速控制在 4% 左右。重庆市提出，到 2020 年底，实施居民生活垃圾分类示范试点的街道比例达到 50%，生活垃圾回收利用率超过 35%。宁夏银川、贵州贵阳等西部地区也出台了相应的实施方案，但没有强制实施。[②]2018 年国务院办公厅印发《"无废城市"建设试点工作方案》。推进生活垃圾分类处置和非正规垃圾堆放点整治。2019 年 7 月 1 日，《上海市生活垃圾管理条例》正式实施，垃圾强制分类进入日常状态。实施当天，上海执法部门开出 623 张整改单。[③]对不规范分类强化监管和处罚，不只是落实在文件上，而是在具体施行。这也意味着城市生活垃圾的治理、管控追溯到了源头。目前，各地都在加紧制定本地的

① 潘家华. 从生态失衡迈向生态文明：改革开放 40 年中国绿色转型发展的进程与展望 [J]. 城市与环境研究，2018（4）：3-16.
② 熊丽.《生活垃圾分类制度实施方案》发布一周年 专家：习惯要培养系统要完善 [N]. 经济日报，2019-04-09（5）.
③ 新华社. 上海生活垃圾管理条例实施垃圾分类迈入"硬约束"时代 [EB/OL]. http://www. xinhuanet. com/politics/2019/07/01/c_1124696166. htm，2019-07-01.

生活垃圾管理细则，垃圾强制分类会逐步向全国推行。

洋垃圾污染防治禁止措施。1995 年中国垃圾进口量为 450 万吨，2016 年增长到 4500 万吨，20 年间翻了整整 10 倍。欧盟 27 国再生塑料废物的 87% 直接或间接运到了中国。[①] 洋垃圾的进口，给我国造成了严重的水、土壤、空气污染，成为我国生态环境恶化的源头之一，必须切除洋垃圾进口的渠道，杜绝洋垃圾的进口。所以，2017 年 7 月国务院办公厅印发了《关于禁止洋垃圾入境推进固体废物进口管理制度改革实施方案》，提出中国 2018 年初停止进口包括废塑料、废纺织原料和钒渣、未分类废纸在内的 24 种"洋垃圾"。2018 年 6 月，国务院公布的《关于全面加强生态环境保护坚决打好污染防治攻坚战的意见》明确规定，将全面禁止"洋垃圾"入境，力争 2020 年底前，基本实现固体废物零进口。2018 年全国固体废物进口总量为 2263 万吨，比 2017 年下降 46.5%。2019 年全国固体废物实际进口量 1348 万吨，同比减少 40.4%。

④ **生态保护与修复力度持续加大**

生态保护和修复一直是生态文明建设的重点任务之一。改革开放前生态保护和修复是防御型的，体现在治水和绿化荒山，风沙源治理、水土流失治理。从 20 世纪 90 年代后期开始，我国启动退耕还林、退田还湖、退田还草等工程。生态保护和修复力度不断加强。2012 年以来，党中央继续强化生态保护和监管，构建生态安全屏障，我国自然生态系统有所改善，自然保护区数量增加，森林覆盖率逐步提高，水土流失治理、沙化治理、荒漠化治

---

① "洋垃圾"禁令一年中国决策影响全球固废处理系统 [EB/OL]. https：//
baijiahao. baidu. com/s?id=1610090006070470282&wfr=spider&for=pc，
2018-08-29.

理取得初步成效，湿地保护面积增加。2022 年，全国生态质量指数值为 59.6，生态质量为二类，达到比较高的水平。

洪水治理方面。我国从 20 世纪 50 年代开始治理淮河、海河、黄河、长江洪水之患，兴修了三门峡大坝、葛洲坝、三峡大坝等水利工程，洪水泛滥得到遏制，大的洪水灾害几近绝迹。黄河不仅没有出现过决堤泛滥的情形，而且河水变清了。这表明黄土高原生态治理取得了明显成效。例如，1999—2015 年，延安累计退耕还林 1070 万亩，覆盖了当地 19.4% 的国土面积，植被覆盖度达 67.7%。推进坡面治理，沟壑地的径流、泥沙分别减少 58% 和 78%。种种措施的采用缓解了黄土高原的水土流失，导致黄河含沙量不断减少。据 2017 年 5 月潼关实测数据显示，黄河含沙量不超过 0.8 千克 / 立方米。[①]

从森林资源保护看，森林覆盖率从 1949 年的 8.6% 增加到改革开放初期的 12.7%，增加了 3 个百分点，每 10 年增加一个百分点，平均每年大约 10 万公顷的新增森林面积。[②] 第八次全国森林资源清查（2009—2013 年）结果显示，截至 2013 年，森林总量持续增长。森林面积由 1.95 亿公顷增加到 2.08 亿公顷，净增 1223 万公顷；森林覆盖率由 20.36% 提高到 21.63%，提高 1.27 个百分点。森林质量不断提高。森林每公顷蓄积量增加 3.91 立方米，达到 89.79 立方米；每公顷年均生长量增加 0.28 立方米，达到 4.23 立方米。中国人工林面积达到 6933 万公顷，位居世界第一。[③]2016 年，全国完

---

① 林嵬，丁铭，张军．大河"清流"——黄河变清调查 [J]．瞭望，2017（39）：18-22.

② 潘家华．新中国 70 年生态环境建设发展的艰难历程与辉煌成就 [J]．中国环境管理，2019（4）：19.

③ 第八次全国森林资源清查主要结果（2009—2013 年）[EB/OL]．http：//www.forestry. gov. cn/main/65/content-659670. html，2014-02-25.

成造林面积 679 万公顷，比 2012 年增长 21.3%；其中人工造林面积 381 万公顷，与 2012 年基本持平。随着森林总量增加、结构改善和质量提高，森林生态功能进一步增强。2018 年全年完成造林面积 707 万公顷，其中人工造林面积 360 万公顷，占全部造林面积的 50.9%。森林抚育面积达 852 万公顷。截至 2018 年底，中国森林覆盖率进一步提升至 22.96%，森林面积达到 2.2 亿公顷。

从水土流失治理看，1957 年 7 月 25 日，国务院发布《中华人民共和国水土保持暂行纲要》，提出禁垦坡度和退耕造林种草的要求。1978 年，党中央、国务院启动了"三北"防护林体系建设工程。2000 年，我国在水土流失严重的水蚀区和风蚀区开始实施退耕还林还草政策，恢复植被，控制水土流失。2015 年，国务院发布《全国水土保持规划（2015—2030 年）》，规划提出重点推进 4 个项目：一是重点区域水土流失综合治理项目；二是坡耕地水土流失综合治理项目；三是侵蚀沟综合治理项目；四是水土流失综合治理示范区建设项目。这些工作的成效十分显著。从新中国成立以来的四次国土监测与调查结果来看，水土流失面积持续减少。2015 年，全国累计水土流失治理面积 11558 万公顷，比 2012 年增加 1263 万公顷。2016 年，新增水土流失治理面积 562 万公顷，比 2012 年增长 28.6%。2018 年根据第一次全国水利普查成果，全国土壤侵蚀总面积 294.9 万平方千米，占普查总面积的 31.1%。其中，水力侵蚀面积 129.3 万平方千米，风力侵蚀面积 165.6 万平方千米。2018 年全国水土流失面积比 2011 年减少 21.23 万平方公里，降幅为 7.2%。

从防沙治沙看，第五次全国荒漠化和沙化土地监测结果显示，截至 2014 年，全国荒漠化土地面积 261.16 万平方公里，沙化土地面积 172.12 万平方公里，有明显沙化趋势的土地面积 30.03 万平方公里，实际有效治理的沙化土地面积 20.37 万平方公里，占沙化土地面积的 11.8%。与第四次全国荒漠化和沙化土地监测结果相比，全国荒漠化土地面积减少 12120 平方公里，沙化土地面积减少 9902 平方公里。同时，荒漠化和沙化程度继续减轻，沙区植被状况进一步好转，区域风沙天气明显减少。

改革开放后，我国开始启动各类自然保护地建设，涉及森林公园、湿地公园、遗址公园、地质公园、自然保护区、水源保护区、国家公园等。全国超过 90% 的陆地自然生态系统都建有代表性的自然保护区，89% 的国家重点保护野生动植物种类以及大多数重要自然遗迹在自然保护区内得到保护。① 各类陆域自然保护地总面积约占陆地国土面积的 18%，超过世界 14% 的平均水平。其中，80% 的面积为自然保护属性较强的自然保护区，约占陆地国土面积的 14.8%；生态保护属性较弱的风景名胜区和森林公园占保护地总面积的 3.8% 左右。② 从自然保护区建设看，2016 年，全国自然保护区达 2750 个，比 2012 年增加 81 个；其中国家级自然保护区 446 个，增加 83 个。2018 年国家级自然保护区增至 474 处。从湿地资源保护看，2013 年第二次全国湿地资源调查结果显示，全国湿地总面积 5360.26 万公顷，湿地率 5.58%。纳入保护体系的湿地面积 2324.32 万公顷，湿地保护率达 43.51%。2017 年，国家湿地公园试点总数达到 898 处，新增国家湿地公园试点 64 处。2018 年恢复退化湿地 107 万亩，56 处国际重要湿地生态状况总体良好。从地质公园来看，截至 2017 年底，全国省级以上重要地质遗迹 6228 处。国家级重点保护古生物化石集中产地 53 处。

---

① 潘家华. 从生态失衡迈向生态文明：改革开放 40 年中国绿色转型发展的进程与展望 [J]. 城市与环境研究，2018（4）：3-16.

② 潘家华. 新中国 70 年生态环境建设发展的艰难历程与辉煌成就 [J]. 中国环境管理，2019（4）：20.

经联合国教科文组织批准世界地质公园 35 处，国家地质公园 207 处，国家矿山公园 33 处。新增国家地质公园 8 个，新增地质公园面积 7.28 万公顷。

2018 年，我国已经初步划定京津冀、长江经济带和宁夏等 15 个省（区、市）生态保护红线，山西等 16 个省（区、市）基本形成划定方案。现已启动生态保护红线勘界定标试点，推动国家生态保护红线监管平台建设。

⑤ 加强国际合作，履行国际责任

保护生态环境，实现人与自然和谐共处，需要全世界人民的共同努力，携手同行才能赢得未来。"只有并肩同行，才能让绿色发展理念深入人心、全球生态文明之路行稳致远。"① 改革开放前，我国已经派代表团参加了联合国首次召开的国际人类环境会议，主动融入全球生态环境的保护中，积极借鉴发达国家在治理环境方面的经验。改革开放初期，我国的生态文明建设与发达国家的差距较大，必须学习发达国家的环境保护经验。所以，在打开国门的同时，我国主动参与国际合作，履行国际责任。我国先后签订了《及早通报核事故公约》《核事故或辐射紧急援助公约》《保护臭氧层维也纳公约》等多项国际公约，发挥中国作为负责任大国的作用，为应对生态环境保护问题贡献中国力量。1992 年 6 月我国政府作出履行《21 世纪议程》的庄严承诺，编制《中国 21 世纪议程》，在公平、公正、合理的基础上，承担与我国发展水平相适应的国际责任和义务，积极为全球环境问题的解决作出应有贡献。胡锦涛强调，

---

① 习近平出席 2019 年中国北京世界园艺博览会开幕式并发表重要讲话 [EB/OL]. [2019-04-29]. http：//www. xinhuanet. com/politics/2019-04/29/c_1124429901. htm.

应对气候变化等环境挑战"需要国际社会同舟共济、齐心协力"①。
2007 年 12 月，在印度尼西亚巴厘岛举行的联合国气候变化大会通过了"巴厘路线图"，我国积极推动各国落实"巴厘路线图"谈判，倡议召开首届亚太经合组织林业部长级会议，使得环境保护领域的国际合作迈上了新台阶。

新时代，基于建设生态文明关乎人类未来的战略定位，习近平更是多次强调保护生态环境"是全球面临的共同挑战"②，需要世界各国"同舟共济、权责共担，携手应对"③。党的十八届五中全会在提出"推进美丽中国建设"的同时，还提出要"为全球生态安全作出新贡献"。这是中国积极响应国际社会的绿色发展潮流的郑重承诺。党的十九大指出，中国要"成为全球生态文明建设的重要参与者、贡献者、引领者"④。中国作为负责任大国，努力推动各国遵循《联合国气候变化框架公约》的基本原则，中国是 2015 年通过的《巴黎协定》的积极推动者和参与者，法国媒体盛赞中国批准《巴黎协定》为全球可持续作出了表率。⑤2015 年 9 月，联合国可持续发展峰会通过了《2030 年可持续发展议程》，开启了全球可持续发展事业的新篇章。中国政府对此高度重视，2016 年 9 月李克强在联合国总部率先发布《中国落实 2030 年可

---

① 胡锦涛.胡锦涛文选：第三卷 [M]. 北京：人民出版社，2016：266.

② 中共中央文献研究室.习近平关于社会主义生态文明建设论述摘编 [M]. 北京：中央文献出版社，2017：127.

③ 中共中央文献研究室.习近平关于社会主义生态文明建设论述摘编 [M]. 北京：中央文献出版社，2017：128.

④ 习近平.决胜全面建成小康社会　夺取新时代中国特色社会主义伟大胜利——在中国共产党第十九次全国代表大会上的报告 [M]. 北京：人民出版社，2017：6.

⑤ 李宏策.法国：中国成为全球绿色发展的表率 [N]. 科技日报，2016-09-06（2）.

持续发展议程国别方案》，中国政府推动二十国集团制定《二十国集团落实 2030 年可持续发展议程行动计划》，得到国际社会高度评价。中国与国际社会携手同行，共同推进绿色低碳发展。2019 年 4 月 25 日，在第二届"一带一路"国际合作高峰论坛绿色之路分论坛上，"一带一路"绿色发展国际联盟正式成立，为"一带一路"绿色发展合作打造了政策对话和沟通平台、环境知识和信息平台、绿色技术交流与转让平台。中国还将探索设立"一带一路"绿色发展基金，用以重点支持各国生态环保基础设施、能力建设和绿色产业发展项目，帮助其他发展中国家应对气候变化等环境问题，为维护全球生态安全作出应有贡献。

2016 年 5 月 26 日，联合国环境规划署发布《绿水青山就是金山银山：中国生态文明战略与行动》报告，向全世界介绍中国生态文明建设的指导原则、基本理念和政策举措，特别是将生态文明融入国家发展规划的做法和经验，旨在向国际社会展示中国建设生态文明、推动绿色发展的决心和成效。中国在生态文明建设方面的理念和实践能为其他国家提供借鉴，并与各国一起，探索生态环境与经济社会协调发展的成功范式，为全球可持续发展、为人类更加美好的未来作出应有的贡献。

二、继续推进生态文明建设面临的挑战

在中国共产党的强有力领导下，我国的生态文明建设取得了重大进展和积极成效，但是前进的道路上的困难仍然很多，继续推进生态文明建设面临的挑战仍然巨大。2018 年 5 月，习近平总书记在全国环境保护大会上指出："总体上看，我国生态环境质

量持续好转，出现了稳中向好趋势，但成效并不稳固，稍有松懈就有可能出现反复，犹如逆水行舟，不进则退。生态文明建设正处于压力叠加、负重前行的关键期，已进入提供更多优质生态产品以满足人民日益增长的优美生态环境需要的攻坚期，也到了有条件有能力解决生态环境突出问题的窗口期。"①我国的绿色发展理念还没有完全树立起来，绿色发展模式虽然在一些地方得到采纳推广，但在一些地方仍没有得到重视，绿色发展模式的建立和推广还需要较长的时间。如以重化工为主的产业结构、以煤为主的能源结构、以公路货运为主的运输结构尚未根本改变。污染防治工作取得阶段性成就，但是压力和挑战仍然很大。土壤和地下水污染防治、固体废物与化学品管理、农业农村污染防治仍然较为薄弱。生态环境治理仍然存在短板和薄弱环节，生态治理能力不足的情况较为明显。总的来看，国内外环境正发生着深刻复杂变化，生态环境保护面临的形势仍很严峻，我国要继续生态文明建设、打赢污染防治攻坚战还需要克服许多挑战。

①. 绿色发展理念还没有完全树立起来

随着生态文明理念逐步深入人心，生态文明建设步伐加快。但是传统发展模式仍然有一定的市场，绿色发展模式虽然在一些地方得到采纳推广，但在一些地方仍没有得到重视。从全国层面看，绿色发展模式的建立和推广还需要较长的时间。特别是这些年，国家整体经济下行压力较大，一些地方政府面临较为严峻的保增长的压力。在经济下行压力下，传统高耗能行业规模扩张较为明显。2019 年 1—11 月，全国粗钢、乙烯、水泥、平板玻璃等产品产量同比分别增长 7.0%、9.3%、6.1%、6.9%，重点区域高耗能行业增

① 习近平 . 推动我国生态文明建设迈上新台阶 [J]. 求是，2019（3）：8.

长势头更加明显，增加了重点区域环境质量改善难度。① 推动绿色发展的能力不强、行动不实、重发展轻保护的现象依然存在。

根源在于部分地方政府的发展思路还没有得到彻底转变。传统的发展模式仍是地方政府应对挑战的首要选择。"唯 GDP 论英雄"仍有一定的市场。在北京、上海、广东、浙江等东部地区，政府协同推进经济发展和环境保护，取得了社会整体效益的提升。而在一些欠发达的中西部地区，有些党政主要领导特别是基层主要领导干部的发展思路还没有彻底转变，旧的发展思路仍在影响着经济社会发展，绿色发展不同程度受到限制。一些地方领导干部在公开场合大谈特谈环境保护，但是背后仍是经济至上的发展思路。政府官员没有真正在招商引资上对企业进行筛选，而是"唯 GDP 论英雄"。甚至有部分地方刻意隐瞒违法事实。经党中央、国务院批准，第一批 8 个中央环境保护督察组于 2016 年 7 月至 8 月组织对内蒙古、黑龙江、江苏、江西、河南、广西、云南、宁夏等 8 省（自治区）开展环境保护督察，并于 2016 年 11 月完成督察反馈。国务院第五督察组反馈指出，为应对环境保护督察，商丘市有关基层单位故意隐瞒事实，在检查商丘化肥总厂时，现场负责人为隐瞒新增锅炉的违法事实，只带领督察组查看一台废弃多年的老旧锅炉。类似案例说明，出于经济利益驱动和经济增长的压力，部分地方政府和企业不惜以身试法，编制虚假环境数据信息供上级检查之用，在国家和上级进行督察时采取策略性应对措施。真实的环境保护情况得不到上级关注，而受到污染危害的基层群众的权益得不到有效保障，其所反映的环境权益诉求，也被地方政府和机构进行策略性过滤，即使反映上去，上级政府

---

① 李干杰 . 坚决打赢污染防治攻坚战　以生态环境保护优异成绩决胜全面建成小康社会 [N]. 中国环境报，2020-01-21（1）.

出于各种考虑，也往往将诉求转回地方处理。① 根本原因在于如何处理好经济发展和环境保护的关系，地方政府认识不深。环境保护应该与经济发展同向而行，要兼顾经济发展的逐利性和环境保护的福利性，采取因地制宜灵活多样的政策措施，提高社会的整体发展质量，而不能以单一 GDP 的增长为唯一的发展目标。要使广大领导干部的思想统一到习近平生态文明思想上来，与以习近平同志为核心的党中央在思想上和行动上保持高度一致。

② 污染防治工作取得阶段性成就，但是压力和挑战仍然很大

"大气污染防治行动计划"实施以来，我国大气污染治理工作力度和措施强度前所未有，大气环境质量总体向好，但某些特征污染物和部分时段、部分地区恶化，对人民群众生产生活造成较大影响。据《2018 年生态环境公报》显示，2018 年，全国 338 个地级及以上城市（以下简称 338 个城市）中，121 个城市环境空气质量达标，占全部城市数的 35.8%，217 个城市环境空气质量超标，占 64.2%。338 个城市发生重度污染 1899 天次，比 2017 年减少 412 天；严重污染②822 天次，比 2017 年增加 20 天。以 $PM_{2.5}$ 为首要污染物的天数占重度及以上污染天数的 60.0%。若不扣除沙尘影响，338 个城市中，环境空气质量达标城市比例为 33.7%，超标城市比例为 66.3%。据《2019 年国民经济和社会发展统计公报》显示，在监测的 337 个地级及以上城市中，空气质量达标的城市占 46.6%，未达标的城市占 53.4%。大气环境质量受气象条件影响明显，而 2020 年气象条件预测整体偏差。有效推进北方地区清洁取暖难度较大。按照《打赢蓝天保卫战三年行动

---

① 蔺雪春. 论生态文明政策和制度的改革与完善 [J]. 社会主义研究，2017（4）：
84-86.

② 201 ~ 300 之间为重度污染，大于 300 为严重污染。

计划》，到 2020 年，全国煤炭占能源消费总量比重下降到 58%
以下；2020 年采暖季前，在保障能源供应的前提下，京津冀及周
边地区、汾渭平原的平原地区基本完成生活和冬季取暖散煤替代，
京津冀及周边地区和汾渭平原实现"增气减煤"。这些工作需要
巨大的财政支持和地方的持续投入。① 可以看出，我国城市环境
空气质量整体情况仍很不乐观，大气污染治理形势严峻。

　　水环境质量虽总体改善，但地区间不协调不平衡问题突出，
少数地区劣Ⅴ类水体比例、达到或好于Ⅲ类水体比例指标改善程
度不高。城市黑臭水体大量存在，饮用水安全保障有待加强。我
国大江大河干流水质稳步改善，但部分重点流域的支流污染严重，
重点湖库和部分海域富营养化问题突出。据 2018 年生态环境公
报显示，黄河、松花江和淮河流域为轻度污染，海河和辽河流域
为中度污染。2018 年，全国 10168 个国家级地下水水质监测点
中，Ⅰ类水质监测点占 1.9%，Ⅱ类占 9.0%，Ⅲ类占 2.9%，Ⅳ类
占 70.7%，Ⅴ类占 15.5%。近岸局部海域污染依然严重。2018 年，
全国近岸海域水质总体水质级别为一般，9 个重要河口海湾中，
北部湾近岸海域水质优，胶州湾近岸海域水质良好，辽东湾、渤
海湾和闽江口近岸海域水质差，黄河口、长江口、杭州湾和珠江
口近岸海域水质极差。与 2017 年相比，北部湾水质好转，黄河
口和辽东湾水质变差，其他重要河口海湾水质基本保持稳定。我
国土壤污染总体状况不容乐观，如农用地土壤环境质量堪忧，工
矿企业及其周边土壤环境问题突出，污染地块和农用地环境风险
日益凸显。②

---

① 常纪文. 从绿色发展视角看 2018 年中国生态环境保护的成效和 2019 年的挑
　战 [J]. 环境保护，2019（6）：40.
② 陈吉宁. 着力解决突出环境问题 [N]. 人民日报，2018-01-11（7）.

我国的生态环境系统仍较为脆弱。据《2019 年国民经济和社会发展统计公报》显示，2019 年全年农作物受灾面积 1926 万公顷，其中绝收 280 万公顷。全年因洪涝和地质灾害造成直接经济损失 1923 亿元，因旱灾造成直接经济损失 457 亿元，因低温冷冻和雪灾造成直接经济损失 28 亿元，因海洋灾害造成直接经济损失 117 亿元。全年大陆地区共发生 5.0 级以上地震 20 次，成灾 13 次，造成直接经济损失约 59 亿元。全年共发生森林火灾 2345 起，受灾森林面积 1.4 万公顷。

③. 生态治理能力现代化问题突出

2016 年 11 月 23 日，环境保护部正式公布第一批中央环境保护督察情况反馈和地方整改典型案例。从反馈情况和整改案例来看，我国的生态文明建设在实际推进过程中存在着许多问题，生态治理能力不足的情况较为明显，中央的治理权威遭受严重挑战。主要表现有以下几个方面。

（1）地方落实环境保护工作不严不实的问题。在落实大气污染防治行动计划、水污染防治计划、治污设施建设、自然保护区和流域保护区规划方面都存在工作落实不严的问题。如第一组督察的内蒙古全区 90 个地表水断面达标断面同比下降 7.7 个百分点、劣 V 类断面同比上升 3.1 个百分点，第二组督察的黑龙江省 4 个城市 PM_{10} 不降反升。各省区虽然针对中央的污染防治和保护规划政策出台了相关的配套政策，但地方执行难的问题依然存在。背后的原因在于一些干部对生态环境保护盲目乐观，一些地方领导干部还存在着牺牲环境换取增长的思想，一些地方干部对环境保护不重视等。

（2）部分地方存在着不作为乱作为情况。新《环境保护法》

并没有得到有效执行，通过督察发现，一些地方环保工作存在不作为、乱作为、慢作为情形。一些环境信访案件在初次查处时敷衍了事，相关责任人得不到应有的处分。例如督查组在整改过程中，黑龙江绥化市对 19 件信访案件复查后认定 12 件属实，肇东市在 9 件不属实信访案件中有 5 件复核认定属实，比例都超过 50%。在一些地方，环境管理制度在实际执行中的效果不理想。出现了制度化过程异化的现象，制度和实际运行相脱节。一些地方政府对于贯彻落实党中央、国务院生态文明建设和环境保护的决策部署的重视停留在表态层面，并没有落到实处，原因在于缺乏严格监管和问责惩罚，违规成本较小。一些地方出现了制度运行"脱耦"现象，即制度运行偏离制度制定的本意。如江西省乐平市政府违反《排污费征收使用管理条例》，动用财政资金为企业缴纳排污费。所以，要想确保制度在实施过程中不走样，就要严格规范和监督地方政府行为，提高违规成本，使违规成本大大超过违规收益，杜绝此类制度化过程异化行为。

（3）部分地方出现环保数据标准降低的情况。如第二督察组明确指出《黑龙江省水污染防治工作方案》将国家要求的"到 2020 年底县城、城市污水处理率分别达到 85%、95% 左右"降低到"80%、90% 左右"，《黑龙江省大气污染防治专项行动方案（2016—2018 年）》将钢铁企业烧结机和球团生产设备安装脱硫设施时间由国家规定的 2017 年推迟到 2018 年。江西省部分污水处理厂进水化学需氧量浓度甚至低于排放标准，基本属于"无效运行"。其他地方也出现了类似的情形。究其原因在于压力层级传递弱化的问题，地市县乡政府并没有同省级政府同样的环保压力，地方企业的重心在于新增经济效益，只满足于环境行为对上级形式上的合法性。根本原因在于没有形成自上而下的统一的绩效责任体系，导致现实中中央、省、地市县等层级责任不清。①

三、推进生态文明建设的现实路径

要以习近平新时代中国特色社会主义思想为指导，全面贯彻党的二十大精神，深入贯彻习近平生态文明思想，按照中共中央、国务院决策部署，以改善生态环境质量为核心，推进我国生态文明建设不断前进。推进生态文明建设是一个系统工程，既需要有科学理念的引领，也需要现实可行的路径。如今我国生态文明建设已经取得了一定的成绩，污染防治攻坚战取得了初步战果，各项生态治理工程稳步推进，生态文明制度体系已经基本形成。但我们也要看到，取得的成果还较为脆弱，特别是污染防治回潮的可能性很高，生态文明制度体系的"四梁八柱"已经构建起来，但是治理能力还存在薄弱的地方，从环保督察的结果看，还存在许多问题。我们的绿色生产生活方式尚未完全建立，原因在于绿色环保意识相对薄弱。行百里者半九十，要继续攻坚克难，咬定青山不放松，坚定走生产发展、生活富裕、生态良好的文明发展道路，让生态环境保护工作不断迈上新的台阶，确保到2035年节约资源和保护生态环境的空间格局、产业格局、生产方式、生活方式总体形成，生态环境质量实现根本好转，美丽中国目标基本实现。到本世纪中叶，生态文明全面提升，实现生态环境领域国家治理体系和治理能力现代化，使美丽中国的目标得到全面实现。

---

① 蔺雪春. 论生态文明政策和制度的改革与完善 [J]. 社会主义研究，2017（4）：84-86.

① 加快形成推进生态文明建设的良好社会风尚

良好的社会风尚首先要求全体公民形成良好的生态文明意识，提高生态文明素养。这就要求在全社会加强生态文明教育，树立良好的生态文明教育观。习近平总书记指出："要加强生态文明宣传教育，增强全民节约意识、环保意识、生态意识，营造爱护生态环境的良好风气。"①要加大在全社会进行生态文明理念宣传的力度。各级政府要制定合理规划，把生态文明建设理念通过各种形式向全社会普及。要充分发挥媒体的导向作用，通过媒体及时公布政府有关生态文明建设的各种政策、报告；利用公益广告等多种形式倡导绿色环保理念。特别是在新媒体时代，要充分利用网络媒介如微博、微信和各种自媒体来宣传生态文明理念和环境保护知识，提高全社会成员的生态文明素养。要发挥新闻舆论的监督作用，及时揭露和批评各种破坏环境的违法行为。构建多种形式的宣传教育平台，利用自然博物馆、生态园区、经济示范区等主体宣传生态文明理念。

习近平总书记强调："要增强文明素质教育，把垃圾分类知识纳入国民教育体系，从幼儿园抓起，培养全社会良好习惯。"②提高全民的生态文明素养，需要对全体公民开展绿色教育。绿色教育就是以环境保护、可持续发展等相关知识为内容的教育，旨在培养学生的环境意识和环境保护的相关技能，使学生毕业后无论在何种工作岗位，都能具备环境意识，具有基础的环境知识，

---

① 中共中央文献研究室. 习近平关于社会主义生态文明建设论述摘编 [M]. 北京：中央文献出版社，2017：116.

② 中共中央文献研究室. 习近平关于社会主义生态文明建设论述摘编 [M]. 北京：中央文献出版社，2017：94.

为改善中国的环境、推动生态文明建设打好基础。[①]建设低碳社会、走绿色发展道路需要每个人的努力。许多公民对于生态文明建设知之甚少，对环境保护的认知还存在误区。对生态环保的重要性认识不足，一些人甚至认为生态环保跟每个人没有关系。因此，有必要通过学校教育的方式提高公民的生态环保素养。

要采取多种方式，把生态文明教育作为素质教育的重要内容纳入国民教育体系和干部教育培训体系。生态文明教育要从小抓起，针对大、中、小学以及职业学校等不同类型的学生采取不同的环境教育内容，普及绿色环保理念，践行生态环保行为。2017年3月，在参加首都义务植树活动时的讲话中，习近平总书记指出："全民义务植树的一个重要意义，就是让大家都树立生态文明的意识，形成推动生态文明建设的共识和合力……希望同学们从小树立保护环境、爱绿护绿的意识……"[②]要在中小学及学前教育阶段采取渗透式教学方式，在课程设置和教学中体现生态环保理念，在校园内营造浓厚的生态文明教育氛围，在学生的日常生活中，有意识地培养他们爱护环境、节约资源的观念。要在高校加强生态文明教育，在思想政治理论课中加强对生态文明建设的讲授，开设相关的生态文明建设选修课程，发挥环境专业的专业优势，将环境专业和非环境专业结合起来，共同学习、传播生态文明理念。鼓励学生通过社会实践的方式参加一些生态环保活动，通过参与生态环保活动，实现理论和实践的结合，提高生态文明素养。要将生态文明知识纳入党校干部培训计划，提高领导干部的生态文明素养和意识。加强企业教育培训，增强企业员工的环

---

① 赵建军. 如何实现美丽中国梦——生态文明开启新时代 [M]. 北京：知识产权出版社，2013：104.

② 中共中央文献研究室. 习近平关于社会主义生态文明建设论述摘编 [M]. 北京：中央文献出版社，2017：121.

保意识和企业的社会责任。要因地制宜开展农村生态文明教育。最终达到使生态文明理念成为全社会共识，真正做到内化于心、外化于行。

良好的生态文明建设的社会风尚要求全社会形成建设生态文明的实际行动。生态文明建设需要每一个公民的参与。我们不仅要树立生态文明理念，提高生态文明素养，更重要的是积极投身到生态文明建设当中去。习近平总书记指出："生态文明建设各项工作都要抓好，动员全社会参与"，要"努力把建设美丽中国化为人民自觉行动"[①]。具体而言，就是要通过引导广大人民群众积极践行绿色生活方式，积极参与生态环保活动。要完善公众参与制度，及时准确披露各类环境信息，扩大公开范围，保障公众知情权，维护公众环境权益，在建设项目立项、实施、评价等环节，有序增强公众参与程度。此外，还要强化社会监督，推动公众参与生态保护。健全举报、听证、舆论和公众监督等制度，构建全民参与的社会行动体系。[②] 要在生产和生活的各个方面贯彻环保理念。通过参加义务植树、深入开展节水型城市建设，推广节能、节水用品和绿色环保家具、建材，将全民的生态环保理念切实转化为实际行动，凝聚起全社会的力量，形成共同促进生态文明建设的良好社会风尚，为推进生态文明和美丽中国建设创造良好的社会氛围。

②. 全面推进绿色发展，处理好环境保护和经济发展的关系

推动生态文明建设，应该从源头抓起，采取切实的措施，形

[①] 中共中央文献研究室.习近平关于社会主义生态文明建设论述摘编 [M]. 北京：中央文献出版社，2017：120.

[②] 杨瑞，鲁长安.生态文明建设新篇章 [M]. 北京：中国人民大学出版社，2016：103.

成内生动力机制，全面推进绿色发展。绿色发展就是要在发展中自觉爱护和保护自然环境，在发展中保护，在保护中发展，在实现经济发展的同时为人类的生存发展创造良好的自然环境，实现人与自然和谐共生。人类社会发展到今天，必须改变以往的发展方式，解决人与自然和谐共生的问题。这就要求我们，必须坚定不移走绿色低碳循环发展之路，引导形成绿色发展方式和生活方式。要把推动形成绿色发展方式和生活方式摆在更加突出的位置，走绿色发展道路，谋求更佳质量效益，让资源节约、环境友好成为主流的生产生活方式，使青山常在、清水长流、空气长新。

习近平总书记在总结我国生态环境建设的实践经验的基础上，提出了著名的"两山论"。"两山论"的实质就是如何看待经济发展和环境保护的关系。这一思想为我们推动绿色发展提供了理论指导。绿色发展是构建高质量现代化经济体系的必然要求，也是解决污染问题的根本之策。通过绿色发展，协同高质量发展和生态环境保护，可以在提高经济发展水平的同时降低污染排放负荷。要坚决摒弃损害甚至破坏生态环境的发展模式，坚决摒弃以牺牲生态环境换取一时一地经济增长的做法。要"改变传统的'大量生产、大量消耗、大量排放'的生产模式和消费模式，使资源、生产、消费等要素相匹配相适应，实现经济社会发展和生态环境保护协调统一、人与自然和谐共处。"[①]

习近平总书记指出，形成绿色发展方式，"重点是调结构、优布局、强产业、全链条"[②]。必须大力贯彻和落实绿色发展理念，加快推进产业结构、空间结构、能源、消费方式等的绿色转型，推动形成绿色发展方式，在全社会形成节约适度、绿色低碳、文

---

① 习近平. 推动我国生态文明建设迈上新台阶 [J]. 求是，2019（3）：15.
② 习近平. 推动我国生态文明建设迈上新台阶 [J]. 求是，2019（3）：15.

明健康的生活方式和消费模式。要充分认识形成绿色发展方式和生活方式的重要性、紧迫性和艰巨性，把推动形成绿色发展方式和绿色生活方式摆在更加突出的位置，形成质量效益更佳，让资源节约和环境友好成为主流的生产生活方式。

加快形成绿色发展方式需要从以下几个方面入手。第一，经济结构的调整。这就要求我们要促进产业结构、能源结构、消费方式的绿色转型，提高绿色产业在产业结构中的比重，从而形成绿色经济结构。要加快产业结构绿色转型，加快建立绿色生产和消费的法律制度和政策导向，建立健全绿色低碳循环发展的经济体系，从源头上推动经济实现绿色转型，减少资源消耗、减少污染排放、减少生态破坏。要促进能源绿色转型，推动能源生产和消费革命，构建清洁低碳、安全高效的能源体系，推进资源全面节约和循环利用，实施国家节水行动，降低能耗、物耗，实现生产系统和生活系统循环链接。① 第二，优化空间布局。要按照主体功能定位，进行空间结构的优化，形成主要集聚经济和人口的城市化地区、主要提供农产品的主产区、主要提供生态产品的生态功能区，对不同主体功能区要分别实行优化开发、重点开发、限制开发、禁止开发的策略。我国还存在空间布局不合理的问题，因此，必须统筹人口分布、经济布局、国土利用、生态环境保护，按照自然资源禀赋和生态环境状况确定和优化空间布局，对重大经济政策和产业布局规划开展环境影响评估，调整和优化区域流域产业布局，最终形成绿色空间布局。② 第三，做大做强环保产业。必须统筹产业和生态的关系，坚持走新型工业化的道路，培育壮

① 习近平.决胜全面建成小康社会　夺取新时代中国特色社会主义伟大胜利——在中国共产党第十九次全国代表大会上的报告 [M].北京：人民出版社，2017：51.

② 张云飞.习近平生态文明思想的标志性成果 [J].湖湘论坛，2019（4）：12.

大节能环保产业、清洁生产产业、清洁能源产业，发展高效农业、先进制造业、现代服务业。随着生态文明建设的深入开展，环保产业已经发展成为重要的战略性新兴产业。《"十三五"国家战略性新兴产业发展规划》提出，推动节能环保等绿色低碳产业成为支柱产业，到 2020 年，先进环保产业产值规模力争超过 2 万亿元。2011—2017 年，中国的环保产业年均增长速度接近 18%，环境服务业的增长速度高达 30%。2017 年，中国电动汽车发展指数首次跃居全球第一。随着更多的环保治理需求被推向市场，环保产业将拥有更大的市场空间。据行业分析预测，2020 年中国环保产业产值将达到 3.7 万亿元，环境服务业营业收入将达到 1.3 万亿元。① 要加快发展天然气和风能、太阳能等可再生能源，实现清洁能源供应和消费多元化。要推动生物质成型燃料、液体燃料、发电、气化等多种形式的生物质能梯级综合利用。要构建现代农业产业体系、生产体系、经营体系，发展高效农业。加快发展先进制造业，推动互联网、大数据、人工智能和实体经济深度融合。加快发展现代服务业，培育人力资本服务等领域的新增长点。② 第四，健全循环链条。全面节约和循环利用是加快形成绿色发展方式的价值基础。健全循环链条就是要打通生产、生活和生态之间的循环链条，实现生产系统和生活系统循环链接。针对生产、生活、生态之间的循环链条不完整的问题，要按照生态系统思维，统筹生产、生活和生态的关系，通过资源全面节约和废物循环利用，形成全链条的循环，有效利用物料、能量和信息，

---

① 2018 年中国环保行业经济运行现状、行业现状与需求及环保行业发展趋势分析 [EB/OL]. [2018-08-16]. 中国产业信息网. http://www.chyxx.com/industry/201808/667913.html.

② 华文. 加快形成绿色发展方式 解决污染问题 [EB/OL]. [2019-02-15]. 求是网. http://www.qstheory.cn/wp/2019-02/15/c_1124117481.htm.

实现生产系统、生活系统、生态系统的循环链接，保证人与自然之间物质变化的有序、持续、循环进行。①

生活方式是影响人与自然关系的重要途径。形成绿色生活方式是实现绿色发展的根本要求。习近平总书记指出："绿色生活方式涉及老百姓的衣食住行。要倡导简约适度、绿色低碳的生活方式，反对奢侈浪费和不合理消费。广泛开展节约型机关、绿色家庭、绿色学校、绿色社区创建活动，推广绿色出行，通过生活方式绿色革命，倒逼生产方式绿色转型。"②为此要做好几个方面。第一，绿色生活方式首先表现为绿色消费，全社会要提倡绿色居住，节约用水用电，合理控制夏季空调和冬季取暖室内温度。各级政府部门要大力发展公共交通，鼓励自行车、步行等绿色出行。引导消费者购买节能与新能源、高能效家电、节水型器具等节能环保低碳产品，减少一次性用品的使用，使用环保、可循环利用的产品，限制过度包装。尽快出台快递业、共享经济等新业态的规范标准。第二，绿色消费要从政府做起，发挥政府的主导和带头作用。坚决贯彻和执行中央关于改进工作作风、密切联系群众的八项规定，坚决反对奢靡之风。建立健全体现资源节约和循环利用的政绩考核指标体系，构建绿色服务政府。第三，要倡导勤俭节约的消费观。宣传简约适度、绿色低碳的生活方式。勤俭节约的消费观契合中华民族崇尚节俭的优良传统。习近平总书记曾引用唐代诗人白居易的文章来阐释绿色生活方式的重要性："天育物有时，地生财有限，而人之欲无极。以有时有限奉无极之欲，而法制不生其间，则必物暴殄而财乏用矣。"③要继承勤俭节约

---

① 张云飞.习近平生态文明思想的标志性成果 [J].湖湘论坛，2019（4）：12.

② 习近平.推动我国生态文明建设迈上新台阶 [J].求是，2019（3）：15.

③ 中共中央文献研究室.习近平关于社会主义生态文明建设论述摘编 [M].北京：中央文献出版社，2017：118.

的优良传统，形成勤俭节约的生活习惯。要使绿色消费成为每一个公民的责任，从自身做起，从自己的每一个行为做起，自觉为美丽中国建设作贡献。

③. 加大科技研发力度，推动绿色科技创新

　　科学技术的产生和发展来源于人类对于自然的改造活动。"不同时期的文明模式的背后有着不同的科学技术范式的支撑。经验科学与农业技术的发展推动原始的采集、游猎时代的史前文明向农业文明的嬗变；近代科学体系的建立和工业技术的发展推动农业文明向工业文明的转变；新能源革命引领的全方位的科技创新促进工业文明向后工业文明的飞跃。"①加大科技研发力度，推动科技创新，是建设生态文明的重要途径。工业文明赖以生存、发展和辉煌的基础是线性结构的科学范式与不可再生能源的高效利用，以牛顿力学为基础构建的现代科学技术为工业文明的发展提供了源源不断的智力支持，建立起了一套现行的发展理念与模式，但是随着人类社会的不断发展，工业文明无法突破环境与资源的瓶颈，发展动力趋弱、发展代价增大成为工业文明的软肋，文明的发展走到了新的路口，转型的压力日趋增大。以非线性科学技术为基础的新的生态科学范式已经形成，以新能源革命为先导的新科技革命逐步兴起，推动了文明的生态化转型。如今，科学越来越朝综合化的方向发展，能够为人类探索各种资源、有效和合理利用资源，以及保护生态环境提供新的能力。

　　因此，需要科学技术继续进行创新，以引领生态文明的发展。科技创新不仅仅是技术的升级和换代，更是对人类发展理念、社

---

① 赵建军.如何实现美丽中国梦——生态文明开启新时代[M].北京：知识产权出版社，2013：104.

会技术支撑体系和市场需求的变革。绿色技术是指能够有效预防、控制和治理环境污染，促进实现经济、社会和环境协调发展的技术。绿色科技创新强调发展绿色技术，强调通过最少的资源消耗、最小的污染破坏来达到最佳的生态效益，是人与自然和谐共生的生态理念的具体阐释。绿色科技创新可以有效缓解资源匮乏、生态环境污染、抑制生态环境恶化。绿色科技的范围非常广泛，包括清洁生产技术环境治理技术、生态环境可持续利用技术、节能技术、新能源技术等。绿色科技创新要求从生产的源头开始，在生产链的各个环节和产品的整个生命周期中，都考虑节能降耗、预防污染，从源头上进行环境治理。所以绿色科技创新可以为生态文明的发展提供技术支撑体系，从根本上促进生态文明的发展。绿色科技创新可以引导市场需求，通过科技创新，可以为市场提供大量的物美价廉的绿色产品。企业和科研机构也要及时关注市场，以市场的绿色环保需求为导向，为绿色消费观的形成提供科技支撑。

今天，绿色科学技术的发展还不能够完全解决生态中遇到的每个问题。现代生态科学技术需要把自然科学和社会科学的最新研究成果融合起来，共同解决人与自然协调过程中所产生的生态问题。建立在绿色科学技术基础上的生态工程和生态理论是生态文明建设的理论基础。党和政府要采取多种措施推动绿色科技创新，营造一个促进绿色科技创新的氛围。要构建市场导向的绿色技术创新体系，面向市场需求促进绿色技术的研发、转化、推广，用绿色技术改造形成绿色经济。要坚持问题导向和目标导向，以改善生态环境质量为核心，强化基础研究和应用研究，又要抓好重点环保科研项目。要树立绿色科技创新理念，在税收和资金优惠等方面给绿色科技创新企业提供支持。政府相关部门要完善知识产权保护制度，形成鼓励绿色生态技术创新的专利转让、政策补偿机制，加大知识产权的转让力度，保护好技术创造者的利益，激励科技创新人员的积极性，同时鼓励科研机构、高等院校与企业联合，实行产学研发展一体化的绿色创新体系，大力支持和推进重点企业发展绿色技术，改变我国绿色技术落后的现状。加强与其他国家进行绿色科技创新方面的交流，有效吸收和利用别国先进的绿色科技创新成果。

④ 健全生态文明制度体系，推进治理体系和治理能力的现代化

2018年召开的全国生态环境保护大会上，习近平总书记提出，"要加快构建以治理体系和治理能力现代化为保障的生态文明制度体系"。环境治理体系是国家治理体系的重要组成部分，是生态文明制度体系的重要保障。在党的十九大上，党中央对生态治理体系进行了阐述，提出要"构建政府为主导、企业为主体、社会组织和公众共同参与的环境治理体系"，为我国环境治理体系的建设指明了方向。党的十九届四中全会提出，"要加强系统治理、依法治理、综合治理、源头治理，把我国制度优势更好转化为国家治理效能。"2020年3月，中共中央办公厅、国务院办公厅印发《关于构建现代环境治理体系的指导意见》（以下简称《意见》），进一步勾画了党委领导、政府主导、企业主体、社会组织和公众共同参与的现代化环境治理体系。《意见》提出到2025年要形成导向清晰、决策科学、执行有力、激励有效、多元参与、良性互动的环境治理体系。因此当前我们要抓紧做好两方面的工作，一方面要继续加快生态文明体制改革，健全生态文明制度体系；另一方面要加快构建生态文明治理体系，推进生态文明治理体系和治理能力的现代化。

（1）健全环境治理领导责任体系。在 2018 年的国务院机构改革中已经组建了生态环境部、自然资源部以及国家林业和草原局，完善了生态文明行政体制的顶层设计，改变了以往"九龙治水"的管理体制。必须在此基础上继续深化生态环境领域机构改革，健全环境治理领导责任体系。2019 年制定了《中央和国家机关有关部门生态环境保护责任清单》和《生态环境保护综合行政执法事项指导目录》，应该加快实施落地。合理增加生态环境系统总编制数和新增机构数量，提高生态环境领域机构的行政效率。完善中央统筹、省负总责、市县抓落实的工作机制。制定实施生态环境领域中央与地方财政事权和支出责任划分改革方案，除全国性、重点区域流域、跨区域、国际合作等环境治理重大事务外，主要由地方财政承担环境治理支出责任。

要深化生态环境保护督察制度改革，实行中央和省（自治区、直辖市）两级生态环境保护督察体制。继续用好中央环境保护督察制度，加大生态环境保护督察执法力度，敢于动真格，推动地方党委和政府及其相关部门落实生态环境保护责任。2018 年出台了《关于进一步强化生态环境保护监管执法的意见》等文件。2019 年中共中央办公厅、国务院办公厅印发了《中央生态环境保护督察工作规定》。党中央批准成立的中央生态环境保护督察领导小组已经对 6 个省（区、市）和 2 家中央企业开展第二轮第一批中央生态环境保护例行督察，共受理转办群众举报问题 1.89 万件，已办结或基本办结 1.6 万件。①

（2）健全环境治理企业责任体系。加快《排污许可管理条例》

---

① 李干杰. 坚决打赢污染防治攻坚战 以生态环境保护优异成绩决胜全面建成小康社会 [N]. 中国环境报，2020-01-21（1）.

立法进程，完善排污许可制度，加强对企业排污行为的监督检查。推进生产服务绿色化，从源头防治污染，优化原料投入，依法依规淘汰落后生产工艺技术，提高治污能力和水平。加强企业环境治理责任制度建设，督促企业严格执行法律法规，接受社会监督。公开环境治理信息，排污企业应通过企业网站等途径依法公开主要污染物名称、排放方式、执行标准以及污染防治设施建设和运行情况，并对信息真实性负责。鼓励排污企业在确保安全生产前提下，通过设立企业开放日、建设教育体验场所等形式，向社会公众开放。

（3）健全环境治理全民行动体系。环境治理需要全体人民的参与，只有在充分发挥人民群众主体性的基础上，才能形成生态文明建设的强大力量。习近平总书记指出："生态文明是人民群众共同参与共同建设共同享有的事业，要把建设美丽中国转化为全体人民自觉行动。"① 因此，必须引导广大人民群众积极参与，才能促使每个人都成为生态环境的保护者、建设者、受益者，群策群力，和衷共济。要引导环境保护领域社会组织健康有序发展，工会、共青团、妇联等群团组织要积极动员广大职工、青年、妇女参与环境治理。行业协会、商会要发挥桥梁纽带作用，促进行业自律。提高公民环保素养，倡导文明、节约、绿色的消费方式和生活习惯，把公民环境意识转化为保护环境的行动，让人人成为保护环境的参与者、建设者、监督者。

（4）严格依法依规监管，健全环境治理监管体系。完善监管体制，整合相关部门污染防治和生态环境保护执法职责、队伍，统一实行生态环境保护执法。全面完成省以下生态环境机构监测监察执法垂直管理制度改革，推动全国所有市、县级生态环境部

① 习近平. 推动我国生态文明建设迈上新台阶 [J]. 求是，2019（3）：12.

门建立"双随机、一公开"制度。建立生态环境保护综合行政执法机关、公安机关、检察机关、审判机关信息共享、案情通报、案件移送制度。强化对破坏生态环境违法犯罪行为的查处侦办，加大对破坏生态环境案件起诉力度，加强检察机关提起生态环境公益诉讼工作。

完善生态环境监测体系。生态环境监测是生态环境保护的"顶梁柱"和"生命线"。2019 年 9 月生态环境部印发《生态环境监测规划纲要（2020—2035 年）》，要按照规划完成"十四五"国家环境空气、地表水、海洋生态环境监测网络优化调整。加快构建陆海统筹、天地一体、上下协同、信息共享的生态环境监测网络，实现环境质量、污染源和生态状况监测全覆盖。实行"谁考核、谁监测"，不断完善生态环境监测技术体系，全面提高监测自动化、标准化、信息化水平。

（5）健全环境治理市场体系。注重发挥市场在生态资源配置中的决定性作用，利用价格机制、税收机制等调节手段调配生态资源。财政政策应有效引导资金流向具备创新能力和社会担当的企业主体，中央和地方财政都要加大资金支持力度。税收政策仍需要进一步加强对高新技术产业的倾斜。适度淘汰污染严重的企业。深入推进"放管服"改革，打破地区、行业壁垒，对各类所有制企业一视同仁，平等对待各类市场主体，引导各类资本参与环境治理投资、建设、运行。规范市场秩序，减少恶性竞争，防止恶意低价中标，加快形成公开透明、规范有序的环境治理市场环境。加强关键环保技术产品自主创新，推动环保首台（套）重大技术装备示范应用，加快提高环保产业技术装备水平。做大做强龙头企业，培育一批专业化骨干企业，扶持一批专特优精中小企业。鼓励企业参与绿色"一带一路"建设，带动先进的环保技术、装备、产能走出去。严格落实"谁污染、谁付费"政策导向，建立健全"污染者付费＋第三方治理"等机制。按照补偿处理成本并合理盈利原则，完善并落实污水垃圾处理收费政策。综合考虑企业和居民承受能力，完善差别化电价政策。

（6）健全环境治理信用体系。环境治理信用体系包括两个部分。对于政府而言，应建立健全环境治理政务失信记录，将地方各级政府和公职人员在环境保护工作中因违法违规、失信违约被司法判决、行政处罚、纪律处分、问责处理等信息纳入政务失信记录，并归集至相关信用信息共享平台，依法依规进行公开，督促政府公职人员切实落实环境治理措施。对于企业而言，完善企业环保信用评价制度，依据评价结果实施分级分类监管。建立排污企业黑名单制度，将环境违法企业依法依规纳入失信联合惩戒对象名单，将其违法信息记入信用记录，并按照国家有关规定纳入全国信用信息共享平台，依法向社会公开。建立完善上市公司和发债企业强制性环境治理信息披露制度。通过环保信用评价制度，促使企业把环保问题放在企业发展的首位，在企业的发展过程中始终关注企业所带来的环保问题。

（7）继续完善生态文明法律法规政策体系建设，推动形成系统完备的生态文明制度体系。加快完善生态文明建设制度体系，为实现人与自然健康发展、持续发展、和谐发展提供强有力制度保障。制定修订固体废物污染防治、海洋环境保护、生态环境监测、环境影响评价、清洁生产、循环经济等方面的法律法规。完善法律法规的立、改、废工作，完善国家生态环境保护标准，制定修订环境质量标准、污染物排放（控制）标准以及环境监测标准等。构建以空间规划为基础、以用途管制和市场化机制为重要手段的国土空间开发保护制度，建立以国家公园为主体的自然保护地体系，整合分头设置的自然保护区、风景名胜区、森林公园、地质公园等，形成中国特色的自然保护地体系，完善主体功能区配套政策，保障主体功能区制度有效落实。加强财税支持，建立健全常态化、稳定的中央和地方环境治理财政资金投入机制，健全生态保护补偿机制。完善金融扶持，设立国家绿色发展基金，推动环境污染责任保险发展，在环境高风险领域研究建立环境污染强制责任保险制度。

⑤ 着力解决突出环境问题，有效防范生态环境风险

党的十九大报告指出，"要着力解决突出环境问题。坚持全民共治、源头防治，持续实施大气污染防治行动，打赢蓝天保卫战。"良好的生态环境是人和社会发展的基础，突出环境问题事关老百姓的身心健康，关乎老百姓的切身利益，人民群众迫切期待加快提高生活环境质量。所以，党和政府要积极回应人民群众的期盼，把突出环境问题的解决放在首要位置，下大力气加以解决，提供更多优质生态产品，不断满足人民日益增长的优美生活环境需要。

（1）坚决打赢蓝天保卫战。这是人民群众反映强烈的环保问题。我国日益突出的区域性复合型大气污染是长期积累造成的，为此我国付出了巨大的努力，取得了一定的成果。今后要持续推进污染防治，巩固扩大蓝天保卫战成果。2018 年我国制定了《打赢蓝天保卫战三年行动计划》，要争取在 2020 年顺利完成预定的目标任务，抓好京津冀及周边、长三角、汾渭平原等重点区域秋冬季大气污染综合治理攻坚，以空气质量改善为刚性要求，强化联防联控，加强工业、燃煤、机动车三大污染源治理，基本消除重污染天气。2019 年 9 月制定通过了《蓝天保卫战量化问责规

定》，这一规定是落实《打赢蓝天保卫战三年行动计划》的具体举措。对于工作滞后、落实不实的地方党委和政府要按照问责规定依法依规严肃问责。

首先要加强工业企业大气污染综合治理，持续整治"散乱污"企业，要推进达标排放，降低重点行业污染物排放，扩大钢铁行业超低排放改造规模，深化工业炉窑、重点行业挥发性有机物污染治理。其次要调整产业结构，推动产业转型升级。严控"两高"行业新增产能，减少过剩和落后产能，增加新的增长动能。再次要加快调整能源结构，增加清洁能源供应。推进散煤治理和煤炭消费减量替代，加快清洁能源发展。要控制煤炭消费总量，加快清洁能源替代利用，加大天然气、煤制天然气、煤层气供应，开发利用地热能、风能、太阳能、生物质能、核能等。对于北方地区的冬季取暖，要采用"煤改气""煤改电"的形式，因地制宜、多措并举，宜电则电、宜气则气，切实降低北方地区冬季取暖造成的煤炭消费量。政府要制定切实可行的补贴政策和价格支持，确保不大幅增加老百姓的负担，保障冬季百姓能够温暖过冬。最后要以开展柴油货车超标排放专项整治为抓手，统筹开展油、路、车治理和机动车船污染防治。要调整运输结构，减少公路运输量，增加铁路运输量。加快淘汰老旧车，鼓励清洁能源车辆、船舶的推广使用。推进钢铁、电力、电解铝、焦化等重点工业企业和工业园区货物由公路运输转向铁路运输。

（2）打好碧水保卫战。水污染直接关系百姓健康，要深入实施《水污染防治行动计划》，以改善水环境质量为核心，按照"节水优先、空间均衡、系统治理、两手发力"的原则，系统推进水污染防治、水生态保护和水资源管理，打好水源地保护、城市黑臭水体治理、渤海综合治理、长江保护修复攻坚战，保障饮用水安全，基本消灭城市黑臭水体。

首先要全面控制污染物排放。抓好工业污染防治，集中治理工业聚集区水污染。尽快杜绝直辖市、沿海发达省份、经济特区的污水直排。强化城镇生活污染治理。加快补齐城镇污水收集和处理设施短板。加强城市初期雨水收集处理设施建设，有效减少城市面源污染。其次要节约保护水资源，控制用水总量。实施最严格的水资源管理，严控地下水超采，提高用水效率，做好工业、城镇、农业节水工作。再次要保障水生态环境安全。高度重视饮用水水源安全，对地下水污染问题进行整治。整治城市黑臭水体，尽快实现污水管网全覆盖、全收集、全处理。京津冀、长三角、珠三角区域城市建成区要尽早全面消除黑臭水体。最后要深化重点流域污染防治。打好长江保护修复攻坚战，长江流域要基本消除劣 V 类水体。加强沿河环湖生态保护，修复湿地等水生态系统，因地制宜建设人工湿地水质净化工程。打好渤海综合治理攻坚战。基本消除环渤海主要入海河流劣 V 类国控断面。推动河口海湾综合整治，全面整治入海污染源，规范入海排污口设置，全部清理非法排污口。

（3）推进净土保卫战。2019 年 1 月 1 日《中华人民共和国土壤污染防治法》正式实施。要严格按照《中华人民共和国土壤污染防治法》，全面强化土壤污染管控和修复。土地污染防治应该坚持预防为主、保护优先、分类管理、风险管控、污染担责、公众参与的原则。实施分类别、分用途、分阶段治理，严控新增污染、逐步减少存量，形成政府主导、企业担责、公众参与、社会监督的土壤污染防治体系，促进土壤资源永续利用，让老百姓吃得放心、住得安心。

为此，首先要开展土壤污染调查，摸清土壤环境质量现状。

推进农用地土壤污染状况详查成果应用，完成重点行业企业用地土壤污染状况调查。建设土壤环境质量检测网络。提升土壤环境信息化管理水平，建立土壤环境基础数据库，构建全国土壤环境信息化管理平台。其次要强化土壤污染管控和修复，加强耕地土壤环境分类管理，编制完成耕地土壤环境质量分类清单。建立建设用地土壤污染风险管控和修复名录。深入推进土壤污染防治先行区建设，加快推进土壤污染治理和修复技术应用试点。按照"谁污染，谁治理"原则，造成土壤污染的单位和个人要承担起治理和修复的主体责任。再次要推进垃圾分类处理，各地要逐步建成生活垃圾分类处理系统，实现所有城市和县城生活垃圾处理能力全覆盖。最后要强化固体废物污染防治。全面禁止洋垃圾入境，基本实现固体废物零进口，严厉打击危险废物破坏环境违法行为，坚决遏制住危险废物非法转移、倾倒、利用和处理处置。深化"无废城市"建设试点，推动固体废物资源化利用。

（4）必须强化红线意识，严格管控生态红线。生态保护红线、永久基本农田、城镇开放边界三条控制线是完成生态系统保护与修复、推进生态文明建设的三条不能触及的底线。在生态环境保护问题上，我们不能越雷池一步。习近平总书记在主持十八届中央政治局第六次集体学习时作出重要讲话："构建科学合理的城镇化格局、农业发展格局、生态安全格局，保障国家和区域生态安全。要牢固树立生态红线观念。在生态环境保护问题上，生态保护的红线就是高压线，不能触碰，否则就应该受到惩罚。"[1]党的十九大报告中也明确指出，要"实施重要生态系统保护和修复重大工程，优化生态安全屏障体系"，"完成生态保护红线、

---

① 习近平. 习近平谈治国理政：第一卷 [M]. 北京：外文出版社，2018：209.

永久基本农田、城镇开发边界三条控制线划定工作"①。要按照应保尽保、应划尽划的原则,将生态功能重要区域、生态环境敏感脆弱区域纳入生态保护红线。

(5)生态环境安全是国家安全的重要组成部分,是经济社会持续健康发展的重要保障。突发环境事件风险以及环境问题引发的社会风险是生态环境领域的"黑天鹅"和"灰犀牛"。必须强化风险意识,有效防范化解生态环境风险。必须坚持底线思维,下好先手棋、打好主动仗,坚决守住环境安全底线,为全面建成小康社会乃至实现社会主义现代化提供良好的环境安全保障。把生态环境风险纳入常态化管理,系统构建全过程、多层级生态环境风险防范体系,有效预警任何形式生态环境风险,严格控制重点领域的生态环境风险,防止各类生态环境风险积聚扩散,着力提升突发环境事件应急处置能力。

⑥ 全面加强党对生态文明建设的领导

中国共产党的领导是中国特色社会主义最本质的本质特征。中国共产党是中国生态文明建设的坚强领导核心,在中国共产党的领导下,我国没有走"先污染、后治理"的资本主义国家环境保护发展的老路,而是一直致力于推动生态环境建设。在生态恶化、环境污染加剧出现的情况下,中国共产党果断提出生态文明建设这一个新的时代命题,并将之写入到了党的政治报告和党章中,加大对生态环境的治理力度,形成了习近平生态文明思想,为全球的生态文明建设提供了样板。生态文明建设必须坚持党的领导。

---

① 习近平 . 决胜全面建成小康社会 夺取新时代中国特色社会主义伟大胜利——在中国共产党第十九次全国代表大会上的报告 [M]. 北京:人民出版社,2017:51-52.

坚持党的集中统一领导，是推动生态环境保护工作的根本保障。

继续推进生态文明建设，我国面临巨大的挑战。特别是我国正处于经济新常态，经济发展形势不容乐观，生态环境保护问题和经济发展问题交织在一起，给党和政府提出了更严峻的挑战。中国共产党应该迎难而上，全面加强党对生态文明建设的领导，努力提高自身领导生态治理的能力和水平，满足人民对优美环境的需要，尽快解决突出的环境问题，增强人民群众的幸福感。中国共产党有能力也有信心完成美丽中国的长期建设目标。要大力宣传贯彻习近平生态文明思想，各级党员干部要深入学习习近平生态文明思想，自觉把习近平生态文明思想落实到实际的生态文明建设当中，增强建设生态文明的自觉性和主动性。

（1）继续贯彻以人民为中心的理念。生态文明建设的最终目的是满足人民群众对优美生态环境的需要。中国共产党要在生态文明建设过程中坚持以人民为中心的理念。一方面，为了人民，服务人民，不断满足人民日益增长的优美生态环境需要。以改善环境质量为核心，急人民之所急，把解决人民群众关心的生态环境问题作为头等大事去解决，重大项目上马之前做好环境评估工作，让人民群众有明显的优美生态环境获得感。另一方面，依靠人民，调动广大人民群众的积极性和主动性，动员人民群众积极参与生态环境保护当中，引导人民群众监督生态环境治理，注重对人民信访等投诉反映的生态环境问题的解决。

（2）加强顶层设计和统筹规划。生态文明建设是一项系统工程，以习近平同志为核心的党中央已经把生态文明建设定位为"关系人民福祉、关乎民族未来"的重要位置，党的十九大报告把"坚持人与自然和谐共生"作为基本方略，体现了中国共产党高超的战略眼光。为加强生态文明建设，中国共产党全面深化改革，加快推进生态文明顶层设计和制度体系建设，2015年4月25日，中共中央、国务院发布了《关于加快推进生态文明建设的意见》，对2015年到2020年的生态文明建设的指导思想、基本原则、主要目标、具体举措进行了全面安排。之后出台了《生态文明体制改革总体方案》，制定了几十项涉及生态文明建设的改革方案。2018年6月24日中共中央、国务院发布了《关于全面加强生态环境保护 坚决打好污染防治攻坚战的意见》，对2020年以及2035年的生态文明建设进行了顶层设计。今后要继续加强生态文明建设的顶层设计。生态文明建设关乎每一个中国人的未来，必须从整个民族的利益出发，从整个国家的长期发展出发，制定关乎全局的规划方案，破除地方保护主义。顶层设计要在原有的基础上继续做实做细，在遵循实事求是原则和地方特殊情况的基础上，考虑发展的整体性和长期性，制定发展规划。要加强生态建设的统筹规划，切实摸清全国的环境资源保护和配置情况，统筹各地建设。

（3）落实党政主体责任，强化考核问责。各级党委和政府要坚持落实"党政同责、一岗双责"，明确对本行政区域的生态环境保护工作及生态环境质量的责任。地方各级党委和政府必须坚决肩负起生态文明建设的政治责任，对本行政区域的生态环境保护工作及生态环境质量负总责，主要负责人是本行政区域生态环境保护第一责任人。中央和国家机关相关部门要制定生态环境保护责任清单，各地也要制定责任清单，把任务分解落实到有关部门。各地区各部门要落实好生态环境保护职责，落实情况每年向党中央、国务院报告。加强对地方的环境保护督查工作，完善中央和省级环境保护督察体系，督促各地各部门切实履行生态文明建设和生态环境保护政治责任。要建立全国自然资源保护监测的常态化，定期向全社会公布实施绩效，让各级党政部门接受全社会的监督。

要深刻认识到生态文明建设的重要性，把生态文明建设的成效作为对党委和政府进行考核的重要指标。要制定各级党委和政府及中央和国家机关部门的生态文明建设成效考核办法，对生态环境保护立法执法情况、年度工作目标任务完成情况、生态环境质量状况、资金投入使用情况、公众满意程度等相关方面开展考核。改革领导干部考评机制，领导干部在离任时要开展自然资源资产审计，审计结果作为领导班子和领导干部综合考核评价、奖惩任免的重要依据。要严格责任追责，对生态文明建设和生态环境保护责任制执行不到位、污染防治攻坚任务完成严重滞后、区域生态环境问题突出的，要严肃进行问责。对造成生态环境破坏负有责任的领导干部不得提拔使用或者转任重要职务。执行生态环境损害责任终身追究制。